中国宏观经济丛书
ZHONGGUO HONGGUAN JINGJI CONGSHU

国家高端智库成果
GUOJIA GAODUAN ZHIKU CHENGGUO

U0725454

人民币
国际化的中国路径

RENMINBI GUOJIHUA DE ZHONGGUO LUJING

张岸元　李世刚◎主编

人民出版社

前　言

　　本书是国家发展和改革委员会宏观经济研究院 2013 年度重点课题。课题研究的目的是立足于国际金融危机之后人民币国际化加快推进的基本背景，明确人民币国际化的战略目标，探索未来一个时期人民币国际化战略实施的推进路径。

　　人民币国际化既是一个老话题，又是一个新话题。所谓老话题，是指人民币国际化作为前景，理论界已经讨论多年，相关领域的论述屡见不鲜，关于国际化战略目标、实施路径的各类观点充斥新闻媒体和学术期刊。所谓新话题，是指我国政府从未在正式文件和公告中出现过"人民币国际化"的表述，相关进程的明显加快始于国际金融危机之后，采取的非对称货币结算、离岸平台推进也是其他国家货币当局未曾主动实施过的。这种情况下，如何在众多研究文献中筛选出有价值的观点，如何客观分析评价现有政策及实施效果，进而站在全局高度，设计总体战略、谋划具有可操作性的实施路径，对课题组来说是个不小的挑战。

　　近一年来，课题组成员反复讨论，与国内外学术界、金融监管部门、金融机构、地方政府部门多次交流，并专程赴上海自由贸易试验区地就离岸金融问题开展调研，最终形成报告。研究成果由简写本、总报告、政策建议报告、四个分报告，以及观点综述、政策综述和调研报告组成。

　　课题组认为，虽然人民币国际化作为前景已提出多年，但重要性和迫切性的论证仍不充分，利弊得失的分析仍不完备，战略重点仍不明确，实施路径仍不清晰，有必要重新系统论证。长期以来，人民币基本上是国际货币体系的局外人，国际大宗商品贸易无一使用人民币定价，人民币在国际结算的市场份额与泰铢相当，在各国官方外汇储备中占据的份额微乎其微。任何一个大国都不能接受本国货币长期处于这样的边缘化地位，随着国际经济金融格局的变化，人民币走出去的必要性和迫切性越来越强烈。

但是，全球第二大经济体也并不天然地需要将其货币提升到第二大国际货币的地位。当前美元主导的体系并未从根本上制约我国对外金融影响力的扩张、并未从根本上损害我国国际金融利益。主权货币国际化有收益，包括获得铸币税收入、节约交易费用、强化本国货币政策调控的主动性和实施效果；同时也有成本，包括加大宏观政策调控的复杂性、被动金融开放、或多或少承担国际货币稳定责任等。每个国家应基于国内状况，评估本国金融体系与现存国际货币金融体系的相容相斥状况，结合外部环境的变化，综合决策。

具体到我国情况看，推动人民币国际化有利于扭转我国在参与国际货币体系改革中的被动格局，人民币国际化自身就是对国际货币体系多元化的贡献。人民币国际化有利于增强我国货币政策调控的主动权，放大货币政策的实施效果，一定程度上扭转外汇占款增加被动投放货币的局面。在国际金融危机后，发达经济体量化宽松货币政策潮流背景下，人民币流出将一定程度上改变我国充当全球货币投放"击鼓传花"的最后接盘者的角色。不仅如此，人民币大量为境外持有后，我国可获得铸币税及其他收益，部分对冲被动持有美元储备带来的损失，进而形成新的全球货币金融利益分配格局。

总的来看，人民币国际化具备一些基本条件，包括日益扩大的经济规模和贸易规模，高外汇储备、高国际投资净头寸、低通货膨胀和汇率渐进升值，软硬实力不断增强，香港国际金融中心因素等。制约因素也显而易见，包括资本项目管制、金融市场发育滞后、货币当局常规性干预外汇市场、结算清算金融基础设施建设不完备，以及意识形态因素制约、其他新兴货币竞争等。

国际金融危机之后人民币国际化面临新的机遇，从国际看，全球主要央行政策独立性都在下降、通胀容忍度都在上升，人民币在履行货币基本职能方面与现有国际主导货币之间的差距有所缩小。从国内看，利率市场化、汇率市场化改革和资本项目开放正在积极酝酿实施，香港离岸市场迅速发展，境外人民币回流渠道正在规范扩充，构成人民币国际化新的支撑因素。

课题组提出，应基于国际化的成本收益分析，重点围绕消除或减小现行主导国际货币对我经济金融利益造成的损害，区分价值尺度、流通和支付手段、贮藏手段等货币具体职能，研究制定人民币国际化战略。国际价值尺度职能方面，国际大宗商品由一种货币定价转变为另一种货币定价，是"突变"、而非"渐变"的过程，难以成为政策推进的着力目标。国际流通和支付职能方面，目前跨境贸易和投资的人民币结算中大多仍使用美元定价，这种情况下的人民币结算，主要发挥促进货币流出的渠道作用，是人民币国际化的手段，而非目的。国际贮藏手段职能方面，鉴于我国面临的对外金融矛盾和损失主要暴露在外汇储备环节，因此必须以推进人民币履行国际贮藏手段职能为核心目标，推进国际化。由于未来人民币的综合国际地位不仅取决于我国经济金融基本面和政策面因素，而且还取决于美元、欧元、日元等主要货币发行经济体的经济金融状况，因此，不宜预设人民币最终要成为第二大、还是第三大国际货币。

在推进路径方面，课题组认为，此前流行的人民币"先周边化、区域化，最后国际化"推进路径的国际收支基础已经发生变化。与我国金融关系最为密切、最愿意接受我金融影响力的国家未必是本区域国家；通过贸易、投资渠道流出的人民币也不会全部集中在周边离岸中心；人民币可以通过通常市场化国际收支渠道之外的渠道流出。因此，人民币走出去可以跨越周边化、区域化阶段，直接面向全球扩展。一种货币充当国际流通和支付手段的同时，往往伴随着国际贮藏手段职能的履行。人民币可以通过一般国际贸易与投资以外的官方途径流出，因此，流通与支付手段、贮藏手段职能的国际化应协同推进。

关于时间进度，课题组认为，人民币国际化涉及的国内改革和国际货币环境非常复杂。条件具备了，当快则快；条件不具备，当慢则慢。不必规划十年或三十年的国际化时间表，也不必就每一个时间段、每一种货币职能占据国际市场的份额提出具体目标。此外，人民币国际化进程不可能一帆风顺、单向发展，随着市场情况的变化，某些市场环境下可能会出现倒退，对此应有所预见。

作为政策建议，课题组提出，应加快转变增长方式，树立较为严格的货币纪律观念，不断完善人民币价值基础；加快国内金融领域的发展和改革，审慎、渐进、可控地推进资本账户开放，为境外人民币持有者提供更多人民币金融产品；多渠道促进资本项下人民币流出，同时建立规范的人民币回流渠道；继续鼓励人民币离岸市场发展，推动不同离岸市场实现合理分工；多领域齐头并进，推动国际货币体系改革，同时进一步强化与各国货币当局合作。此外，应切实防范人民币国际化过程中的本币异常流出入、洗钱及伪钞等风险。

课题研究的创新之处：一是从对策角度论述了超主权储备货币与推进人民币国际化之间的关系，从多元货币竞争角度进一步明确了主权国家货币国际化的理论基础；二是区分货币的具体职能，根据不同货币职能国际化的利弊得失和前景分析，系统论证了人民币国际化的必要性、可能性；三是客观总结评价了现有人民币国际化推进政策，前瞻性描述了汇率走势预期变化对离岸市场发展的影响；四是预判国际化的人民币与美元的长期关系格局，即，"人民币国际结算地位不断上升，但依然采取美元定价；人民币国际储备地位不断增强，但我央行仍然大量持有美元"；五是在人民币国际化战略和实施路径方面，明确提出了应以成为主要国际储备货币为目标，国际流通与支付手段、国际贮藏手段职能齐头并进，跨越周边化、区域化阶段，直接面向全球系统推进的全新观点；六是对人民币不同货币职能国际化的前景进行了评估。

课题研究过程中，除多方征求外部专家意见外，我们重点听取了院内专家的中期验收指导意见：根据林兆木研究员的建议，增加了国际货币史方面的内容；根据王一鸣研究员的意见，理顺了总报告前后关于国际化迫切性表述的逻辑冲突，根据张燕生研究员的意见，深化了美元与大宗商品价格之间关系的研究；根据杨宜勇研究员的意见，调整了人民币国际化与美元关系的表述；根据毕吉耀研究员的建议，增添了国际货币理论方面的阐述，并在文字方面做了修改。

课题组是一个相对年轻的研究团队，多数人没有在实际金融部门的工作经验，驾驭如此宏大的命题，存在诸多困难。我们对国际货币史的了解，还仅限于一般教科书的水平；面对纷繁芜杂的国际金融活动，只能间接了解其运行机制；面对理论与现实政策的冲突，我们的解释、评论性内容多，提出的新思路、新对策少。在谋篇布局方面也有值得商榷之处，一些内容的表述，可能内行觉得不够深入、外行觉得不够清晰。但无论如何，如果我们的研究提供了不同于既有研究的分析视角、观察到了某些局中人未必注意的现象，进而对决策有所助益，本项研究的目的也就达到了。

不当之处，欢迎批评指正。

目 录

第一章　人民币国际化战略和实施路径初探

人民币的国际地位与我国不断壮大的经济金融实力、不断扩展的全球政治经济影响力很不相称，但全球第二大经济体也并不天然地需要将其货币提升到第二大国际货币的地位。新布雷顿森林体系下，美元的国际地位主要是市场选择的结果，主导货币对货币地位的滥用以及履行国际储备职能的缺陷，是改革国际货币体系的迫切性所在。建立超主权储备货币不是国际货币体系改革的主要方向；通过市场竞争优选主权货币充当国际货币是方向所在，在此过程中，人民币必须占有一席之地。现有国际货币体系对我国的损害，主要体现在货币被动投放和外汇储备损失两方面，本币国际化将增强货币政策的独立性，部分对冲储备损失。发达经济体宽松货币政策潮流缩小了人民币在履行货币基本职能方面与现有国际货币的差距，国际化面临机遇。目前"管制是前提、政府来主导、离岸做平台、升值为驱动"为特征的人民币国际化推进模式有其合理性，进展超过预期，但潜在成本巨大，可持续性存疑。应着眼于增强货币政策的独立性、对冲美元作为储备货币对我带来的损失，以成为重要的国际储备货币为目标，以国内金融改革开放与离岸人民币市场发育为基础和平台，以资本项下人民币流出入为主要渠道，不拘泥于周边、区域，直接面向全球推进人民币国际化。履行国际价值尺度职能不是短期政策重点。无需制定人民币国际化的时间表，不预设分阶段定量目标。相当长时期内，国际化的人民币仍需美元信用背书。对人民币国际化过程的主要风险，应有所预见、加以防范。

如果将银铜本位时期的制钱流出，也理解为某种程度的货币国际化，那么中国是世界上较早实现货币区域化的国家之一，至少在宋代，就有相当数量的铜钱在东亚周边国家流通使用。世界经济进入信用货币时代以来，由于国力衰弱、货币制度等原因，我国不仅不能实现本国货币的境外流通使用，而且被动接受其他国际化货币履行部分货币职能。

一、人民币国际化问题的提出

人民币的国际地位显然与改革开放以来我国不断壮大的经济金融实力、不断扩展的全球政治经济影响力很不相称。上世纪九十年代初，国内学者就人民币国际化问题开始了早期探讨；进入新世纪，相关研究逐步深入；2008年国际金融危机后，社会舆论和政策研究开始聚焦这一问题。然而，"十二五"规划、人民银行各类文件公告等，从未有过"人民币国际化"的正式表述。党的十八大报告提出了若干客观上有利于推进本币国际化的具体政策措施，但同样也没有提出要实施"人民币国际化战略"。

国际金融危机爆发后，国际社会改革国际货币体系的呼声日益强烈。在此过程中，我国政府从未对人民币国际化有所表态。不仅如此，人民银行官方网站还发表理论文章，提出将建立"超主权储备货币"作为国际货币体系改革的重要方向。这背后，除了对人民币国际化前景和后果不确定的担忧以及"韬光养晦"的考虑，原因还在于，虽然本币国际化作为前景提出多年，但重要性和迫切性的论证仍不充分，利弊得失的分析仍不完备，战略重点仍不明确，实施路径仍不清晰，有必要重新系统论证。

二、必要性和迫切性

统一全球货币发行是帝国的理想。一体化的世界经济未必需要一元化的国际货币，理论上，国际多元货币发行格局有利于抑制货币当局滥发货币的冲动，从而强化国际货币竞争，为实体经济发展提供相对稳定的货币环境。长期以来，人民币基本是国际货币体系的局外人，国际大宗商品贸易无一使用人民币定价，人民币在国际结算领域的市场份额与泰铢相当，在各国官方外汇储备中占据的份额微乎其微。任何一个大国都不能接受本国货币长期处于这样的边缘化地位，随着国际经济金融格局的变化，人民币走出去的必要性和迫切性越来越强烈。

但是，全球第二大经济体也并不天然地需要将其货币提升到第二大国际货币的地位。某种意义上讲，发行国际货币相当于向国际社会提供公共用品，其中有收益，包括获得铸币税收入、节约交易费用、强化本国货币政策调控的主动性和实施效果等；同时也有成本，包括加大宏观政策调控的复杂性、被动金融开放、或多或少承担国际货币稳定责任等。一国在做出是否推动本国货币国际化决策之前，需要对这些成本与收益加总权衡，基于国内经济金融状况，评估本国金融体系与国际货币金融体系的相容相斥状况，同时结合外部环境变化，确定相关战略和实施路径。

（一）人民币国际化是我国参与国际货币体系改革的战略基点

布雷顿森林体系崩溃后，国际货币体系进入所谓"新布雷顿森林体系"（The new Bretton Woods system）时期。美元是唯一国际中心货币，马克继而欧元、日元、英镑等非中心国际货币围绕美元进行调整；包括美元在内各个货币的国际地位主要来源于市场，而非成文的政府间协定。这一体系的缺陷在于，国际货币发行当局各自为政，没有动力和义务去维持国际货币的稳定，容易导致市场无序；优点在于，该体系是开放竞争的，包括人民币在内的任何一种货币都可以着眼于自身实际，通过货币竞争提升国际地位，实现某种程度的国际化。

国际金融危机之后，国际社会围绕国际货币体系改革的争论如火如荼，在改革国际货币体系的理论研究和舆论准备中，我国的角色引人注目。2009 年 3月，人民银行网站出人意料地发表了题为"改革国际货币体系、创造超主权储备货币"的署名文章，提出了在 IMF 特别提款权（SDR）基础上构建超主权储备货币的设想（周小川，2009），一时间广为流传。对此我们认为，作为职能完善的货币，超主权储备货币缺乏可持续的发行基础，摆脱不了主权货币的竞争，类似"特里芬难题"依然存在[①]，因而不构成国际货币体系改革的主要方向。作为理论探讨，我国提出超主权储备货币这一观点的原因，一是不涉及人民币的国际地位问题，更容易为国际社会所接受；二是没有直接针对美元，回避了与美元的正面冲突；三是如能将我国外汇储备中的美元资产部分转为超主权储备货币，可降低我国外汇储备贬值风险，同时减少对国际金融市场的冲击（张岸元，2009；陈建奇，2012）。站在我国立场看，人民币国际化有利于实现国际货币格局与经济格局更好地匹配；有利于强化国际间货币竞争、抑制原主导国家滥用货币政策的冲动；有利于为国际市场提供更为多样化的选择，降低全球交易费用，应该成为我国推进国际货币体系改革的基本战略出发点[②]。

[①] 超主权储备货币的流动性与信用同样不可兼得。

[②] 当然，构建超主权储备货币与人民币国际化在理论上并不冲突。人民币进入超主权储备货币定价货币篮，进而更多地为国际货币基金组织、世界银行等国际机构持有使用，本身也是国际化的重要渠道和标志。

（二）人民币国际化有利于增强我国货币政策调控的主动权

本国货币具备国际化地位将强化货币发行当局政策调控的主动权。当发行国货币政策进入扩张时期，其他经济体货币当局会在一定程度上追随货币扩张政策，从而放大政策效应；反之，当货币政策进入收缩期，其他经济体也不得不采取相应举措顺势操作，避免受到紧缩效应影响。如，国际金融危机期间，全球主要经济体货币政策在一定程度上都受到美联储量化宽松货币政策影响，都不得不在某种程度上做出反应，以避免热钱流入和货币被动升值。

从我国情况看，多年来，外汇储备快速增加不断形成新增外汇占款，虽经央票冲销环节，但仍构成货币被动投放的主要来源，货币政策独立性深受影响。境内外利差和流动性状况变化引发的热钱流出入，更是构成影响国内金融市场稳定的重要因素。由于发展阶段、经济周期、金融市场结构差异等方面原因，我国货币政策的政策目标、机制和要求不同于其他国家，需要自己的政策节奏和力度。虽然人民币国际化解决不了我们货币金融调控面临的所有问题，但货币国际化后，我国货币当局将获得新的工具和渠道，可以通过灵活组合利率、汇率政策及资本项目流出入监管措施，灵活管理境内流动性，从而更好地满足货币政策调控的需要。

（三）人民币国际化有利于部分对冲外汇储备损失

理论上，新布雷顿森林体系时期，非储备货币发行国一方面可以通过经常项目顺差渠道积累储备，另一方面也可以通过资本项目渠道获得融资，因此积累国际储备的必要性应该有所降低。然而，自上世纪七十年代以来，全球储备总量不但没有下降，反而大幅度上升；基于国际储备的全球金融利益再分配规模越来越大、格局越来越不公平（Mundell，2003；Blinder，1996；施建淮，2009）。

作为全球最大外汇储备国，储备货币不稳定对我国利益的侵害尤为严重。一是美元通胀导致我国储备资产的实际购买力不断下降；二是在央行资产负债表中，外汇储备资产对应本币负债，人民币长期升值必然带来央行资产负债账面损失；三是被动持有主权债务高风险国家债务，存在违约风险；四是主要储备货币之间比价关系无序变动，外汇储备资产管理中的币种选择面临困难。从国内看，这一损失的根源在于资本管制以及汇率形成机制，正是这些管制措施使得市场主体将外汇资产损失的包袱甩给货币当局，政府替市场承担了损失。

但从国际看，过度依赖美元储备地位，仍是问题的根源。人民币国际化不能从根本上解决我国外汇储备问题，但人民币大量为境外持有，同样可能获得铸币税收入；围绕铸币税及其他收益，我国可以形成新的对外货币金融利益格局，部分对冲美元储备带来的损失。

（四）国际货币乱局要求我们适时推动人民币走出去

本次金融危机充分暴露了发达经济体金融体系的内在缺陷以及美元"一股独大"蕴含的风险。发达经济体货币当局完全着眼于国内经济，连续推出多轮量化宽松政策，引起国际社会对国际货币体系稳定性的普遍担忧。国际金融危机以来，虽然改革国际货币体系的呼声异常强烈，但基本没有取得值得关注的进展。国际货币基金组织原主导国家股权投票权让渡非常有限，各经济体货币政策的国际协调依旧是纸上谈兵。尽管"世界元"之类超主权货币观点一度流行，但国际货币体系短期内难以突破主权信用货币充当国际储备货币的格局；未来通过大国主权信用货币竞争、实现国际货币多元化，仍是国际货币体系最主要的改革方向。面对国际货币乱局，俄罗斯、印度等金砖国家纷纷提出本国货币国际化命题，某些国际能矿资源出口大国，纷纷提出贸易非美元结算的设想，人民币作为全球第二大经济体货币，没有理由置身事外，国际化应该适时推进。

三、国际化的条件、挑战和机遇

（一）人民币具备推进某些货币职能国际化的条件

开放竞争是新布雷顿森林体系的基本特征，现有体系从制度上并不排斥人民币成为国际货币。货币国际化归根到底是一国货币同既有国际货币竞争的过程。对比现有主权货币的国际化历程，大体看，人民币国际化具备一些基本条件：一是日益扩大的经济规模为货币国际化奠定了基础；二是贸易规模和全球占比不断提高，为人民币国际扩散和使用提供了需求；三是高外汇储备、高国际投资净头寸、低通货膨胀和汇率渐进升值增强了人民币信誉；四是软硬实力的增强，为国际化提供了保障；五是英美法系、市场主导的香港离岸市场，一定程度上弥补了缺乏境内国际金融中心、金融改革推进迟缓、资本项目管制的缺陷。

拥有国际货币的国家从来就不是与生俱来地具备本币国际化的所有条件；即便曾经具备的某些条件，也会随着本国经济金融基本面的变化有所改变[①]。很多情况下，应拆分货币的具体职能，判断其国际化的前景。一种货币在全球范围内充当价值尺度，需要币值稳定，具备较大的经济总量和贸易量支撑，同时必须克服国际市场使用原主导计价货币的强大惯性，新生国际货币取代老货币往往是一个相当漫长的历史过程。但充当国际贸易结算手段，更加依存于贸易规模，同时所需克服的市场惯性相对较小。主权货币履行私人国际投资职能，需要发行国资本项目高度开放，金融市场在深度和广度两方面高度发育；而如果被其他国家直接作为官方外汇储备，则对资本自由流动、金融市场发育的要求相对较低。

结合人民币目前的状况，基本结论是，人民币一定程度上具备实现流通和支付手段、贮藏手段职能国际化的条件，而作为国际价值尺度，则需要更长的历史时期才能实现。

（二）在金融制度和金融管制方面存在明显制约因素

人民币国际化面临的制约因素也显而易见：一是资本项目管制制约了本币的流出入，降低了本币的国际流动性，增大了流动成本；二是金融市场发育滞后，金融产品开发提供不足，难以为境外人民币持有者提供回报；三是汇率缺乏弹性，货币当局常规性干预外汇市场，金融市场认为存在"操纵汇率"风险；四是人民币作为国际货币的结算清算金融基础设施建设不完备（Stieglitz，2002；Reinhart，2002）[②]。此外，还有两个不常被提及的制约因素，一是我国金融市场体系和金融制度与英美存在本质差异，人民币作为资本在跨越两类体制时，面临更多法律、文化方面的障碍；二是西方主导的国际金融市场仍受意识形态因素影响[③]，其他金砖国家同样觊觎国际货币地位，力图填补美元地位下降可能出现的市场空缺。

[①] 如，瑞士经济总量并不大，但并不妨碍瑞郎拥有较高国际地位。尤其是在冷战时期的东西方贸易中，瑞士法郎一直发挥重要的计价和结算货币作用。美国经常项目长期逆差，这一因素曾直接导致布雷顿森林体系的垮台，但此后美元依然是最重要的国际货币。

[②] 以上四方面因素的制约作用不是绝对的。由于时代背景不同，多数货币国际化过程中，并没有伴随着本国金融市场的高度开放，如，西德马克和日元的国际化程度都一度较高，但当时两国金融市场的开放程度都相对较低，两国央行也都曾常规性干预外汇市场。

[③] 一种极端的观点认为，国际金融市场不会接受"共产党国家的货币"作为国际货币。

（三）国际金融危机后面临一轮国际化机遇

理论上，货币购买力稳定、中央银行货币政策相对独立是货币国际化的重要前提。国际金融危机后，这一判断即使未被颠覆，也有所改变。美联储为代表的发达经济体货币当局普遍不计成本、不计后果，滥用货币政策工具；主要央行货币政策的独立性都在下降、通胀容忍度都在上升，国际市场不得不"劣中选优"，选择那些相对而言竞争力较强的货币。在此局面下，人民币在履行货币基本职能方面与某些国际货币之间的差距迅速缩小，国际化面临新的机遇。欧元是新世纪以来国际货币制度的重大创新。自推出以来，欧元的强劲表现奠定了多元竞争国际货币体系的重要基础，一度被视为改变美元主导国际货币体系的核心力量。然而，欧债危机充分暴露了"缺乏财政一体化的货币一体化"体制的内在矛盾，欧元稳定性备受质疑。日元作为本区域国际化程度最高的货币，其发行当局货币政策完全满足本届政府的需求，明确提出 2% 的通胀目标，公开引导货币贬值，此前日元国际化的市场套利因素趋于弱化，势必对日元的国际地位构成负面影响。从国内看，新一轮人民币利率市场化、汇率市场化改革和资本项目开放正在积极酝酿推出，香港离岸人民币市场迅速发展，境外人民币回流渠道正在规范、规模正在扩大，将构成人民币国际化新的支撑因素。

四、国际化的人民币与美元的关系

（一）人民币国际化短时期内对美元地位影响有限

在目前的国际货币体系中，没有成文的国际协定赋予任何主权货币超然地位。美元在全球范围内充当价值尺度（大宗商品定价为代表）、流通和支付手段（国际贸易与投资为代表）、贮藏手段（官方外汇储备为代表），有历史惯性和美国国家意志的因素，但更主要是市场选择的结果。一些货币主动选择与美元挂钩或以美元为潜在锚，多数经济体央行主动接受美元作为官方储备币种。因此，是各国政府和金融市场共同赋予了美元国际中心货币地位，而非美联储将美元地位强加给各主权国家和全球市场，这一局面不是任何一种货币短时期能够改变的。不仅如此，虽然美元"嚣张的特权"是美国霸权的重要组成部分，但人民币国际化后占据的市场份额未必都取自美元，因此，美元国际地位的稳定与人民币国际地位的上升可能兼容，两种货币未必就会正面冲突。

（二）两种货币中长期仍存在分工合作的空间

客观分析，美元主导的国际货币体系并未从根本上制约我对外经济金融发展，并未全面损害我国际经济金融利益。从国际价值尺度职能看，美元标价只是一种计价方式，美元走势与大宗商品价格之间的正向或逆向关系，存在于任何一种计价货币[①]。美国经济和金融部门从大宗商品价格周期性变动中获益很多，但这种收益主要来自于美国金融部门的国际竞争优势，美元国际地位为这种收益的获得，提供了更为便捷的条件，但货币本身并不是收益的源泉。可以肯定，非美元定价不会带来国际大宗商品价格的普遍性、趋势性下跌，进而改善我国贸易条件，因此人民币国际化不必以改变美元发挥国际一般等价物作用为重点，对此应心中有数。

从国际流通和支付手段职能看，国际贸易和投资领域的美元或人民币计价和结算，确实影响汇率风险在进口商和出口商之间、借款人和贷款人之间、投资人和被投资人之间的分配。但此类风险可以通过金融手段回避，贸易商、投资者回避汇率风险的成本，转化为金融部门的收入。这一过程中发生的主要是实体经济部门和金融部门之间的利益再分配，国家间的利益分配倒在其次。

从国际贮藏手段职能看，我国央行大量持有美元储备的局面在较长时期内难以改变，目前已经开展的外汇储备多元化投资，主要在不同类型美元资产之间进行收益率、风险的重新调整，资产计价币种仍然是美元。人民币国际化不仅不会带来我国外汇储备规模的下降，而且可能由于对外人民币支付规模替代了美元对外支付需求，导致外汇储备"虚增"。在漫长的人民币国际化过程中，美元还可起到为人民币提供信用背书的作用。我国央行持有美元储备充足，可在市场对人民币信心动摇之际，随时抛出美元买入人民币，保持人民币汇率稳定，增强投资者持有人民币的信心。

综合以上分析，国际化的人民币与美元的长期关系格局很可能是：人民币国际结算地位不断上升，但依然采取美元定价；人民币国际储备地位不断增强，但我央行仍然大量持有美元。双方都在一定程度上能够接受对方货币部分

---

① 如，即便用欧元或人民币标价，该货币综合汇率指数的上升，也会导致黄金价格的下跌。

履行国际货币职能。

五、已经采取的政策措施

国际金融危机以来，在提出超主权储备货币观点的同时，人民银行和其他政府部门密集推出了一系列有利于推进人民币国际化的政策举措。

（一）渐进推进跨境贸易与投资的人民币结算

2009 到 2011 年，逐步扩大跨境贸易人民币结算试点范围。将国内试点地区逐步扩大到全国，将境外区域由港澳、东盟地区扩展至全球；将试点业务范围由货物贸易扩展到包括服务贸易和经常转移在内的所有经常项目结算；将试点企业由最初 365 家企业扩展至所有具有进出口经营资格的企业。试点推进初期，所有试点企业均能用人民币支付进口，但只有部分企业能够在出口中用人民币结算。针对试点中，进口人民币结算量远超出口的现象，又规定所有具有进出口经营资格的企业均可依法开展出口货物贸易人民币结算业务。

在推动跨境直接投资人民币结算试点方面，同样采取渐进步骤。2010 年10 月，新疆正式启动跨境贸易与投资人民币结算试点工作；2011 年 1 月，允许境内企业以人民币进行对外直接投资，银行可以向境内机构在境外投资的企业或项目发放人民币贷款；2011 年 10 月，允许境外投资者以人民币来华直接投资。

（二）积极培育离岸人民币市场

将香港作为离岸人民币市场的重中之重优先发展。具体政策举措分为两个层面：一是推出更多种类的人民币计价金融产品，包括发行人民币债券、人民币股权类产品、人民币基金类产品。二是多渠道构建离岸人民币资金回流机制，包括允许境外中央银行或货币当局、港澳人民币业务清算行和境外参加银行使用依法获得的人民币资金投资银行间债券市场，允许合格境外机构投资者（RQF Ⅱ）在港募集的人民币资金在经批准的人民币投资额度内开展境内证券投资业务。随后，离岸人民币市场逐渐扩展至伦敦、新加坡、台湾等地。境内与离岸中心之间规范的人民币回流机制正在建立。此外，珠海横琴、深圳前海等地也纷纷酝酿推出一些区域性离岸人民币回流政策。

（三）广泛签署双边本币互换协议

央行与其他经济体央行之间签署双边本币互换协议，可望提高境外人民币的可获得性，既可促进跨境贸易人民币结算，又促进离岸人民币市场的发展。2008 年 12 月，人民银行与韩国银行签署第一个双边本币互换协议，规模为 1800 亿人民币 /38 万亿韩元，期限为三年。此后数年内，人民银行开始频繁地与特定经济体央行签署双边本币互换协议。截至 2013 年 4 月底，人民银行已经与 19 个经济体的中央银行签署总额超过两万亿元人民币的双边本币互换协议，期限均为 3 年。其中，5 家经济体央行与人民银行签署的双边本币互换协议到期后续签，且互换金额显著扩大[①]。

六、政策成效、存在的问题和争论

理论上，一般把外汇储备中该种货币占比达 1% 以上及外汇交易中占比 4% 以上者称为国际货币。人民币仍有较大差距[②]，IMF 没有提供外汇储备中人民币的份额，但鉴于人民币总流出规模仅万亿元左右，且绝大部分以存款形式存在于离岸市场，估计人民币占比微乎其微。外汇交易方面，目前人民币的占比为 2.2%。但人民币国际化推进进程较快，某些领域的进展超过预期。

（一）取得的成效

1. 跨境贸易人民币结算取得显著进展

跨境贸易人民币结算的规模由 2009 年第四季度的 36 亿元人民币，上升至 2013 年第一季度的 10039 亿人民币，其中货物贸易人民币结算规模约占 70%，

---

① 需要指出的是，本币互换协议的实际效果尚未充分发挥。在众多本币互换协议中，迄今为止仅有两次动用，一是香港金管局利用这一机制借入人民币解决香港人民币市场上一度出现的资金短缺问题；二是 2013 年 1 月，韩国央行向外换银行贷款支持韩国企业向中国贸易伙伴支付人民币。

② 根据 IMF 的数据，到 2013 年 6 月，全球外汇储备中，美元占 61.9%、欧元占 23.8%、日元占 3.85%、英镑占 3.82%、加元占 1.79%、澳元占 1.66%，人民币和其他货币合计占 2.85%（未公布人民币单独占比）。根据国际清算银行 2013 年 4 月公布的数据，人民币目前是全球第九大交易币种，占比为 2.2%（合计为 200% 的统计）。其他，美元占 87%、欧元占 33.4%、日元占 23%、英镑 11.3%、澳元占 8.6%、瑞郎占 5.2%、加元占 4.6%。

其余 30% 为服务贸易以及其他经常账户交易的人民币结算。跨境货物贸易人民币结算规模占跨境货物贸易总规模的比重，则由 2011 年第一季度的 6% 上升至 2013 年第一季度的 11%。

2. 跨境投资人民币结算初具规模

跨境直接投资的人民币结算近年来也取得初步进展。对外直接投资的人民币结算规模显著低于外商直接投资的人民币结算规模，主要发挥境外人民币资金回流的通道作用。2011 年我国跨境直接投资人民币结算规模为 1108.7 亿元人民币，其中对外直接投资人民币结算规模为 201.5 亿元，外商直接投资人民币结算规模为 907.2 亿元；2012 年我国跨境直接投资人民币结算规模为 2840.2 亿元人民币，增长了 156%，其中对外直接投资人民币结算规模为 304.4 亿元，增长了 51%，外商直接投资人民币结算规模为 2535.8 亿元，增长了 180%。对外直接投资人民币结算规模占对外直接投资总额的比重，由 2011 年的 5% 上升至 2012 年的 6%，而外商直接投资人民币结算规模占外商直接投资总额的比重，则由 2011 年的 12% 上升至 2012 年的 36%。根据环球金融电信协会（SWIFT）的统计，到 2013 年 6 月，人民币在国际结算中所占比例为 0.87%，而美元、欧元各占 36%，日元占 2.7%。

3. 离岸人民币市场在波动中进一步发展

作为内地参与全球贸易的重要转口基地，香港在跨境贸易人民币结算中扮演着重要角色，自 2009 年第四季度至 2013 年第一季度，大约 80% 的跨境贸易人民币结算通过香港进行。2010 年 6 月底至 2013 年 3 月底，香港人民币存款规模由 897 亿元攀升至 6681 亿元，香港人民币存款中，定期存款占比由不到 40% 攀升至目前的 80% 左右。香港离岸人民币市场参与主体日趋丰富，参与深度不断拓展，陆续推出以人民币计价的债券、基金、保险、存款凭证、期货、人民币与港币同时计价的"双币双股"等金融产品。人民币债券市场是香港人民币市场的最大亮点。目前全球范围内的任何企业、金融机构、政府组织均可到香港发行以人民币计价的债券。人民币债券年度新发行规模，由 2007 年的 100 亿人民币上升至 2012 年的 1122 亿人民币。人民币债券市场的发展也打破了过去港币债券一统天下的格局，2009 年 10 月至 2011 年 12 月期间，港币债券的占比下降至 35%，而人民币债券占比上升至 52%，成为香港债券市场上最重要的债券类型。

随着境外离岸人民币业务的发展，目前已经形成了三个人民币市场。一是"CNY 市场"，是指内地在岸人民币市场，监管者为人民银行及外管局，该市场的人民币汇率形成机制尚未充分市场化。二是"CNH市场",是指香港离岸可交割人民币市场,监管者为香港金管局与人民银行,该市场上的人民币汇率基本上由市场决定。三是"NDF市场",是指位于香港与新加坡的离岸不可交割人民币远期市场,该市场没有监管者,人民币远期汇率完全由市场决定,市场投机者扮演着重要角色。

迄今为止,香港在境外人民币市场中占据绝对主导地位,大约80%的人民币跨境贸易结算业务以及80%的全球人民币支付均通过香港进行,此外香港还提供了一个一级债券发行平台以及人民币产品的二级交易市场。从离岸市场人民币存量的分布来看,目前全球离岸市场人民币存量已逾万亿元,而香港人民币存量的份额约为84%。除香港外,新加坡、澳门、台湾、伦敦等离岸人民币市场也开始形成。其中,伦敦人民币市场发展尤为迅速,目前伦敦市场上的人民币交易量,已经接近占到除中国内地与香港之外的全球离岸人民币交易量的一半。

(二)存在的问题和争论

人民币国际化快速推进、香港离岸市场规模急速扩大的同时,国内汇率利率资本项目开放等改革相对迟滞,国内外部分机构及学者针对这种回避国内改革,试图直接通过人民币结算、离岸市场推进人民币国际化的政策操作,提出相当负面的评价。一些学者更是尖锐指出:"内地蒙受的福利损失,不能用抽象、模糊的人民币国际化的未来获益来弥补;在国内金融市场进一步改革前,人为刺激推动人民币国际化将有损内地的社会福利和金融稳定"(余永定,2012)。

1. 基于升值预期、套利机制的国际化不具有可持续性

香港人民币离岸市场与内地人民币在岸市场之间的跨境套利活动,在迄今为止的人民币跨境贸易结算中扮演着重要角色。一是现汇汇价差套汇。当市场上存在人民币升值预期时,更多的人民币跨境贸易结算会发生在进口端,人民币流出加速,且香港等离岸中心人民币存款不断上升,体现为国际化进程加快。而当市场上存在人民币贬值预期时,更多的人民币跨境贸易结算会发生在出口端,人民币流出减速,且香港等离岸中心人民币存款不断下降,体现为国际化进程放缓。二是两地利差套利。香港市场的贷款利率显著低于内地市场的贷款利率。因此对于内地企业而言,如果能够通过特定途径获得香

港商业银行提供的贷款，那么可以显著地降低贷款成本[1]。根据 SWIFT 统计，在 2012 年上半年全球开出的人民币信用证中，54% 是内地开向香港的，而香港开向内地的不到 0.5%。同期内，尽管人民币仅占全球国际结算的 0.34%，但人民币占到全球信用证开证货币的 4%。很多研究者担心，如果升值预期消失，市场形成一致性的贬值预期，人民币在岸与离岸的汇差利差缩小，人民币国际化进程不仅会停滞，而且可能出现倒退。

2. 央行外汇储备"虚增"、人民币国际化"赔本赚吆喝"

离岸在岸跨境套汇活动还产生了一个新问题：当市场上存在人民币升值预期时，更多的跨境贸易人民币结算发生在进口端而非出口端，导致对外美元支付需求下降，这意味着我国的外汇储备将以此继续上升。如前所述，推进人民币国际化的必要性之一在于是部分对冲外汇储备的损失。而实际推进国际化的措施，不仅没有导致储备规模下降，反而导致外汇储备规模虚增。

推进人民币国际化的行为，事实上是鼓励包括香港居民在内的境外居民用美元资产来交换境内居民的人民币资产，这种资产交换行为在人民币对美元升值的背景下，显然造成了内地的福利损失。如，2010 年 10 月至 2011 年 11 月间，香港离岸人民币存款快速增长，将逐月存款增长结合当月汇率折算，估计内地外汇储备虚增规模约 710 亿美元。由于这一时期人民币对美元升值强劲，人民银行发生的账面汇率损失达 26.79 亿美元。与此对应，香港方面获得的账面汇率升值收益大体也在这一规模（张岸元、李世刚，2012）。有学者认为，此类交易可以理解为国家对香港的补贴，这样的国际化是"赔本赚吆喝"。

3. 影响国内金融改革和货币政策的执行

离岸中心正在形成不同于内地的汇率利率机制，妨碍了内地自主推进汇率形成机制改革和利率市场化改革，为境外投机资本套利活动提供了条件。汇率

---

[1] 最流行的跨境套利活动之一是基于人民币信用证的"内保外贷"。操作方法为：首先，内地企业 A 将人民币存入内地银行甲，要求甲开具一张到期日较长的人民币信用证；其次，内地企业 A 用从其香港关联企业 B 进口的理由，用信用证向 B 付款；再次，B 企业以该信用证为抵押，向香港银行乙申请低利率的人民币贷款；最后，B 企业以从内地企业 A 进口的理由，将人民币资金转移至 A 企业。上述跨境套利活动的结果，从企业层面来看，是内地企业 A 最终获得香港银行乙提供的低成本贷款；从人民币跨境贸易结算来看，是同时发生了基于出口与进口渠道的两笔人民币跨境结算业务；从银行渠道来看，是内地银行向香港银行开出了人民币信用证，而香港银行向内地银行提供了人民币贷款。

方面，在岸人民币的升贬值，一定程度是受到香港人民币离岸市场（CNH）和海外人民币无本金交割远期（NDF）贬值预期的影响。利率方面，目前已经出现"价格三轨制"苗头：第一轨是在岸管制利率、信贷规模控制下的资金价格，第二轨是在岸相对自由的货币市场资金价格，第三轨是人民币离岸市场的金融资产价格。不同市场之间的套利活动将进一步活跃。

不仅如此，进一步扩大人民币回流渠道恰恰与国际化初衷背离。所谓人民币国际化首先就是要流出人民币，保证境外有足够的人民币存量，而后实现人民币的"体外循环"。但目前，境外人民币没有实现"体外循环"，反而将重点放在回流境内套利上。境外流动性回流后，会对现有的金融政策带来挑战，影响货币政策的执行效果。如，近年来，在内地调控政策收紧的情况下，内地一些地产企业赴香港发债，一定程度上抵消了货币政策和房价调控政策的效果。

（三）国际货币史视角下的分析观点

现有人民币国际化的推进模式可归纳为二十个字："管制是前提、政府来主导、离岸做平台、升值为驱动"，这一模式有其合理性。从国际货币史看，金融自由化并不是货币国际化的必要条件。多数货币在国际化过程中都伴随着国内管制，没有哪个国家基于本币国际化动机放松金融监管。当货币国际化与国内调控目标存在冲突时，都是以牺牲国际化为代价，换取国内经济金融稳定（最为典型的是布雷顿森林体系后期，美国对美元与黄金兑换关系的调整）。因此，将继续管制作为人民币国际化的前提无可厚非。从战前英镑区、法郎区的建立，到战后布雷顿森林体系确立美元地位，政府从来都是本国货币国际化的推手。进入新布雷顿森林体系时期，市场在国际货币选择过程中的地位和作用上升的原因是，国际金融交易规模不断扩大，方式日益复杂，政府干预金融市场越来越力不从心，对干预政策的后果也越来越难以确定。而人民币国际化目前处于起步阶段，在政府有能力通过某些特殊政策引导本币流出入情况下，不妨有所作为。

离岸中心的主要功能是弥补在岸市场的缺陷，为流出货币提供金融市场。当然，某些离岸市场存在的基础在于对在岸监管的规避，势必与在岸监管存在冲突，导致监管套利。20世纪六十年代，欧洲美元市场对于美元国际化曾起到相当大的推动作用。当时条件下，出于加强监管的考虑，美联储一度试图抑制离岸市场的发展，但最终选择放弃。对我国来说，内地多少承担保持香港繁荣稳定的责任，香港国际金融中心一定程度上能够弥补人民币国际化缺乏市场平台的缺陷，境外人民币集中在香港，总比分散到其他更多离岸中心更可能受到内地的影响。

德国马克、日元等货币的国际化进程都伴随着货币升值，原因在于一国经济金融实力增强、经常项目顺差必然导致货币处于升值状态，而货币升值势必导致该国货币对国外投资者的吸引力上升。由于担心货币升值损害出口部门的利益，许多国家人为抑制升值进程，使得货币升值较长时期伴随着国际化进程。

长期看，各国金融市场化与对外开放度不断提高是大势所趋，金融管制的优化与放松也是必然趋势。新布雷顿森林体系下，市场的选择和认可是主权货币国际化最主要的动力，政府可以加快或延缓这一进程，但不能起到决定性作用。与境内金融市场相比，离岸中心毕竟体量有限，境内金融体系与离岸中心的制度落差应不断缩小，而不是维持现状。货币升值只是国际投资者持有某主权货币获得收益的渠道之一。升值总有尽头，最终仍需要主权货币发行国培育、开放该国金融市场，开发多元化金融产品，为国外的货币持有者提供其他投资渠道。

总之，理论界指出的现行政策缺陷，应被理解为政策成本。现行推进模式可以被视为金融危机后国际货币乱局下，抢抓国际化机遇的权宜之计，有其合理性，但必须随着国内改革的推进以及国际货币环境的变化调整优化。

七、人民币国际化的战略设想

（一）关于指导思想的明确

现行国际货币体系是开放、竞争的，一方面这种开放性、竞争性赋予了人民币不可剥夺的国际化权力和空间，使得我国可以采取市场化方式，通过货币竞争提升人民币的国际地位；另一方面也要求我们尊重市场对现有主导货币的选择，承认其他新兴国家货币追求国际化的努力。市场不排斥"老"货币、不拒绝"新"货币，我们也应持同样态度。

人民币不必为了国际化而国际化，不应以取代某一货币为目标。应摒弃"货币民族主义"，抛开某些似是而非的概念，避免盲目争夺某一国际货币弱化可能腾出的市场空间。要基于国际化的成本收益分析，重点围绕消除或减小现行主导国际货币对我经济金融利益造成的损害，区分价值尺度、流通和支付手段、贮藏手段等货币具体职能，明确人民币国际化的具体职能目标。不能指望国际化解决我国对外金融领域遇到的所有矛盾和问题，有些能够通过本币国际化缓解，有些只能部分对冲，对此应心中有数。

货币国际化不是水到渠成的自然结果，政府应有所作为，应正确汲取各经济体推动本国货币国际化的成功经验，梳理论证现有政策的利弊得失，稳步扎实系统推进。各方面条件具备情况下，可以顺势而为加快推进；条件不具备，可考虑通过一些创新政策和途径加以解决；实在无法提供相应条件，可以搁置暂缓国际化进程。在继续通过离岸人民币市场发育作为人民币国际化平台的同时，仍需抓紧推进国内经济和金融的改革开放，为人民币国际化提供更为坚实的制度基础。应正视离岸市场发展对在岸监管的影响，调整离岸与在岸市场间的收益分配关系，保障国际化的长期可持续。

任何大型经济体都不会以牺牲国内金融稳定为代价，去换取较为抽象的货币国际化利益。人民币国际化在任何时候都不能影响国内金融稳定、危害国内金融安全。国内金融改革的出发点应是满足实体经济发展需要，而非推进人民币国际化。不能片面强调"人民币国际化倒逼国内改革"的作用。货币当局应具备极端情况下逆转国际化进程的机制和能力，以维护国内金融稳定和金融安全。

（二）关于战略目标的设定

1. 成为主要国际储备货币

在履行国际价值尺度职能方面，国际贸易由一种货币转变为另一种货币定价，主要是一个"突变"、而非"渐变"的过程。如，我们很难设想人民币首先占据全球原油 5% 的标价"份额"，进而逐步提高到 10%、20%。随着诸多客观因素的积累，到某一事件点，一般商品贸易、尤其是大宗商品计价币种的转变将在短时期内实现，从政策角度，不宜将本国货币履行国际价值尺度职能设定为目标[①]。

人民币履行国际流通和支付手段职能，与履行价值尺度既可分离又可合二为一。如，一种商品可以使用人民币定价，同时使用人民币结算；也可以如目前常见的那样，使用美元定价但用人民币结算。后一种情况主要发挥充当人民币流出渠道的作用，可作为人民币国际化的手段及水平测度，但不是国际化的

---

① 此前，伊朗等国曾经推行石油出口非美元定价政策，到目前为止没有取得实际效果。

目标。

目前储备货币履行其职能的缺陷，是改革国际货币体系的迫切性所在。自从 2007 年我国外汇储备规模突破万亿美元以来，围绕外汇储备多元化使用，采取了多方面措施，但受制于多方面因素，取得的成效十分有限，储备货币不稳定对我国现实金融利益的侵害、货币环境稳定的破坏尤为严重。矛盾和损失出在外汇储备环节，也必须从贮藏手段入手解决问题。人民币国际化将带来国际货币供应格局的改变：我国将不再是全球货币"击鼓传花"的最后一棒——经过储备增长、外汇占款、冲销环节被动投放的人民币将部分流往境外，缓解境内流动性压力，部分增强我国货币政策的独立性。人民币为境外持有后，将形成我国一方面向国际货币金字塔尖上的美国缴纳铸币税，另一方面从境外获得铸币税收入、部分抵消储备损失的局面。这种人民币货币供应及对外货币金融利益分配局面，在政治上难以公开言说，但确是客观事实，应该成为政策努力的方向。

2. 成为多元化国际货币格局中的重要成员

美元的全球地位有其历史根源、市场基础和国家意志支撑。人民币与美元地位的此消彼长，是一个复杂的过程，不仅取决于我国经济金融的基本面和政策面因素，而且取决于美国及其他国家的意愿。我国央行大量持有美元储备的局面在较长时期内难以改变，以美元为假想敌是"搬起石头砸自己的脚"。未来国际化的人民币与美元之间的关系格局是：人民币的国际结算地位不断上升，但依然采取美元定价；人民币国际储备地位不断增强，但我央行仍大量持有美元储备。

某种程度上，欧元国际化是原德国马克国际化的延续。欧债危机严重影响国际市场对欧元的信心。即便本轮债务危机最终得到解决，未来欧元区内部经济增长的差异也长期存在，欧洲央行统一的货币政策解决不了这一矛盾，欧元势必周期性面对来自内部的挑战，国际化地位难以进一步提升。日元在东亚长期占据较强的区域货币地位，日本经济的长期停滞以及安倍经济学导致日元通胀和贬值趋势，给人民币国际化带来了机遇。从中期看，日本居高不下的政府负债情况难以改观，构成日元国际化的重大隐患。如果爆发日本版的债务危机，日元的国际地位将受到严重冲击。当然，人民币的国际化过程未必然伴随着日元国际地位的下降。事实上近年来我国推出的诸多政策，如人民币与日元直接兑换、两国央行彼此持有对方国家国债等，在推进人民币国际化的同时，也有利于巩固、提升日元的国际地位。

综合以上方面，人民币应以成为多元化国际货币格局中的重要成员为目标，至于重要到什么程度，不仅取决于人民币的经济金融基础，还取决于其他经济体，不宜预设要成为全球第二大还是第三大国际货币。

（三）关于推进路径的安排

我国没有正式提出人民币国际化战略，与此相应，对于国际化具体推进路径的研究也较为浅显。常见的观点认为，从地域上看，人民币将经历周边化、区域化阶段，最后实现国际化；从货币职能上，将首先充当国际流通手段和支付手段，最后发展到成为国际储备货币[①]。对此我们有不同的考虑。

1. 跨越周边、区域阶段，直接面向全球扩展

人民币先周边、再区域，最后国际化的理论基础，是我国经常项目国际收支整体顺差、而对周边经济体呈现逆差格局，而逆差有利于人民币流出。人民币上世纪九十年代确实主要通过边贸途径流出，在陆域周边国家使用。近年来，我国经常项目收支顺差占 GDP 之比迅速回落到 3% 以下，未来大规模的人民币流出将主要通过资本项目、而非经常项目渠道实现。

我国周边经济体不是我国资本输出的重点区域，况且与我国金融关系最为密切、最愿意接受我金融影响力的国家很可能不是本区域国家。日、韩、台湾等周边经济体就对人民币国际化心存疑虑，不仅可能采取某些措施抵制人民币的使用，而且有意推进自身货币的国际化进程。从目前与我国签署货币互换协议，以及明确表态将人民币作为官方外汇储备币种的国家看，并不存在地理上的远近关系[②]。即便通过贸易、投资渠道流出的人民币也不会全部集中在周边离

[①] 多被引用的是"三步走"的思路：2011 年是人民币国际化元年，在全国范围内实现人民币跨境贸易结算，汇率衍生基础体系基本形成，货币互换协定与人民币储备资产有重要突破。2011 年开始的第一个十年实现"周边化"，完成人民币在周边国家和地区的使用；第二个十年实现"区域化"，在亚洲成为区域性国际货币；第三个十年实现"国际化"，成为全球范围内的关键货币。围绕货币职能，第一个十年实现"贸易结算化"，人民币在贸易结算当中充当国际结算货币；第二个十年实现"金融投资化"，在国际投资领域中作为投资货币；第三个十年实现"国际储备化"，成为国际最重要的储备货币（陈雨露，2013）。

[②] 目前包括，日本、韩国、马来西亚、柬埔寨、蒙古、菲律宾等六个亚洲周边国家，俄罗斯、巴西、智利、委内瑞拉、白俄罗斯、奥地利、尼日利亚等七个非周边国家。尼日利亚央行更是将大约 10% 的外汇储备投入人民币。

岸中心，伦敦离岸人民币规模的迅速扩大就是明显例证。因此人民币走出去可以跨越周边化、区域化阶段，直接面向全球推进。

2. 流通与支付手段、贮藏手段职能的国际化协同推进

通常来说，主权货币流通和支付手段职能的国际化，面临的经常项目与资本项目管制因素较多，同时相应也容易随着管制的放松渐进推进。货币通过国际结算渠道流出后，往往自然而然地伴随着国际储备货币职能的履行，二者之间不存在严格的时间顺序，货币进一步获得市场认可后，官方外汇储备也会使用该种货币作为储备币种。除此之外，我国可与其他经济体央行间围绕外汇储备开展广泛合作，人民币可以通过一般国际贸易与投资以外的官方途径流出，因此，人民币流通与支付手段、贮藏手段职能的国际化可协同推进。

（四）关于时间进度的考虑

我们不主张就人民币国际化战略设定时间表。如前所述，人民币国际化涉及的国内改革和国际货币环境变化非常复杂；条件具备了，当快则快；条件不具备，当慢则慢。不必规划三十或五十年的时间表，也不必就每一个时间段、每一种货币职能占据国际市场的份额提出具体目标。

事实上，也无法确定分阶段的具体目标。比对主要货币的国际化情况，有一个规律性的现象，即：无论是作为国际流通与支付手段，还是履行国际贮藏手段职能，最为重要的两种国际货币，与其他货币之间，都存在数量级上的差距。如，目前国际结算中，美元和欧元各占据近40%的市场份额，而排名第三的日元市场份额不到4%。目前的官方外汇储备货币中，美元和欧元分别占据60%、20%左右的市场份额，而排名第三、第四的日元、英镑市场份额均不到4%。这说明货币国际化进程确实存在"渐变"和"突变"两个不同过程。外汇交易的情况略有不同，在合计200%的份额统计中，目前美元占据近90%的市场份额，欧元、日元、英镑、加元、澳元等市场份额从30%左右，较为平缓地降至10%以内。

对于人民币来说，起步阶段市场份额的快速提升，只是一个良好的开端，关键在于未来某个时间段能否通过相关指标跨越式、台阶式增长，实现国际化水平的质变。根据近年来跨境贸易投资的人民币结算以及离岸市场发育情况，我们总体判断人民币国际化的实际进程可能快于预期：

外汇交易方面，考虑到我国对外贸易规模和外汇市场状况，可以预计，一旦汇率形成机制改革有实质性突破，人民币的市场份额将会在此后的短时期内

占据 15% 左右的市场份额，成为第四大交易货币，仅次于美元、欧元、日元。

国际结算方面，在不出现严重贬值预期情况下，五年左右的时间，人民币市场份额可能达到 5% 左右，与日元相当，但此后，市场份额的扩大可能停滞。

储备币种方面，伴随着国际结算领域市场份额的扩大，人民币占比也可能达到 5% 左右，与日元、英镑类似，但此后的变化难以预估。

此外必须强调的是，人民币国际化的进程不可能单向发展，我国和其他大国经济金融状况的变化，都会影响市场对人民币的信心，某些情况下，国际化进程可能出现倒退，对此也应有所预见。

八、实施路径与对策建议

应围绕成为主要国际储备货币目标，着眼长期、着眼格局，谋划人民币国际化实施路径。要从不断夯实价值基础入手，不断提升人民币的国际信誉。要保持现有政策的连续性，保留一定的离岸在岸套利空间，实现离岸市场人民币规模稳定增长。要汲取日元过分依靠外汇市场套利因素实现国际化的教训，建立基于实体经济金融需求的、正常的人民币流出入机制，避免过度投机，防范国际化夭折或大起大落风险。

（一）不断完善人民币价值基础

在实体经济领域，必须加快转变增长方式，调整收入分配结构，夯实中国经济持续增长的基础，为人民币国际化提供基本价值支撑。在货币金融领域，货币发行当局应树立较为严格的货币纪律观念，不断缩小人民币与发达经济体货币在通胀水平方面的差距，使人民币成为实际购买力稳定的货币。应抓紧推进利率市场化改革，建立金融市场基于中央银行指导利率形成市场化利率的机制，为人民币的跨境流出入提供市场化的资金价格依据。汇率改革方面，应积极建立人民币与其他货币的直接兑换机制，逐步淡化美元在人民币与非美元货币汇率决定中的中间货币地位。鉴于汇率升值收益在当前及今后一段时期内，仍是境外主体持有人民币获得收益的重要来源，汇率市场化改革进程不宜过快，应有序释放升值压力，以在较长时期内保持市场升值预期。

（二）加快推进国内金融改革和资本项目开放

加快国内金融领域改革，努力发展壮大国内金融市场，提高国内金融市场对外国投资者的吸引力。具体包括：大力发展债券市场，扩大国债发行规模，建立规范的地方债发行渠道，扩大企业债、公司债发行；在优先对民间资本开放国内金融市场准入的同时，放松对外资金融机构的市场准入和审慎监管；抓紧规范发展境内股票市场；提高金融监管水平，整合重组金融监管机构应对客观存在的混业经营局面。审慎、渐进、可控地推进资本账户开放，为境外人民币持有者提供更多人民币金融产品。具体包括：有效扩大境外人民币资金投资境内股市、债市的规模；逐步允许境外企业在境内上市，并将募集人民币资金通过规范的渠道转移出境；为其他经济体官方外汇储备中的人民币资金在境内开展多种类型投资提供特殊渠道和优惠。

（三）多渠道促进资本项下人民币流出

继续扩大跨境贸易人民币结算规模，着力通过资本项目促进人民币流出。具体包括：鼓励我国企业在对外投资的过程中，使用人民币计价与结算；除我国境外投资企业及分支机构外，允许并鼓励国内金融机构对境外其他主体发放各类人民币贷款，鼓励境外合作方用获得的人民币采购我国的机器设备、商品；在各种对外资金援助中广泛使用人民币。充分发挥开发性金融机构和政策性金融机构在推进人民币国际化过程中的作用，依托国家开发银行大力发展对外中长期开发性人民币贷款，依托进出口银行大力发展境外短期人民币贸易融资业务。鼓励各类商业银行在境外设立分支机构，建立健全全球网络，开展结算和其他人民币业务。

（四）继续推动人民币离岸市场发展

鼓励离岸人民币中心开展现有业务，着力拓宽境外人民币资金回流渠道。具体包括：扩大境内机构在离岸中心发行国债、金融债、企业债、公司债规模，为境外投资者提供更多人民币债券产品；允许并扩大境内企业在离岸中心上市募集人民币资金规模；采取类似深圳前海模式，允许特定区域内企业在离岸中心获得一定规模人民币贷款回流，用于特定区域、特定领域投资。考虑对上海自由贸易试验区、香港和国外离岸中心的人民币业务发展重点进行合理分工，建议未来离岸人民币贷款业务以试验区为主，离岸企业债券业务以香港为主，国债、金融债等人民币主权债券发行可较多选择伦敦等国外金融中心。

（五）进一步强化与各国货币当局合作

在继续扩大我国央行与其他经济体央行间货币互换规模的同时，重点推动互换协议下人民币的实际使用。推动外汇储备大国彼此使用对方货币作为储备币种，扩大持有对方货币计价的金融资产规模。中小经济体货币与人民币挂钩是人民币国际化的重要方面。可采取知识与经验推介及输出、央行间双边货币互换支持、少量金融基础设施援助等方式，有选择引导一些货币与我挂钩或至少将人民币纳入其汇率参考货币篮，使人民币国际化获得更多支撑。允许特殊情况下，外国央行外汇储备中的人民币计价资产向我国央行直接兑换美元资产。

（六）积极参与国际货币体系改革

全面参与国际货币体系改革各方面议题的讨论。全面谋求扩大我国在国际货币基金组织、世界银行等全球性金融机构，以及在亚洲开发银行等区域性机构中的份额，积极探索用人民币对上述机构融资的可能性。继续支持发展超主权储备货币，并将人民币成为 SDR 一篮子权重货币。争取金砖国家发展银行在包括香港在内的我国金融中心城市落户，探索发起成员国各自使用本国货币作为资本金的可能性。探索国内开发性金融、政策性银行与世行亚行等合作开展人民币国际贷款业务的可能性。

（七）防范人民币国际化风险

加强境外人民币流动性的监测和统计，防范境外人民币短期内大规模回流风险。人民币广义货币供应已超过百万亿元。预计境外相当于 M2 口径的人民币存量将在未来几年间达到万亿元级，如果在短期内集中回流、转化为新增流量，将构成影响国内货币供应的新因素，必须纳入统计监测。目前境外主体持有人民币的主要动机在于获得升值收益，一旦升值预期消失，可能引发人民币国际化夭折风险，对此应有所预见。利率和汇率市场化改革，再加上围绕人民币流出入的资本项目开放之后，我国经济金融与国际经济金融将形成新的互动关系格局，国内原有宏观调控将面临新的困难，需要按照开放大国宏观经济运行的要求，调整现有宏观调控框架。此外，人民币现钞在境外大量流通后，不可避免将加大反洗钱、反假钞工作的难度，此方面的防范力度也应进一步强化。

　　除以上对策外，还应考虑加强境外人民币清算结算基础设施建设，抓紧形成完善的人民币全球结算网络布局，保障人民币的国际清算结算。改变政府公告、统计数据发布中币种使用方式，使用美元的同时，使用人民币作为计价货币单位。

九、结论

　　改革国际货币体系的必要性毋庸置疑。货币当局提倡超主权储备货币背后可能存在的深层次考虑，并非无的放矢；目前避免人民币国际化这一张扬的提法，实实在在采取某些政策推进的策略，更加务实。回顾主要货币国际化的历程，任何大型经济体都不会以牺牲金融稳定、金融安全为代价，去满足本币国际化所需要的内外条件，因此目前推进人民币国际化的政策举措有其合理性。对管理当局来说，货币政策和金融监管政策的有效性目标较为短期、更为具体，而推进本币国际化的目标相对长期、更加抽象。本币在境外有足够的流通量是国际化的一个重要结果，也是主要标志。通过特殊的经常项目、资本项目管制政策组合，在香港等地发展离岸业务，在境外保持一定规模的本币，能够在较短时期内提高人民币国际化的指标测度。

　　然而必须看到，对于人民币国际化这一宏大命题，目前所采取的政策是"术"、不是"道"。国际化的核心驱动来自市场，而市场的核心驱动来自利益。离岸模式导致的境内外无风险套利无可厚非，但必须防范升值预期、境内外无风险套利机会消失之后，境外人民币大规模回流、现有模式人民币国际化夭折的风险。人民币国际化目标能否实现、多大程度上实现、何时实现，最终仍取决于国家综合实力、经济金融制度等更为本质的因素。在每一步政策出台之前，都有必要对本币国际化真正需要解决的问题进行深刻思考，对潜在和现实的损益及收益开展详尽比对，而后出台"两害相权取其轻"的政策。

　　在可以预见的未来，人民币全面挑战美元地位既无可能也无必要，实现了某种程度国际化之后的人民币，仍需美元信用背书。应着眼于增强货币政策的独立性、对冲美元作为国际储备货币对我带来的损失，以部分充当国际流通和支付手段、成为重要的国际储备货币为目标，以国内金融改革开放与离岸人民币市场发育为途径和平台，不拘泥于周边、区域，直接面向全球推进人民币国际化。人民币国际化战略不宜设定时间表，也不宜设定分阶段定量目标。只要我国经济在未来20年内能保持持续较快增长、金融市场能够持续发展壮大、不发生系统性经济金融危机，那么人民币势必将会成长为成为国际货币体系中的主要成员，为我国及全球经济金融的稳定发展做出应有的贡献。

（张岸元）

参考资料：

1. 周小川：《改革国际货币体系、创造超主权储备货币》，http://www.pbc.gov.cn, 2009年3月24日。

2. 余永定：《从当前的人民币汇率波动看人民币国际化》，《国际经济评论》2012年1期。

3. 陈雨露：《人民币国际化要分三步走》，《人民日报》（海外版）2013年4月18日。

4. 施建淮：《现行国际货币体系的问题与改革》，《北大CCER中国经济观察》2009年17期。

5. 李荣谦：《国际货币与金融（第三版）》，中国人民大学出版社2006年版。

6. 陈建奇：《破解"特里芬"难题——主权信用货币充当国际储备的稳定性》，《经济研究》2012年4期。

7. 张岸元：《努力促进国际收支基本平衡》，《人民日报》（理论版）2007年1月12日。

8. 张岸元：《国际经济环境与我国对外经济战略》，《人民日报》（理论版）2012年6月7日。

9. 张岸元：《"超主权储备货币"可能面临的挑战》，《宏观经济研究院内部报告》2009年3月。

10. 张岸元、李世刚：《香港离岸中心发展对内地的损益评估》，《改革》2012年5月。

11. 张岸元：《引导小国货币与我挂钩或有所为——东帝汶货币金融体系的调研报告》，《经济决策参考》2012年5月。

12. 张岸元：《人民币国际化问题再认识》，宏观经济研究院《调查 研究 建议》（增刊5），2013年5月3日。

13. Stiglitz J E. Global Greenbacks [J]. Economic Times, March, 2002, 22.

14. Reinhart C, Kenneth S. Rogoff, 2002, The Modem History Of Exchange Rate Arrangements: A Reinterpretation[J].

15. Elitza Mileva And Nikolaus Siegfried (2007) "Oil Market Structure Network Effects And The Choice Of Currency For Oil Invoicing" European Central Bank Occasional Paper Series No.77 December 2007.

16. Thakur S. The "Hard" Sdr: An Exploratory Analysis. Staff Papers-International Monetary Fund, 1994,pp.460-487.

17. Benjaminandj. Cohen The Sesgnioraze Gainofan International Curreney: An Empirieal Test, The Quarterlyjournal Of Economies, 1971, 85(3), pp.494-507.

18. Hartmann P. The Currency Denomination Of World Trade After European Monetary Union. Journal Of The Japanese And International Economies, 1998, 12(4), pp.424-454.

19. Blinder A S. The Role Of The Dollar As An International Currency. Eastern Economic Journal, 1996, 22(2), pp.127-136.

20. Mundell R A. The International Monetary System And The Case For A World CurRency. Leon Ko ź Mi ń ski Academy Of Entrepreneurship And Management, 2003.

附录图 0-1：跨越周边化、区域化的人民币走出去

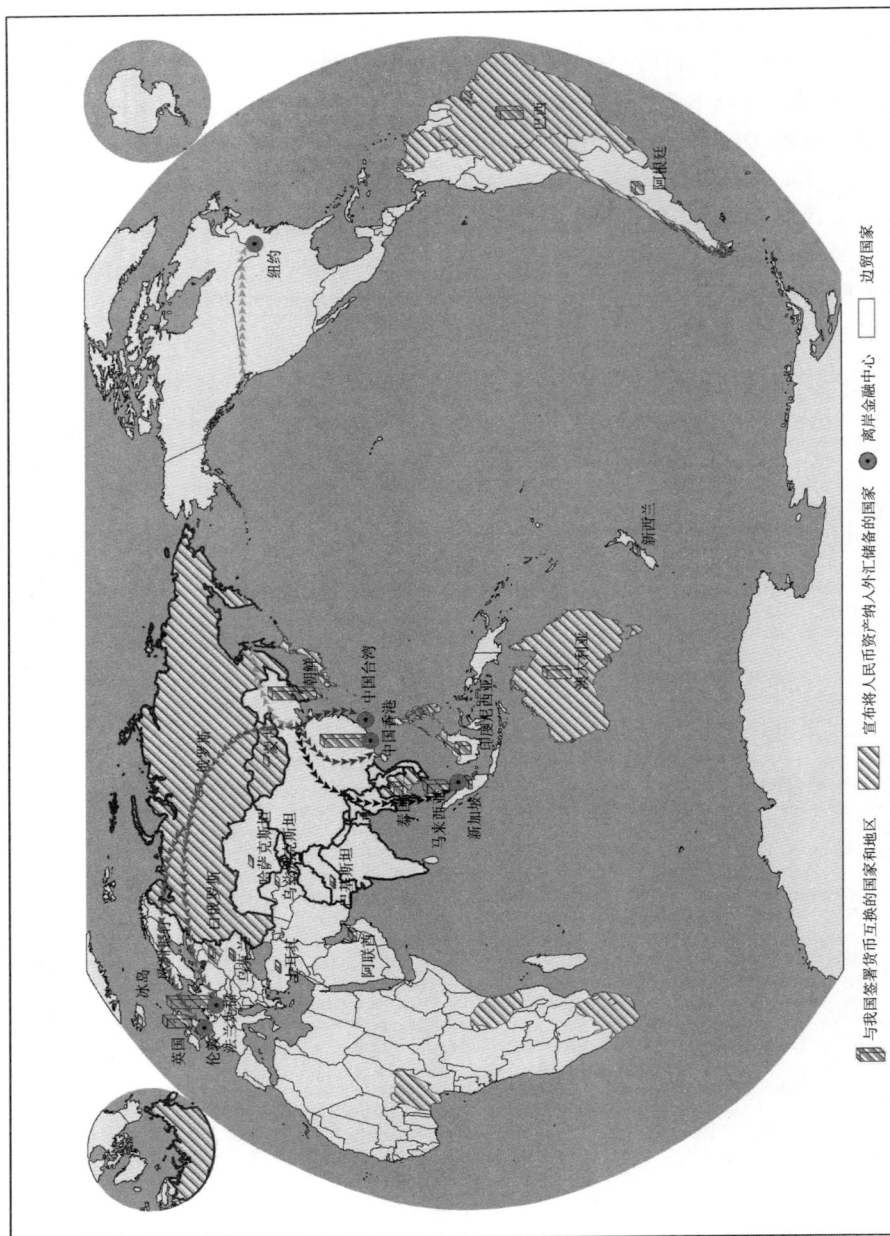

与我国签署货币互换的国家和地区 ▨ 宣布将人民币资产纳入外汇储备的国家 ▨ 离岸金融中心 ⊙ 边贸国家 ▢

第二章　人民币国际化研究文献综述

关于人民币国际化的理论研究尚不完整。新布雷顿森林体系下，并无国际协定赋予某一货币超然地位，每一种货币都可能通过货币竞争上升为国际货币。主导货币履行国际储备职能的欠缺，是改革国际货币体系的迫切性所在。超主权储备货币不是国际货币体系改革的主要方向，通过市场竞争优选主权信用货币充当国际货币是主要途径，在此过程中，人民币必须占有一席之地。金融危机以来，发达国家宽松货币政策潮流未从根本上颠覆既往货币国际化前提的理论判断，人民币在履行货币基本职能方面与某些国际货币之间的差距正在迅速缩小，国际化面临新的机遇。本币国际化具备一些条件：一是经济规模不断扩大，二是贸易规模和全球占比不断提高，三是高外汇储备、高国际投资净头寸、低通货膨胀和汇率渐进升值，四是政治军事实力的增强，五是英美法系、市场主导的香港离岸市场。制约因素：一是对资本项目管制，二是金融市场发育滞后，三是汇率缺乏弹性，四是结算清算金融基础设施建设上不完备。人民币国际化是否存在"从价值尺度、到流通手段支付手段、最后到储备手段"，先周边化、再区域化、最后国际化的顺序值得商榷。目前，货币当局推进人民币国际化的措施，成效超过预期，但潜在成本巨大，可持续性存疑，必须借鉴日元等国际化的教训，从根本性改革入手，围绕某些货币职能审慎推进。

国际货币体系并没有伴随经济全球化深化而同步优化。二战以来，国际货币体系尽管经历变革动荡，但并没有改变美国、美元主导的基本格局。本次金融危机暴露美国金融体系的内在问题，货币当局连续推出多轮量化宽松政策，引起国际社会对国际货币体系稳定性的普遍担忧。欧元是新世纪以来国际货币制度的重大创新。自推出以来，欧元的强劲表现奠定了多元竞争国际货币体系的基础，被视为改变美元主导国际货币体系的核心力量。然而，欧债危机暴露了"缺乏财政一体化的货币一体化进程"体制的内在矛盾。财政一体化需要成员国财政主权的适当让渡，但发达国家代议制民主大大迟滞了这一进程。欧元稳定性备受质疑，某种程度上不是降低、而是增强了国际货币体系的不稳定性。

尽管"世界元"之类超主权货币观点一度流行，但国际货币体系短期内难以突破主权信用货币充当国际储备货币的格局。未来通过大国主权信用货币竞争、推动国际货币多元化，仍是国际货币体系最主要的发展方向。人民币作为世界第二大经济体主权货币，有望成为多元国际货币体系的重要成员，一些学者也期望通过人民币国际化推进国际货币体系改革，逐渐解决被动累积巨额外汇储备的难题。但如何理解人民币国际化的内涵、它的风险收益是什么、人民币国际化应如何实现等问题，仍待深入研究。本文重点对近年来的相关结论进行综述。

一、国际货币体系改革及人民币国际化时机评估

布雷顿森林体系崩溃后，国际货币体系转向信用本位制或牙买加体系。随着布雷顿森林体系对资本管制严格要求的放松，非储备货币发行国一方面可以通过对外部贸易而积累国际储备，另一方面也可以通过国际资本市场融资手段获得储备货币，因此，理论上，非储备货币发行国积累国际储备的必要性应该显著降低。然而，从上世纪七十年代以来，全球储备总量不但没有下降反而大幅度上升，理论界对此高度关注。

（一）国际储备货币的稳定性是当前国际货币体系的关键问题

世界各经济体积累的外汇储备总规模，自布雷顿森林体系崩溃后不断飙升。Reinhart and Rogoff（2002）研究发现，布雷顿森林体系崩溃对国际储备资产需求的影响比预期的低。即便资本帐户完全开放，浮动汇率制度国家也希望持有储备资产，因为他们的银行体系暴露在外汇风险之中，必须持有足够储备以应对挤兑风险及资本流动引起的系统脆弱性。

虽然美元双挂钩体系终结，非储备货币发行国可以自行决定积累何种储备货币，然而，美元国际货币的主导地位并未削弱，美元继续作为石油等大宗商品的计价货币，绝大多数大宗商品贸易结算仍使用美元[①]。欧元曾被认为可以挑

[①] 伊拉克在"石油换食品"计划中要求使用欧元结算（Elitaz and Nokolaus 2007）。伊朗也于2006年成立以欧元作为石油定价和交易的石油交易所（马登科、张昕，2010），但交易量有限。

战美元地位，但至今美元依旧是大宗商品计价货币和主要结算货币。IMF 发布的数据显示，美元资产在世界外汇储备结构中占据 60% 左右的份额。美元主导储备资产的格局一直未有改变。

美国金融危机、欧债危机引发外界对美元、欧元稳定性的担忧。美联储、欧洲央行、日本央行等主要国际储备货币中央银行持续推行量化宽松政策，在一定程度上丧失了央行货币政策独立性。美欧日等主权信用货币充当国际储备的不稳定性日益凸显[①]，如何寻求稳定的国际储备货币，成为当前国际货币体系的关键问题。

（二）超主权储备货币不是国际货币体系改革的主要方向

创建新的储备货币是国际货币体系改革的方向之一。周小川（2009）倡导将 SDR 发展为超主权储备货币，得到世界主要发展中国家的支持。联合国专家小组的提案也呼吁世界领导人同意构建替代美元的新的国际储备货币（施建淮，2009）。Stiglitz（2002）提出创设全球货币（Global Greenbacks）取代美元作为各成员国的储备货币。

超主权储备货币方案的落实将倒逼主权信用货币去国际化。随着超主权储备货币规模不断扩大及功能不断完善，必然与现有储备货币竞争。如果超主权储备货币确实能实现币值稳定的目标，那么各国的储备资产及结算手段将逐步由主权信用货币转向超主权储备货币，而主权信用货币的国际货币功能将逐步退化，也就是说超主权储备货币的发展将伴随着主权信用货币的去国际化，这与发达国家保持主权信用货币地位的努力相违背。从这个意义上看，超主权储备货币只是未来国际货币体系改革的一种可能（陈建奇，2010）。

从理论上分析，超主权储备货币摆脱不了主权货币的竞争；作为职能完善的货币，超主权储备货币缺乏可持续的发行基础；类似"特里芬难题"依然存在；超主权储备货币和主权货币的关系尚待明确。当然，对我国来说，提出构建超主权储备货币具有特殊重要的意义：一是不涉及人民币的国际地位问题，

---

① 究其根源，国际货币体系稳定性属于全球公共产品，提供这些产品成本与收益难以实现平衡，发行国没有激励去维持国际储备货币的稳定。在权衡服务于本国经济增长与保持国际储备资产稳定性之间，主权信用货币往往优先服务于国内货币政策目标，促使其偏离国际储备稳定性的条件。当今世界并没有明确国际储备货币发行国承担相应的稳定责任，主权信用货币充当国际储备资产的稳定性难以保证（陈建奇，2012）。

更容易为国际社会所接受；二是没有直接针对美元，回避了正面冲突；三是如能实现由 IMF 集中管理成员国储备，将我外汇储备中的美元资产转为超主权储备货币，可在不造成国际金融市场动荡的情况下，降低我储备贬值风险；四是构建超主权储备货币与人民币区域化并不冲突（张岸元，2009）。

（三）人民币国际化是否面临有利时机

赵锡军、宋晓玲（2009）研究指出，金融危机为人民币国际化提供了良好的外部环境。金融危机的发生和发展与当前以美元为中心的单极国际货币体系有密切联系。从单极向多极货币体系转变的呼声日渐升高，包括中国在内的发展中国家期待在国际货币体系改革中掌握更多话语权。金融危机使各国再次认识到多元货币体系和多种储备货币的重要性。而且，中国经济自改革开放以来综合实力持续增强，经济总量和国际贸易总量大幅增长，中国是美国最大的债权国，债权人地位的确立往往伴随着金融竞争力的形成。另一方面，中国人均经济水平与世界主要国家仍然差异巨大，经济实力有待加强，中国还存在着资本项目管制，资本市场开放程度不足，金融市场依然不够发达，这些构成人民币国际化的挑战。

需要指出的是，国际金融危机后，发达国家的宽松货币政策潮流并未从根本上颠覆既往货币国际化前提的理论判断。不同之处在于，主要央行政策的独立性都在下降、通胀容忍度都在上升，国际市场将"劣中选优"。最为典型的是日元：货币政策完全满足本届政府的需求，明确提出 2% 的通胀目标，公开引导货币贬值。此前日元国际化的市场套利因素完全消失，势必对日元的国际地位构成负面影响。在此局面下，人民币在履行货币基本职能方面与某些国际货币之间的差距正在迅速缩小，国际化面临难得机遇（张岸元，2013）。

二、货币国际化内涵、条件及本币国际化的基础

（一）货币国际化的内涵

国际货币就是将传统货币的交易、计价及储藏等职能由国内拓展到国际，在国际上可自由兑换，并可用于进行国际结算和支付乃至交易的货币。IMF 协定第三十条款将国际货币定义为，"在国际往来的支付中被广泛使用的，以及在主要外汇市场上被广泛交易的货币"。由于广泛使用和广泛交易较难把握，

一般把外汇储备中该种货币占比达 1% 以上及外汇交易中占比 4% 以上者称为国际货币。

Cohen（1971）认为国际货币的职能是货币国内职能在国外的扩展，当私人部门和官方机构出于各种各样的目的，将一种货币的使用扩展到该货币发行国以外时，这种货币就发展到国际货币层次。Hartmann（1998）对该定义中的国际货币职能作了进一步的划分，即包括交易媒介、计价单位和价值储藏手段。作为交易媒介手段，国际货币是在国际贸易和资本交易中被私人部门用于直接的货币交换以及两种其他货币之间间接交换的媒介货币，也是被官方机构用作干预外汇市场和平衡国际收支的工具。作为计价单位，国际货币被用于商品、服务贸易和金融交易的计价，并且被官方机构用于确定汇率平价（作为汇率钉住的"锚"）。作为价值储藏手段，国际货币在私人部门选择金融资产时被运用，表现为存款、贷款、债券等，而官方机构拥有国际货币和以它计价的金融资产构成储备资产。

表 2-1　国际货币职能

	交换媒介	计价单位	价值储藏
官方使用	干预外汇、平衡国际收支	锚货币	外汇储备
私人部门	贸易和金融、交易结算	贸易和金融、交易计价	投资

国际货币从其国际化的程度上看，可分为部分国际化和完全国际化的国际货币。Binder（1996）提出，部分国际化是指该货币在国际经济中发挥有限的作用。当国际货币具有以下几个特征时，它就成为国际中心货币：一是在各国中央银行的官方储备中占据优势比例；二是在外国被广泛用于日常交易；三是在国际贸易的计价中占优势份额；四是在国际金融市场的货币选择中发挥主导作用。国际货币可能有多个，但国际中心货币只有一个，非中心国际货币围绕中心货币或根据中心货币变化而调整。

（二）货币国际化的条件

《新帕尔格雷夫经济学大辞典》在"美元"词条中论述了一种货币要成为国际货币的四个条件。一是历史，若传统的商业惯例都愿意接受和使用一种货币，一国货币就容易成为国际货币；二是贸易和金融发展水平，一种在国际贸易和金融中占有较大份额的货币具有成为国际货币的天然优势；三是开放发展的多层次金融市场；四是对货币价值的信心。

Mundell（2003）认为，一国货币要成为国际货币，取决于人们对该货币稳定的信心，而这又取决于该货币流通或交易区域的规模、货币政策的稳定、没有管制、货币发行国的强大以及货币本身的价值。姜波克（2005）认为，货币国际化程度的不同所需要的条件可能有所不同，完全国际化的货币必须具备以下几个条件：第一，本国必须具有较强的政治和军事实力来维持国内的政治稳定、保护国家以及本国货币的安全。第二，必须在全球产出、贸易和金融中占较大份额，这样可以节约交易成本，产生规模经济和范围经济。第三，保持货币价值的稳定，包括国内物价稳定和对外汇率的稳定。第四，拥有发达的金融市场，即有广度（拥有多种金融工具）、深度（有发达的二级市场）和高度的流动性，这样才有利于促进对该国货币的国际需求。

夏斌、陈道富（2011）研究指出，一国货币能否国际化，自然取决于一国经济实力的若干必要条件，但这并不是充分条件。最终能否完成本币的国际化任务，与政府对稳定本币价值和其他经济政策的正确选择及其主动、积极的推动，密不可分。拥有国际货币的国家往往不是与生俱来就具备上述条件。货币国际化是货币的部分或全部职能，从一国的使用区域扩张到周边国家、国际区域乃至全球范围，最终演化为国际区域货币乃至全球通用货币的动态过程。货币国际化不仅包括货币职能的国际化，还包括货币作为资本的信贷、投资职能的国际化[①]。

国际货币所执行的职能并不是一成不变的，货币发行国综合实力的改变会影响其货币在国际上的地位，也会影响货币所执行的国际货币职能。货币国际化的初期其表现突出的职能是跨国境使用，随着货币国际化的推进，其承担的国际货币职能越来越多，甚至能够承担全部的国际货币职能。但是随着经济实力的减弱，国际货币所执行的货币职能就会减少甚至退出国际货币的舞台。这种转化归根到底就是不同国家竞争力变化的结果。

关于国际货币地位决定因素，概括而言主要包括：一是经济和贸易规模。较大经济、贸易规模国家发行的货币具有天然优势，能够有效降低交易成本，形成规模经济效应。二是金融市场和金融体系。发达的金融市场和健全的金融

---

① 即，货币国际化是主权货币作为资本获得利润的投资职能，从一国的使用区域扩张到周边国家、国际区域乃至全球范围的动态过程（吴晓芹，2011）。

体系是货币国际化的有效保证。三是货币公信力。包括货币发行国政治稳定性和货币价值稳定性。四是网络外部性。货币地位取决于货币现行使用状况。货币使用范围越广，越频繁，交易成本越低，流动性越高，越有竞争力。五是转换成本和国际地位惯性。国际货币替代有各种转换成本，除了交易成本和学习成本外，还有网络外部性所形成的不确定因素。六是政府意愿。各货币国际化的经验表明，政府意愿在推动一国货币国际化中起到举足轻重的作用（赵锡军、宋晓玲，2009）。

（三）人民币国际化的基础

货币国际化归根到底是一国货币同既有国际货币竞争的过程，人民币国际化也取决于其市场竞争力。刘曙光（2009）将人民币国际化的条件归结为三个层面，即基本经济因素、制度政策因素、政治军事因素。随着中国的全面发展和日益强盛，这几个方面的条件都在一定程度上朝着越来越有利于人民币国际化的方向发展。其中，基本经济因素是最具正面效应的因素，政治军事也具备积极的条件，而制度政策因素则是人民币国际化进程的主要掣肘。

首先，日益强盛的经济实力为人民币国际化创造了基本条件。从历史上看，无论是美元、日元、马克还是欧元，其国际地位的建立均与其经济实力的上升直接相关。在欧元诞生之前，世界上最大的三个经济体为美国、德国和日本，而他们的货币美元、马克和日元也恰好是三种最主要的国际货币。人民币能够成为国际货币，其首要决定因素是中国对世界经济的重要性不断增加。中国经济规模的不断增长将强力支持人民币在世界发挥更大的作用（高海红，余永定，2011）。

其次，贸易规模和比重不断提高使人民币具备国际大规模交易和流通的基础。货币国际化的实质是货币的国际扩散，它是与贸易发展相对应的货币转移过程，一国对外贸易规模通常与货币国际化程度正相关[①]（马金栋，2007）。

第三，高外汇储备、高国际投资净头寸和低通货膨胀是人民币国际化的利好因素。中国近十年来保持了较低的通货膨胀率，国际储备迅速增加，中

---

① 如，在以英镑为首要国际货币的19世纪80年代，英国在全球贸易中的比重高达五分之一多。1948年美国的贸易占比为21.9%，美元取代英镑成为最主要的国际货币。日本占全球贸易总额比重从1965年的4.64%增至1990年的7.7%，期间伴随的是日元国际化的发展（刘曙光，2009）。

国已多年保持世界外汇储备第一大国的地位。连续多年的升值趋势初步建立了国内外对人民币币值稳定和坚挺的信心及心理预期，为人民币国际化提供信心支持。

第四，中国在政治军事层面也表现出某些积极的因素。货币发行国拥有较强的政治和军事实力，不但能维持国内政治稳定，还能使该国免于其他国家的战争与动乱影响，保证本国的国家安全与货币安全（Mundell，2003）。经过多年的改革开放，中国经济、政治、军事等多方面的国际地位明显大幅提升，迅速增长的财政收入为一系列体制变革提供经济支持，并使政治稳定性进一步得到保障。同时，中国的军力和国家安全防御能力也有所增强，在国际外交舞台上扮演着越来越重要的角色，对世界事务的影响力不断上升，上述变化使人民币国际化的基础更加坚实。

（四）人民币国际化的制度性制约因素

尽管人民币国际化目前具备一系列积极因素的支撑，但在制度政策层面却面临着几方面的制约[①]。一是对资本项目的管制制约着人民币国际化。虽然可自由兑换的货币不一定是国际货币，但要真正成为国际货币，货币可自由兑换则是不可缺少的条件。二是金融市场发展滞后影响人民币国际化进程。人民币要成为在国际上进行计价、结算、储藏的货币，就要面对世界各国对它的大量需求，这就要求必须要有发达的、开放的、交易规模巨大、体制健全的金融市场，但中国金融市场仍存在不够成熟市场规模较小、金融工具单一、金融法规不健全、市场监管不力等缺陷，没有能力为各国提供足够的以人民币计价的金融产品，尤其是人民币债券市场在规模、交易活跃程度以及机构建设方面与欧美债券市场市场差距还很悬殊（刘曙光，2009）。三是汇率缺乏弹性是影响人民币国际化的制度缺陷。尽管各国选择什么汇率制度有其路径依赖及特定的国情，但世界主要国际货币汇率却都是市场化的浮动汇率制，目前中国汇率制度依然没有实现这种目标，制约着人民币国际化的推进。

人民币国际化具有内在的复杂性，从单个指标很难得出客观的结论，需要从综合的视角来分析。哈继铭（2012）对人民币国际化条件当前是否成熟的问题做了综合的探讨。他认为，人民币能否实现国际化主要取决于以下几个因

---

① 本文对于意识形态方面的制约因素未予综述，比如，有观点认为，国际金融市场不会接受一个共产党国家的货币充当储备货币。

素。一是经济规模。经济规模越大，它的货币就越有资格成为储备货币，例如欧元的崛起，与欧共体的形成有关的。日元成为国际储备货币之一，也是因为日本在 20 世纪 70、80 年代经济腾飞。中国经济规模全球排名第二，超过了日本，经济总量已经从 1978 年改革初期占全球 1.8% 达到 2011 年的 9.3%。出口总量位居全球第一。二是通货膨胀率。通货膨胀过高的国家难以实现货币国际化。如果货币购买力不断被通货膨胀削弱，这种货币的国际需求就难以维持。所以通货膨胀一定要温和。中国通货膨胀率在 2001—2011 十年间平均 1.56%，低于美国、欧元区和英国。三是汇率的稳定性或者波动性。人民币有效汇率标准差在 2001—2011 年十年间是 0.14，低于许多国际储备货币，说明人民币汇率也是相当稳定，不像有的发展中国家的货币，某几年可以大幅升值，之后又大幅贬值。四是金融市场的规模。从资本市场的情况看，中国的股市近年来规模在不断的扩大，超过了英国。按近年来的增速，未来将超过更多的国家。这四个基本条件基本都满足，人民币国际化是可行的。

三、货币国际化收益、成本及人民币国际化利弊

从金本位下英镑独享百年的主导地位，到 1944 年布雷顿森林体系确认美元取代英镑的世界货币地位；从 20 世纪 70 年代日元、马克的国际化进程，到 20 世纪 90 年代末欧元诞生，学术界关于货币国际化的收益和风险的讨论从未停止。

（一）货币国际化的收益

从交易媒介看，货币国际化使本国国际贸易和金融交易减少了交易成本，提高了经济效率，促进了专业分工，增加了社会福利。Frankel（1991）指出，货币国际化使本国银行省去了匹配存贷的麻烦，使得本国银行具有比较优势。Kannan（2009）构建了货币搜寻模型，认为国际化增加了本国货币的实际购买力，贸易条件的改善将带来货币发行国额外的福利收益。

从价值尺度看，货币国际化使交易变得更加稳定。对此，Papaioannou & Portes（2008）提出，以本币计价给出口商和进口商带来了汇率的稳定收益，货币的国际化既是厂商计价货币选择行为的原因又是结果。网络外部性、路径依赖、羊群效应等既是解释企业计价货币选择行为的因素，又可看成是国际货币具有惯性吸引力的收益。

从价值储藏职能看，货币国际化的直接收益就是国际铸币税。陈雨露、王

芳、杨明（2005）对美元海外流通的铸币税的计算结果表明，至 1981 年美国所获得的国际铸币税收益为 1051.85 亿美元，到了 2002 年，由美元国际化而产生的名义国际铸币税收益已经高达 6782 亿美元。Cohen（1971）认为国际货币发行国取得的国际铸币税收入从根本上依赖于该货币的国际垄断地位，如果该国处于完全垄断地位，净铸币税收入肯定相当大，但如果它面临其他国际可接受货币工具的竞争，净收益会相应减少。在对 1965—1969 年间英镑的净国际铸币税收入进行测算后发现英国在当期获得的国际铸币税收入为零。Portes and Rey（1998）估计美国美元国际铸币税收入大约为美国 GDP 规模的 0.2%。Papaioannou & Portes（2008）采用两种方案估计到 2020 年欧元的国际铸币税规模，一种方案测算表明 2020 年欧元的国际铸币税为欧元区 GDP 的 0.13% 至 0.44% 之间，而另一种方案测算结果是欧元的国际铸币税为欧元区 GDP 的 0.18% 至 0.57% 之间。

货币国际化另一层面的收益在于其促进一国宏观金融深化发展。一国货币成为国际货币后，必然面临货币回流问题，发展具有一定广度和深度的金融市场满足持有其货币的非居民投资需要。一国货币扩展到其他国家也会带动其金融机构境外设立分支机构。此外，货币国际化还有利于该货币区的金融机构实行跨国经营。不仅如此，一国货币成为国际货币后，其央行在一定程度上成为世界中央银行，负债在一定程度上成为国际最终清偿手段，货币政策在一定程度上影响其他国家的就业、产出和经济增长。在当前主权信用货币充当国际储备货币的情况下，货币发行国往往根据本国经济发展需要制定货币政策，只会较少顾及国际储备的币值稳定，别国只能根据国际货币发行国货币政策被动调节本国经济政策，这实质上是货币国际化带来的储备货币发行国的宏观金融政策主动权。

除了在经济方面的收益，货币国际化还具有提升一国在国际经济秩序中的话语权作用。国际货币是一种软实力，一国持有的国际货币一般是投资于国际货币发行国的金融市场或存放于该国的金融机构，如果国际发行国采取冻结持有国财产的方式，该国将处于极为不利的地位。对于国际货币发行国而言，可以自主提供其他国家都愿意接受的国际流动性，从而避免出现依靠他国提供流动性的被动局面，这是大国要求使用货币国际化的重要原因，也是提高提升一国在国际经济秩序中话语权的重要手段（沈骏，2012）。

（二）货币国际化的成本

货币国际化并非总是带来正面收益，也会产生负面影响。当前欧洲多国抱团陷入危机所揭示的欧元货币一体化带来的困境，是货币国际化负面影响的典型例证。

货币国际化可能导致货币政策失效风险。Triffin（1960）阐述的"特里芬难题"表面上刻划的是布雷顿森林体系时期，美元双挂钩体系导致美国所面临的国际收支矛盾，其深层次角度实质上是揭示了美元国际化所引发的美国宏观货币政策内在困境。周小川（2009）则明确提出，"特里芬难题"在现代国际货币体系下仍然存在，即储备货币发行国无法在为世界提供流动性的同时确保币值的稳定。从布雷顿森林体系解体后金融危机屡屡发生且愈演愈烈来看，全世界为现行货币体系付出的代价可能会超出从中的收益。

关于货币国际化对货币政策影响的理论分析及实证研究，陈建奇（2012）构建了理论分析框架。研究表明，在布雷顿森林体系下，当美国黄金储备增长率大于或者等于美元收益率时，美元国际储备具有内在稳定性，"特里芬"难题可以规避，否则美元双挂钩体系难以维持。在现代国际货币体系下，主权信用货币充当国际储备保持稳定性的条件是，国际储备货币发行国实际经济增长率大于或者等于通货膨胀率与国际储备货币收益率之和。由此可见，若要保持国际储备的稳定性，那么国际储备货币发行国必须被动的将本国利率维持在可持续水平之下，国际货币发行国必须放弃独立的货币政策。

货币国际化可能导致汇率出现非常态波动。一国货币国际化初期阶段，本币经常是趋于升值的。在此条件下推行货币国际化，短期内资本流入可能不断增加，本币会面临升值压力，同时可能会增大本国资产价格的波动，加大货币投机风险。而从长期的角度来看，其经常收支顺差将会逐渐减少甚至出现逆差以支持外部对国际货币流动性的需求，由此构成货币的贬值压力，造成汇率的波动（傅冰，2012）。Tavalas（1997）从货币国际运用的成本角度分析，他认为，在钉住汇率制下，国外偏好的转移可能会导致大量的资本流动，破坏货币当局控制基础货币的能力并影响国内经济活动；在浮动汇率制下，这种转移导致汇率的大幅度变动，可能会限制货币当局的国内政策能力。

（三）其他隐性收益和成本

相对上述谈及的显性收益与风险，货币国际化还具有隐性收益与风险。20世纪 60 年代，时任法国财长的 Valéry Giscard d'Estaing 提出货币国际化的"嚣张的特权"，指责当时美国仅仅依靠发行美元即可为本国巨额赤字融资，从而拥有了有别于布雷顿森林体系下他国的、更自由行使货币及财政政策的权力。

当前布雷顿森林体系早已瓦解，但今天的美元仍然享有"特权"（Dobbs and Skilling and Hu，2009）。Cohen（2012）认为这种"货币自治"是一种具有政治含义的"国际货币权"。货币自治也许不是使货币发行国拥有相对程度国外影响力的充分条件，但一定是必要条件。反过来，货币自治意义下的"特权"也有外部约束风险。境外持有本币现钞或者流动性强的储备资产使国际货币的流动难以控制，本币需求的波动增加使本国中央银行的货币政策调控受到影响。由于对国际货币失去信心而导致的铸币税逆转，可能会带来本币贬值、通货膨胀等严重后果。

（四）人民币国际化的收益与成本

与其他大国货币国际化一样，人民币国际化也将面临着收益与风险的权衡。吴君、潘英丽（2012）对此作了深入的总结。人民币国际化具有五个重要方面的收益。首先，使中国获得国际铸币税收益。何慧刚（2007）计算出人民币国际化年均国际铸币收入至少为25亿美元。其次，实现我国国际收支赤字融资，减少国际收支的波动。曹勇（2003）指出人民币国际化有利于中国通过输出人民币来改善国际收支逆差，还有利于输出通胀和转嫁压力。陶勇强、王智勇（2010）指出人民币国际化可实现国际收支赤字融资。第三，降低人民币汇率风险，促进中国对外贸易投资的发展。赵海宽（2003）认为用本币结算是规避汇率风险的上策，因为人民币国际化意味着对外贸易可以用人民币支付和结算，外贸因此可不受外汇制约。谢太峰（2006）认为，人民币国际化有利我国国际债权债务的人民币结算，减少进出口商外汇收支套期保值成本。第四，促进中国金融业发展。金发奇（2004）认为，人民币国际化可增加中国金融中介业务收入，降低金融机构在国际市场筹资成本，提高人民币国际贷款利率。第五，货币行政当局在制定执行经济政策时获得优势。王信、彭松（2002）指出，人民币国际化有利于中国通过货币替代等途径影响非国际货币储备国。王元龙（2008）认为，人民币国际化可缓解我国外汇储备增长，是我国经济发展战略调整的客观要求。

中国推进人民币国际化亦将使国内经济面临四个方面的风险。首先，使中国遭遇"特里芬"难题。陶勇强、王智勇（2010）认为，在国内制度不完善和外部经济环境不确定的情况下推进人民币国际化，将限制国内金融政策选择范围、约束人民币汇率政策、并使中国遭遇"特里芬"难题。其次，削弱政府宏观政策的自主性及调控力。姜波克、张青龙（2005）提出，人民币国际化会削弱一国货币政策自主权，货币、财政、价格政策还将面临"两难"境地。第三，引起国际游资对国内经济金融的冲击。赵海宽（2003）认为，人民币国际化将实现完全自由兑换，可能遭致国际投机资金对国内金融市场的攻击。刘骏民、刘惠杰、王洋（2006）指出，人民币国际化及其相伴的资本账户开放和人民币自由兑换可能使国际游资冲击中国金融市场，并对房地产、能源期货等对冲操作，造成金融动荡和危机。第四，诱发假币和洗钱等犯罪活动。赵海宽（2003）指出，纸币流通范围大小与假票可能成正比。人民币国际化容易诱发伪造人民币及洗钱的犯罪，损伤人民币的信誉和国际地位，给中国带来直接经济损失。

尽管货币国际化必须客观评估其利弊，但美英等大国发展路径显示强国发展必然需要本国货币成为强势国际货币。中国经济总量位居世界第二、出口位居首位，未来向强国的转变亟待人民国际化在内的金融强国的建立。吴晓求（2011）认为，中国要成为一个大国、强国，金融就一定要强，这涉及到国家的战略目标；人民币国际化更有利于全球的稳定；人民币国际化并不意味着人民币要取代美元，人民币和美元是相辅相成的，而不是恶性竞争的关系。总之，人民币国际化对于中国未来发展具有重大意义，人民币国际化利弊争辩有助于厘清各种潜在的问题，未来重点应更加关注人民币国际化战略目标及其路径选择。

四、离岸市场对货币国际化作用

人民币国际化是人民币参与国际货币竞争的过程。国内金融开放改革滞后导致人民币尚未形成货币竞争的相关金融市场，资本账户尚未实现可兑换等因素严重制约人民币国际化，因此，发展人民币离岸金融中心成为重要的替代手段。

（一）美元离岸市场的功能

美元离岸市场的快速发展主要发生在 20 世纪 70 年代之后。离岸美元市场的发展，对于增强美元国际货币的地位具有重要的作用。离岸美元市场通过保证境外美元的有效供给，满足外国官方和私人部门的不同需求，维持了美元作为主要国际货币的惯性。在建立境外美元循环渠道的同时，美元离岸市场建立一个连接美国国内金融市场与其他国家国内金融市场的"转化阀门"。由于离岸金融市场具有不同于在岸市场的成本、收益和风险的特征，更能够满足市场参与者的差异性需求。因而，离岸美元金融市场的建立和发展，对于资金跨越国界流入美国有着积极的推动作用，对于美国宏观经济和金融的稳定性，进而美元国际地位的维持，有着重要的作用（于春海，2012）。

（二）日元离岸市场

20 世纪 70 年代，随着日元国际地位的提升，欧洲日元市场逐渐成型，其中以伦敦最为重要，占全部市场份额 60% 左右。在 20 世纪 80 年代，日元国际化加速发展，欧洲日元市场反过来促进了日本国内的金融开放，促使日本政府在国内创设离岸金融市场，交易欧洲日元。这种"出口转内销"正是当时日本国内金融改革的重要动力（中国安邦集团研究总部，2013）。另一方面，日元国际化有赖于东京国际金融中心的崛起，而东京国际金融中心的迅速发展，一个关键因素是 1986 年 12 月东京离岸金融市场的建立和迅速发展。1988 年末，东京离岸金融市场的规模高达 4142 亿美元，超过纽约的"国际银行业务中心"（IBF）的 3199 亿美元，自此东京成为与伦敦、纽约鼎足而立的国际金融中心（徐梅，1993）。

关于离岸金融市场对于日元国际化的作用，殷剑峰（2012）持有不同看法。他认为，日元国际化"贸易结算 + 离岸市场"模式的大致轨迹为：1960 年为应对汇率风险而推行日元在进出口贸易中结算；1984 年为推动日元离岸市场发展而开放资本项目；1997 年亚洲金融危机后，着力加强亚洲区域货币合作。实际上，由于各种结构性因素的制约，这种模式很难成功，表现为日元的贸易结算地位依然较低，离岸市场"倒逼"资本账户在金融改革之前过早开放。从日本教训看，离岸金融市场往往"倒逼"资本项目开放，而非国内金融市场改革。实际上，离岸市场并不是本国货币国际化的必要条件，而仅仅是结果。以美元离岸市场为例，其发端于 20 世纪 50 年代，发展于 70 年代，而美元早在 1945 年就取代英镑成为世界货币。

（三）人民币离岸市场可能发挥的作用

关于离岸金融市场对于人民币国际化的作用。沈建光（2011）认为，在岸市场与离岸市场的互动，对于人民币国际化的成功与否至关重要。如果没有一个适当的回流渠道，境外投资者持有人民币的意愿就会降低，造成人民币境外需求不足；反之，畅通的回流渠道将促进境内人民币流向海外，扩大海外人民币的使用，方便境内外投资者。加快人民币离岸市场的发展，鼓励离岸人民币回流，有助于加强人民币国内市场与离岸市场的联动，从而加速人民币国际化进程。

在离岸市场快速发展的同时，理论界开始担心其可能导致内地的宏观和金融风险。马骏（2011）认为，在资本账户没有完全开放前提下，离岸市场发展带来的对境内流动性影响是可控的。人民币国际化所面临的最大风险是其他改革不配合，决策层更应该关注的是"不改革"（即其他改革落后与人民币国际化）所带来的风险。具体来说，人民币资本项目可兑换基本实现之时，要求境内的人民币已经升值到均衡汇率附近，否则一旦全面开放资本项，汇率会出现巨大波动。利率市场化和政策利率向市场传导的机制建设应该在人民币基本可兑换之前基本完成，因为一旦人民币可兑换发生，资本流动将使境内货币总量难以预测，信贷总量控制和利率管制作为宏观调控的工具将基本失效。另外，必须尽快健全银行和其他金融机构抗风险能力，使这些机构能够应对开放条件下的资本流动、利率、汇率等风险。在技术层面，还必须加快发展衍生产品市场，为金融机构、企业和投资者管理风险提供足够的工具。

殷剑峰（2012）认为中国人民币国际化应该摒弃日本式的"贸易结算＋离岸市场"模式，而应该推崇"资本输出＋跨国企业"模式。从货币国际化的历史看，除了特殊的欧元模式（若干主权国家采用同一货币）之外，在英镑和美元成为国际关键货币的过程中，特别是国内金融市场尚未充分发展的初始阶段，都采用"资本输出＋国际卡特尔／跨国企业"模式。"资本输出"在金融形态上输出的是以本币或者比本币更可靠的黄金定值的信用，在物质形态上输出的是资本货物和技术。"资本输出"必然带来随后的"回流"，这样的"回流"在物质形态上是原材料、中间品和低端最终品，在金融形态上是以本币或黄金定值的债务本息。在"资本输出"和随后的"回流"中，本国货币自然实现了国际化。

目前人民币离岸市场建设更受关注的是，人民币海外市场布局如何建构。宗良（2013）指出，香港是我国的特别行政区，与内地经济联系比较紧密，香港作为人民币的离岸市场有着天然的优势。而随着两岸贸易交流更加频繁，台湾在经济、金融方面发展程度也较高，台湾也是人民币一个理想的离岸市场。新加坡和伦敦都是国际金融中心，与我国的经贸联系也比较广泛，在发展人民币的海外市场方面也会发挥重要作用。

五、人民币国际化战略目标及路径选择

人民币国际化问题尽管引发国内外广泛关注，但中国政府并未在重要的报告中予以正式表述，十二五规划和党的十八大报告都没有人民币国际化的表

述 ①。人民币国际化战略相关的观点主要还局限于学术界的相关讨论。

（一）"三步走"的国际化观点

陈雨露（2013）指出，人民币国际化是中国国家崛起、硬实力和软实力刚柔相济的重要标志，也是中国全面融入国际社会并保持经济持续强盛的重要支柱和国家工具，是中国 21 世纪最重要的国家战略之一。人民币国际化的目标就是人民币在国际贸易、国际投资和世界各国的外汇储备当中作为计价货币、结算货币和储藏货币，广泛地发挥世界货币的作用，也就是人民币在国际贸易当中、在跨国投资以及世界各国外汇储备的资产当中，广泛发挥世界货币的作用，应当说人民币国际化之所以应当成为一种国家战略，就是因为它是一个国家崛起的标志，也是一个国家崛起之后能否保持持续强胜的重要保障。

陈雨露（2013）提出两个"三步走"路径实现人民币国际化。2011 年是人民币国际化元年，全国范围内实现人民币跨境贸易结算；人民币汇率衍生的基础体系基本形成；货币互换协定与人民币储备资产有重要突破。从此开始，到人民币国际化的初步实现至少需要一个 30 年的长周期。即在未来的 30 年当中实现两个"三步走"。第一个"三步走"是在人民币使用范围上，第一个 10 年是"周边化"，完成人民币在周边国家和地区的使用；第二个 10 年是"区域化"，使人民币在整个亚洲地区成为区域性的国际货币；第三个 10 年是"国际化"，人民币成为全球范围内的关键货币。第二个"三步走"是在货币职能上，即第一个 10 年实现"贸易结算化"，人民币在贸易结算当中充当国际结算货币；第二个 10 年实现"金融投资化"，人民币在国际投资领域中作为投资货币；第三个 10 年实现"国际储备化"，人民币成为国际最重要的储备货币。

也有学者不认同上述观点，张岸元（2013 年）认为，从近年来，人民币国际化的实践看，理论界关于人民币国际化进程"从价值尺度、到流通手段支付手段、最后到储备手段"的判断应该修正。损失出在储备环节，也必须从储备手段入手解决问题。当前本币国际化的优先目标应是成为国际储备货币，路径是充当国际流通手段支付手段。履行国际价值尺度职能不应成为短期政策重

---

① 十八大报告关于金融改革的相关论述指出，"深化金融体制改革，健全促进宏观经济稳定、支持实体经济发展的现代金融体系，发展多层次资本市场，稳步推进利率和汇率市场化改革，逐步实现人民币资本项目可兑换。加快发展民营金融机构。完善金融监管，推进金融创新，维护金融稳定"。

点。人民币先周边化、再区域化、最后国际化的判断也应修正。通过贸易、投资渠道流出的人民币会集中到离岸中心，这些中心未必都在周边。区域经济大国对人民币国际化心存疑虑。从目前选择人民币作为储备货币的国家看，不存在地理上的远近顺序。与我国经济金融关系最密切、最愿意接受我金融影响力的国家未必是本区域国家。人民币的流出将直接面向全球。

（二）对现有推进路径的研究

张明（2011）认为，在人民币国际化的道路上，应该更好地借鉴美元、英镑、德国马克与日元国际化的经验教训。张明（2011）回顾了迄今为止人民币国际化在跨境贸易结算与离岸金融市场建设方面取得的进展，梳理并评述了与"跛足"的人民币国际化和通过加快资本账户开放来推动人民币国际化的相关争论。得出的主要结论包括：第一，"跛足"跨境贸易人民币结算格局近来虽有缓和，但依然存在。"跛足"的贸易结算必将导致外汇储备增加，而一旦通过进口结算输出的人民币资金回流内地，这就会加剧央行冲销压力或国内流动性过剩。"跛足"的跨境贸易人民币结算的实质是中国用高收益的人民币资产去交换境外低收益的美元、港币资产，贸易规模越大，中国的损失越大；第二，离岸人民币回流机制的建立会显著放大离岸市场价格对在岸市场价格的冲击；存在投机性资金通过回流机制迂回进入内地的可能性；利率与汇率市场化改革应该先于人民币国际化或资本账户开放。

伊藤隆敏（2012）也认为需要吸取日本的教训。他认为，如果维持过去20年的经济增速，则中国经济规模将在2025年前后超过美国。历史经验显示，经济规模对货币国际化是非常重要的。不过，仅仅靠经济规模还不够，中国还需要进行金融自由化改革。改革路线图可从以下几方面推开。第一，在开放资本与金融账户之前，国内金融市场需进一步深化，让更多市场主体参与进来，丰富金融产品的期限结构。第二，构建独立的金融监管体系。美国在20世纪80年代的储蓄贷款危机，日本在20世纪90年代的银行业危机，都与监管体系出问题很有关系。第三，发展债券市场，尤其是先行发展国债市场，丰富国债的长、短期期限品种。第四，先长期、后短期的原则。不管是债券市场的直接融资渠道，还是银行贷款的间接渠道，其放开管制都应遵循先长期、后短期的原则。第五，放开金融市场的准入限制。金融市场高效运转的关键，在于拥有庞大数量的、异质的市场参与者。第六，要先进行汇率制度改革，然后放开资本管制。

六、结论

关于货币国际化的理论研究尚不充分，关于货币国际化一般经验的总结也有值得商榷之处。现有对于人民币国际化条件和制约因素的分析，多只是建立在这些结论基础之上。货币当局"管制是前提、政府来主导、升值为诱惑、离岸做平台"的现有国际化推进模式，基本符合历史规律：从国际货币史看，没有哪个国家出于货币国际化动机放松国内管制；没有哪个成功的国际货币背后没有政府推手；没有哪个货币国际化过程不是一度伴随着升值；没有哪个货币国际化早期不曾经伴随着离岸市场发育（张岸元，2013）。国际化的核心驱动力来自市场，而市场的动力来自对经济利益追求。国际化过程中，必然围绕着利率、汇率，存在重大利益再分配，货币当局必须考虑相关推进措施对央行乃至境内外市场主体利益分配的影响。

减少美元储备损失是推进人民币国际化的内在核心动力，现有举措无助于这一目标的实现。未来应着眼于对冲美元作为储备货币对我带来的潜在损失，以成为国际储备货币为目标，以充当国际流通手段、支付手段为途径，跨越周边化、区域化阶段，直接面向全球推进人民币国际化。履行国际价值尺度职能不是短期政策重点。而这些，是超越目前已有文献的。

（陈建奇、张岸元）

参考资料：

1. 张岸元：《"超主权储备货币"可能面临的挑战》，《国家发改委宏观经济研究院内部报告》2009 年 3 月。

2. 张岸元：《人民币国际化问题再认识》，国家发改委宏观经济研究院，《调查 研究 建议》2013 年 5 月。

3. 于春海：《离岸金融市场与美元国际地位的维持》，《人民大学研究报告》2012 年。

4. 徐梅：《日本金融国际化的进程——兼论对我国的启示》，《日本学刊》1993 年第 6 期，第 5 页。

5. 殷剑峰：《日元国际化模式的教训及启示》，《求知》2012 年 5 期。

6. 沈建光：《离岸市场：迈向人民币国际化的基石》，《中国金融》2011 年第 14 期。

7. 马骏：《人民币离岸市场发展对境内货币和金融的影响》，《国际融资》2011 年 2 月第 1 期。

8. 殷剑峰：《日元国际化模式的教训及启示》，《求知》2012 年第 5 期。

9. 宗良：《离岸市场和货币互换推进人民币国际化》，《新华网 2013 两会访谈》2013 年 3 月 13 日。

10. 马登科、张昕：《国际石油价格动荡之谜：理论与实证》，经济科学出版社 2010 年版。

11. 陈建奇：《破解"特里芬"难题——主权信用货币充当国际储备的稳定性》，《经济研究》2012 年第 4 期。

12. 周小川：《关于改革国际货币体系的思考》，http://www.pbc.gov.cn，2009 年 3 月 24 日。

13. 施建淮：《现行国际货币体系的问题与改革》，北京大学《CCER 中国经济观察》2009 年第 17 期。

14. 李荣谦：《国际货币与金融（第三版）》，中国人民大学出版社 2006 年版。

15. 赵锡军、宋晓玲：《全球金融危机下的人民币国际化：机遇与挑战》，《亚太经济》2009 年 6 月第 6 期。

16. 姜波克：《开放条件下的宏观金融稳定与安全：姜波克文选》，复旦大学出版社 2005 年版。

17. 夏斌、陈道富：《中国金融战略 2020》，人民出版社 2011 年版。

18. 吴晓芹：《人民币国际化研究》（博士论文），2011 年 4 月。

19. 赵锡军、宋晓玲：《全球金融危机下的人民币国际化：机遇与挑战》，《亚太经济》2009 年第 6 期。

20. 刘曙光：《人民币国际化条件分析》，《国际经济合作》2009 年第 4 期。

21. 高海红、余永定：《人民币国际化的含义与条件》，《国际经济评论》2010 年第 1 期，第 10 页。

22. 马金栋：《货币国际化的经验及借鉴意义》，《天津市经理学院学报》2007 年第 2 期。

23. 刘曙光：《人民币国际化条件分析》，《国际经济合作》2009 年第 4 期。

24. 哈继铭：《人民币国际化需要具备什么条件》，《新浪财经》2012 年 06 月 04 日。

25. 陈雨露、王芳、杨明：《作为国家竞争战略的货币国际化：美元的经验证据》，《经济研究》2005 年第 2 期。

26. 沈骏：《货币国际化的收益与风险分析》，《重庆三峡学院学报》2010 年第 1 期。

27. 傅冰：《货币国际化进程中的金融风险与对策研究》，《上海社会科学院》2012 年。

28. 黄瑾：《国际货币收益和风险研究综述》，《浙江社会科学》2012 年 12 月。

29. 吴君、潘英丽：《人民币国际化文献综述》，《现代管理科学》2012 年第 10 期。

30. 何慧刚：《人民币国际化：模式选择与路径安排》，《财经科学》2007 年第 2 期。

31. 曹勇 :《人民币国际化论纲》,《金融教学与研究》2005 年第 5 期。

32. 陶勇强、王智勇 :《人民币国际化的收益和风险》,《大众商务》2010 年第 8 期。

33. 赵海宽 :《人民币可能发展成为世界货币之一》,《经济研究》2003 年第 3 期。

34. 金发奇 :《人民币国际化探讨》,《四川大学学报》(哲学社会科学版) 2004 年第 1 期。

35. 王信、彭松 :《人民币怎样国际化》,《银行家》2002 年第 9 期。

36. 陶勇强、王智勇 :《人民币国际化的收益和风险》,《大众商务》2010 年第 8 期。

37. 姜波克、张青龙 :《货币国际化 :条件与影响的研究综述》,《新金融》2005 年第 8 期。

38. 吴晓求 :《大国经济需要大国金融战略》,《文汇报》2011 年 3 月 7 日。

39. 陈雨露 :《人民币国际化要分三步走》,《人民日报》(海外版) 2013 年 4 月 18 日。

40. 张明 :《人民币国际化的最新进展与争论》,《经济学动态》2011 年第 12 期。

41. 殷剑锋 :《人民币国际化 :"贸易结算 + 离岸市场",还是"资本输出 + 跨国企业"？——以日元国际化的教训为例》,《国际经济评论》2011 年第 4 期。

42. 伊藤隆敏 :《人民币国际化的路线图》,《国际经济评论》2012 年 1 期。

43. 巴里·埃森格林 :《嚣张的特权 :美元的兴衰与货币的未来》,中信出版社 2011 年版。

44. Reinhart C, Kenneth S. Rogoff, 2002, The Modem History of Exchange Rate Arrangements: A Reinterpretation.

45. Elitza Mileva and Nikolaus Siegfried (2007), Oil market structure network effects and the choice of currency for oil invoicing, European Central Bank Occasional Paper Series No.77 December 2007.

46. Thakur S. The" hard" SDR: an exploratory analysis. Staff Papers-International Monetary Fund, 1994,pp.460-487.

47. Stiglitz J E. Global Greenbacks. Economic Times, March, 2002, 22.

48. BenjaminandJ.Cohen, The Sesgnioraze Gain of an International Curreney:An Empirieal Test, The Quarterly Journal of Economies, 1971, 85(3), pp.494-507.

49. Hartmann P. The currency denomination of world trade after European Monetary Union. Journal of the Japanese and International Economies, 1998, 12(4),pp.424 - 454.

50. Blinder A S. The role of the dollar as an international currency[J]. Eastern Economic Journal, 1996, 22(2) ,pp.127 - 136.

51. Mundell R A. The international monetary system and the case for a world currency. Leon Koźmiński Academy of Entrepreneurship and Management, 2003.

52. Mundell R A. The international monetary system and the case for a world currency. Leon Koźmiński Academy of Entrepreneurship and Management, 2003.

53. Frankel J A. Is a yen bloc forming in Pacific Asia?. Finance and the International Economy, 1991, 5 ,pp.5 - 20.

54. Kannan P. On the welfare benefits of an international currency. European Economic Review, 2009, 53(5) ,pp.588-606.

55. Papaioannou E, Portes R. Costs and benefits of running an international currency[R]. Directorate General Economic and Monetary Affairs, European Commission, 2008.

56. Benjamin and J. Cohen, The Seigniorage Gain of an International Currency:An Empirical Test, The Quarterly Journal of Economies, 1971, 85(3), pp.494 - 507.

57. Portes R, Rey H. The emergence of the euro as an international currency[R]. National Bureau of Economic Research, 1998.

58. Papaioannou E, Portes R. Costs and benefits of running an international currency[R]. Directorate General Economic and Monetary Affairs, European Commission, 2008.

59. Triffin R. Gold and the dollar crisis: the future of convertibility. Yale University Press, 1960.

60. Tavlas G S. The international use of the US dollar: an optimum currency area perspective. The World Economy, 1997, 20(6) ,pp.709 - 747.

61. Dobbs R, Skilling D, Hu W, et al. An exorbitant privilege? Implications of reserve currencies for competitiveness. McKinsey Global Institute Discussion Paper, 2009.

62. Cohen B J. The Future of Global Currency: The Euro Versus the Dollar. Rutledge, 2012.

第三章　主要货币国际化的历史经验

本文回顾了 19 世纪中期以来主要国际货币的次序演进路径，对英镑、美元、日元、德国马克、欧元等主导货币竞争进行了历史考察，总结了货币国际化的历史背景和特定机遇。在一国货币国际化的过程中，政经实力与政策推进都是必不可少、相辅相成的，货币国际化需要强大的经济实力、发达的金融市场、主动性的政策选择、完善的货币输出机制、物价稳定和汇率稳定等前提条件。提高人民币国际化程度需要不断增强我国政经实力；在遵循市场演化规律的基础上重视政策推动，在人民币国际化推进模式选择上，日元、德国马克国际化模式更具参考性；人民币国际化理论逻辑不足之处可在具体实践中不断试错予以修正；不应以人民币升值预期为国际化前提条件，贸易顺差并非人民币国际化重大障碍，建立顺畅的人民币经常项目差额与资本项目差额流动机制至关重要；建设包含香港在内的主要国际金融中心的离岸人民币市场。

国际金融危机之后，主要经济体量化宽松政策在一定程度上颠覆了货币国际化前提条件的理论判断，国际范围内的货币竞争日益加剧，国际货币体系改革呼声强烈，围绕国际货币主导地位的竞争日趋激烈。人民币国际化是我国参与国际货币体系改革战略的基石。通过对货币史中主导货币的次序演化路径历史考察，可以对人民币国际化战略目标和未来国际经济格局有一个更为清晰的理解。回顾 19 世纪中期以来的国际货币史，梳理各主要国际货币的历史进程，有助于更好地理解人民币国际化的当前状态以及未来演进。

一、主要货币国际化的历史回顾

从货币的价值基础区分，可将货币国际化分为金本位货币的国际化和非金本位货币国际化两大类。英镑以及布雷顿森林体系下美元的国际化属于前者；

布雷顿体系之后的美元以及欧元、日元等的国际化都属于后者。由于不存在黄金这一价值基础，两类货币国际化的基础、实现的进程有所不同。

（一）英镑实现国际化的前提是金本位下英镑对黄金的有效替代

英镑成为国际货币的政治经济基础是英国的世界经济霸主地位，而在当时率先采用金本位制，并获得良好货币声誉对于英镑成为人类历史上第一个真正意义国际货币至关重要。严格意义上的国际货币体系建立也始于英镑国际地位的确定。英镑国际化之路始于 19 世纪初，其早期国际化与英国的贸易大发展密切相关。借助工业革命、海上霸权、殖民体系，英国成为世界上最大的工业品出口国，贸易收支处于超额顺差状态，当时的金银复本位制难以适应这种贸易格局变化。因此英国于 1821 年以法律形式在本国确立了金本位制（英镑能够兑换金条、金币，取消对黄金出口的限制），成为世界上第一个实行金本位制的国家。

英国实行金本位制后，德国、美国、日本等国纷纷效仿，到 19 世纪末期，各主要国家普遍实行了金本位制，并形成国际金本位制为特征的国际货币体系。由于当时英国在世界政治经济中处于核心地位，又是金本位制的积极倡导者，因此这一国际金本位制实际上是一个以英镑为中心、黄金为基础的制度，英镑处于国际关键货币的地位。国际金本位下其他货币自由兑换和黄金自由输出输入都与英镑发生着紧密的联系，英镑在国际范围内成为黄金替代物，国际金本位实际上演变为"黄金—英镑"本位，英镑成为真正的纸质黄金。金本位制度保证了英镑对黄金的有效替代，使得英镑成为历史上最早的国际化程度最高的信用货币。英镑国际化鼎盛阶段，可以与黄金完全实现自由兑换而不受任何限制，这也是以后各种国际货币所未能达到的。

表 3-1　外汇资产的增长与构成（1900—1913）　单位：百万美元

	1899 年末	1913 年末	变化	1913 年指数（1899 = 100）
官方机构	246.6	1124.7	878.1	456.08
英镑	105.1	425.4	320.3	404.76
法郎	27.2	275.1	247.9	1011.40
马克	24.2	136.9	112.7	565.70
其他货币	9.4	55.3	45.9	588.30

	1899 年末	1913 年末	变化	1913 年指数（1899 = 100）
未知的货币	80.7	232	151.3	287.48
私人机构	157.6	479.8	322.2	304.44
英镑	15.6	16	0.4	102.56
法郎	–	–	–	–
马克	–	–	–	–
其他货币	62	156.7	94.7	252.74
未知的货币	79.7	325.1	245.4	407.90

数据来源：Lindert 1969, p.2。

英镑地位的动摇始于 1873—1896 年的欧洲经济大萧条，但英镑的真正衰落发生在第一次世界大战期间。由于战争原因，英国经济实力受到削弱，英镑曾一度放弃金本位，停止与黄金挂钩。战争结束后，为了缓解浮动汇率风险，规范国际经贸秩序，国际社会商定恢复金本位制。英国于 1925 年恢复了金本位制，但由于黄金不足，战后恢复的金本位制已是一种变形的金本位制，即金块本位制。在恢复金本位制的过程中，英镑的高估（1913—1920 年间，英国物价上涨了 150%，但英镑却只贬值了 30%）导致英国国际收支困难和黄金大量流失，英国经济遭受重大打击。

到了 1931 年，英格兰银行再无法承诺英镑与黄金的兑换，宣布放弃金本位，英镑地位急剧下降；与此同时，法国、德国、美国、日本等国陆续完成工业革命，尤其是美国逐步发展成为可以与英国抗衡的重要力量，国际金本位制难以维持，英镑逐渐丧失了维持长达一个多世纪之久的国际本位货币地位，成为与美元、法郎地位相似的区域性货币。

第二次世界大战进一步打击了英国的经济实力。二战结束后，英国的殖民地纷纷独立，仍留在英联邦的国家也减少了对英国的依赖，英国霸主地位已经完全丧失。二战后建立的布雷顿森林货币体系，确立了"黄金一美元"本位制，英镑的流通范围进一步缩小，国际化程度进一步降低。20 世纪 70 年代布雷顿森林货币体系崩溃后，多元化的国际货币体系形成，英镑重新进入国际货币体系，但由于英国经济实力所限，英镑的国际地位始终处于美元、德国马克、日元之后。

（二）美元依靠美国强大经济实力与政策推进迅速成为主导货币

一战后，国际货币体系主导货币地位逐步从英镑转移到美元。强大的政治经济实力和主导全球的政策欲望是美元国际化的重要根基，布雷顿森林体系的建立从制度上确定了美元的国际地位。从二战一直到 1971 年，在布雷顿森林体系的支撑下，美国凭借着国际分工体系中的绝对优势，使得美元通过各种渠道在世界范围内大量流通，并成为最主要的国际货币。

广义上美元国际化过程经历了近五十年的时间，历史推进可以概括为四个步骤：一战到二战前的准备阶段、二战后的扩张阶段、50 年代后的确立阶段、60—70 年代的失去优势。

1914 年一战爆发至 1939 年二战爆发前，美元逐渐成为强势货币。随着英国经济和金融中心地位遭到重创，美元成为了具备恢复金本位的唯一稳定货币，受到许多国家的青睐，储备地位得到明显提升。但在二战之前，全球英镑区的规模由于惯性作用仍然继续扩张到巅峰，预势的英镑仍具有举足轻重的全球影响力。

1939 年二战爆发至 1945 年二战结束，美元进一步挤压英镑。二战彻底改变了当时全球经济和政治格局，德国、意大利、日本遭到毁灭性打击，英国、法国受到重创。而美国凭借《租借法案》带来的军火收入经济实力大增，成为世界最大的债权国。之后在与英国重建全球货币秩序的交锋中胜出。1944 的国际货币金融会议成立了国际货币基金组织及国际复兴和开发银行（即后来的世界银行），美国掌握了实际控制权，同时通过《布雷顿森林协定》确立了以美元为中心的国际货币体系原则和运行机制，标志着美元全球储备货币的机制初步确立。

1945 年二战结束至 20 世纪 50 年代中后期，美元初步完成了国际化。期间美国积极推进美元国际化，包括通过"关税及贸易总协定"大幅削减贸易壁垒，通过大量输出美国商品抢占国际市场，扩张美元作为国际货币的地位；以向英国提供巨额灾后重建贷款为条件，取消英镑区的外汇管制，同时迫使英镑大幅贬值，进一步削弱英镑的国际地位；通过"马歇尔计划"贷款援助，增加西欧国家的美元需求。至此，美元已成为唯一可自由兑换的货币，在国际货币体系中建立了名副其实的美元本位。

60 年代后，随着西方工业国家复苏，美国经济实力和国际地位相对减弱，布雷顿森林体系下"特里芬难题"的内在制度矛盾开始集中显现，1971 年尼克松政府"新经济政策"宣布美元与黄金脱钩，1973 年主要国家货币汇率与美元脱钩，布雷顿森林体系两大支柱倒塌，美元地位遭到极大削弱，其他国家货币开始兴起。

表 3-2　中央银行和政府的黄金储备占比（1913—1935）

年份	美国	英国	法国	德国	日本
1913	26.6	3.4	14	5.7	1.3
1918	39	7.7	9.8	7.9	3.3
1923	44.4	8.6	8.2	1.3	6.5
1928	37.4	7.5	12.5	6.5	5.4
1935	45.1	7.3	19.6	0.1	1.9

数据来源：Hardy, 1936,p.93。

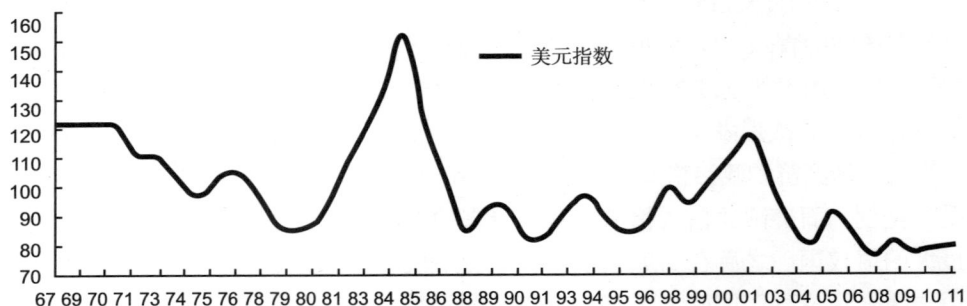

图 3-1　美元指数

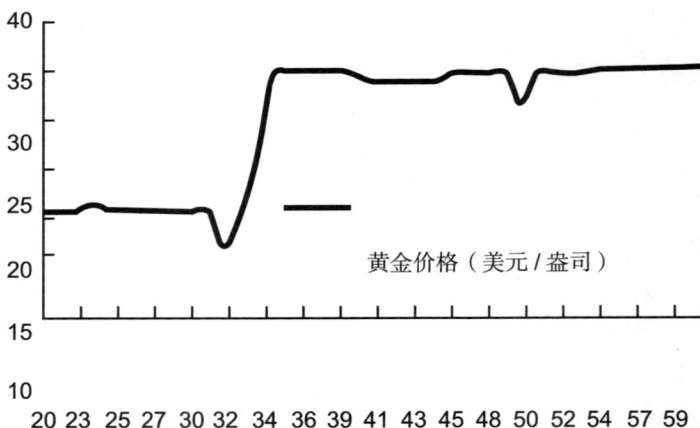

图 3-2　美国金本位的维持

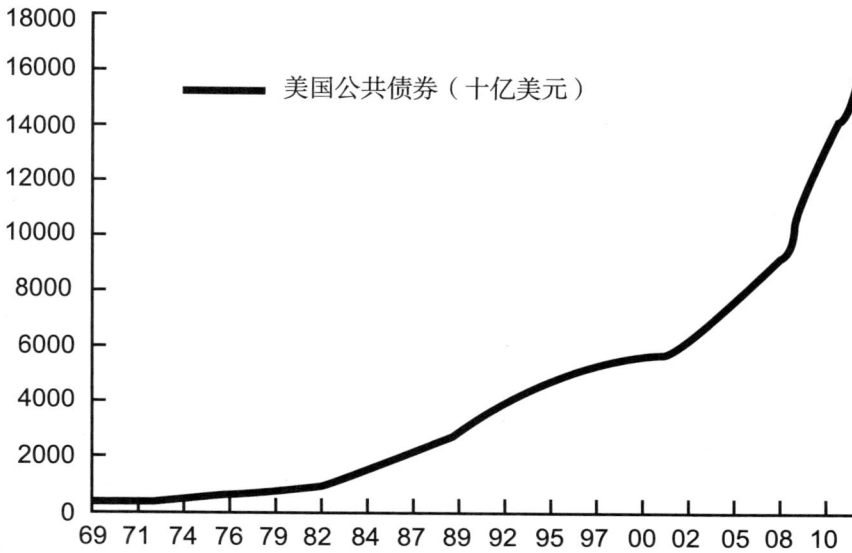

图 3-3　美元公共债券

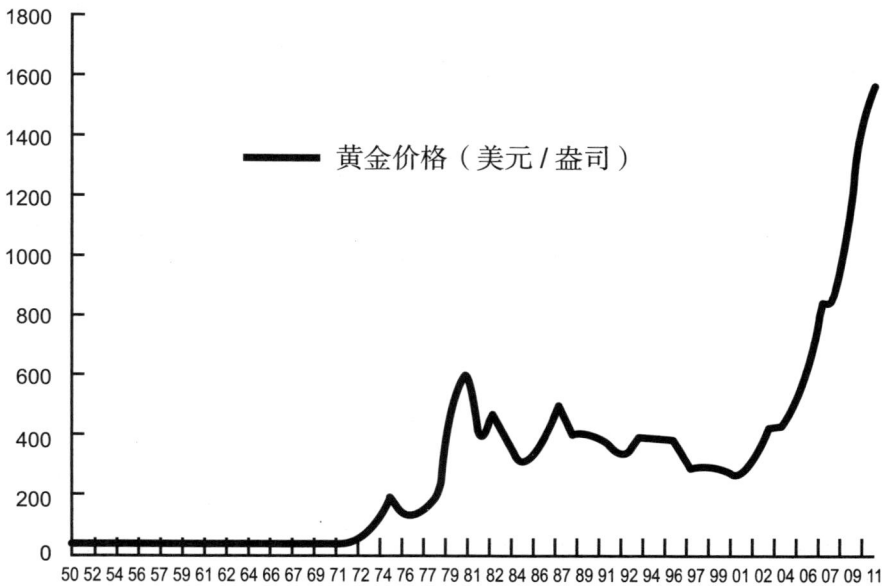

图 3-4　美元金本位的崩溃

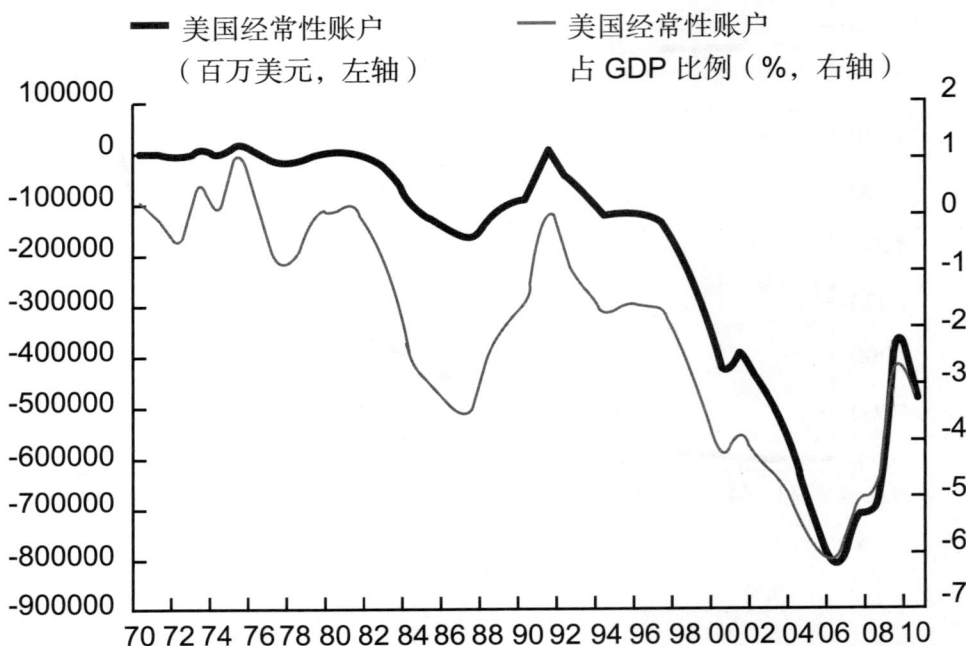

图 3-5　美国经常性账户七十年代以来进入大规模赤字

（三）欧元由区域货币合作走向国际化

欧元是跨主权国家创造的信用本位货币，是欧元区内各国协调与合作的结果，是货币国际化的一种创新。欧元采取的国际化策略是有计划地培养区域内货币，然后由区域货币合作走向最终的国际化。相对于其他货币的国际化进程，欧元国际化进程是最短的，从诞生之初就实现了在欧洲地区的国际化，并很快发展成为全球性国际货币。

欧元国际化经历了四个阶段：第一阶段为从《罗马条约》生效到《马斯特里赫特条约》。1957 年 3 月，《罗马条约》签订后，欧洲政治家们改变了此前欧洲一体化的战略，转为以经济一体化为起点，通过实现货币一体化从而最终促成政治一体化。1967 年建立了欧洲经济共同体，建立货币联盟开始被提上议事日程；1971 年欧洲部长理事会通过了"魏尔纳计划"，决定正式实施欧洲经济货币联盟，其中重要的一项就是创立欧洲货币单元。纵观这一时期，欧洲经济一体化进程不断加快，为共同货币单元——欧元的产生打下了基础；第二阶段为 1992 年到 1999 年欧元启动前的欧元法律制度准备阶段。欧盟先后通过了《马斯特里赫特条约》和《稳定与增长公约》，奠定了欧元的法律基础和框架。欧盟各成员国根据《马约》规定的趋同标准，采取了一系列的达标政策措施；第三阶段是 1999 年到 2002 年欧元货币和硬币正式流通，这是欧元国际化的初级阶段，欧元与成员货币汇率固定，欧元作为转账货币流通，欧元区各国官方开始统一使用欧元计价和支付，各国证券交易所开始实现单一货币标价和交易；第四阶段是 2002 年以后的欧元国际化取得实质性进展阶段。2002 年 1—3 月欧元取代了区域内原 12 种货币，成为区域内唯一合法货币，依靠货币主权联邦制的强制力和欧元区的经济实力，欧元成为完全的国际货币。

欧元国际化的前身本质上是德国马克的国际化，而德国马克的国际化早在 50 年代末开始完全自由兑换就已经开始发生。其后飞速发展的贸易规模令德国马克的地位不断提高，成为了马克国际化的基础。德国马克国际化的另一大优势在于良好的货币信誉。在接受了历史上两次恶性通胀的教训后，德国金融政策非常侧重于维持德国马克的币值稳定。德国政府对财政预算实行严格控制，尽量避免财政赤字。机制上德国央行完全独立于政府，杜绝了政府指挥央行印发货币弥补财政赤字的缺陷。相对稳定的货币政策有助于降低通胀预期，并保持德国马克长期处于相对其他货币高估的状态。稳定的币值为马克赢得了良好的国际信誉，有利于马克发挥国际记账单位、价值贮藏和交换媒介这三种国际货币的主要职能，也使其成为世界仅有的几种硬通货之一，成为仅次于美元的第二大强势货币。在一定程度上，欧元的国际化也和德国马克的声誉联系在一起。

欧元的形成和发展创立了一种国家货币依靠区域货币合作走向国际化的有效方式，这不仅极大推动了世界其他地区货币合作活动的开展，而且为许多国家的货币实现国际化目标提供了重要的参考模式。欧元国际化的一个特点是，通过让渡货币主权，放弃独立自主的货币政策，采用趋同的财政政策，形成区域共同体，以共同的政治、经济利益为基础，以相近的文化背景为纽带，为单一货币区内的各成员国创造贸易、投资等便利以及提高生产和信息传递的效率，降低金融风险，最终推动欧洲政治经济一体化。

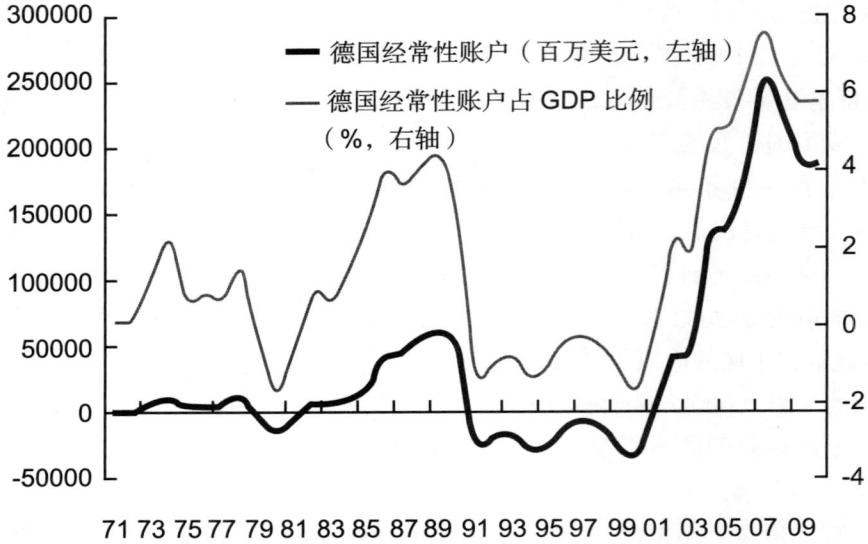

图 3-6　德国经常账户

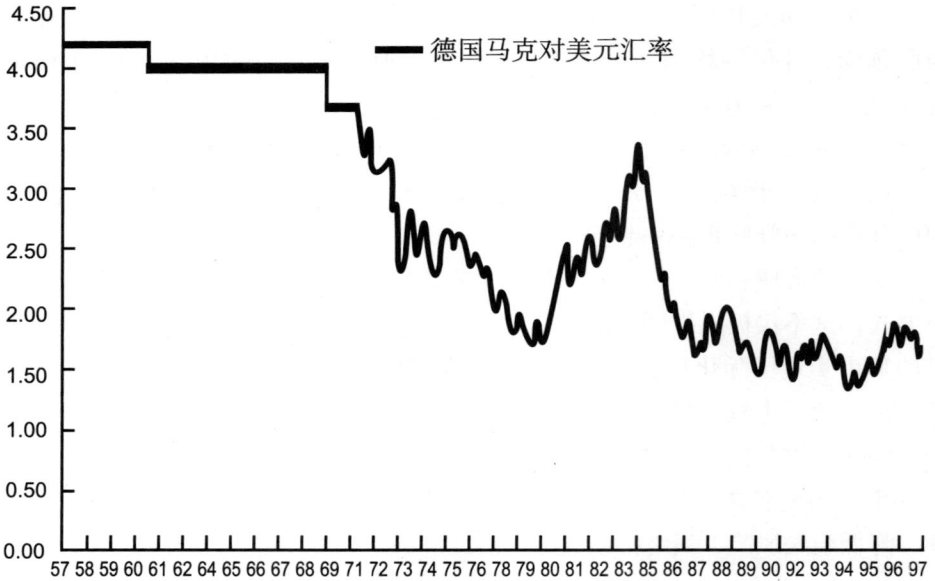

图 3-7　德国马克对美元汇率

（四）日元因政策选择失误导致国际化停滞

日元国际化从 20 世纪 60 年代开始，尽管在 80 年代曾经取得了一定成绩，但总体来看，日元国际地位和日本经济地位仍不十分匹配，进入 21 世纪以后，日元国际化甚至出现了倒退现象，其中政策决策失误的教训尤为值得关注。

日元国际化起步于 20 世纪 70 年代初期，于 80 年代初被日本政府提上议事日程。其原因在于，随着日本经济的快速发展，日本的国内市场与世界市场加深了联系，从而增强了国际市场对日元的需求，日元的国际化问题也就自然而然地浮出水面，得到了日本政府的关注。同时，日本在商品贸易领域积累了大量对外贸易顺差，日本政府也开始逐步放宽对经常项目和资本项目的各种限制，进行外汇制度改革，这些因素都使得日元部分地拥有了国际货币的职能。不过起初，在日元国际化的问题上，日本政府的态度并不积极，甚至还有些消极被动。日元在贸易中的使用，完全发自重商主义贸易政策的需要，而且日本政府在正式场合并未对日元的国际化发表过正式的官方言论，主要是考虑本币国际化后，对外收支可能恶化，以及可能对国内金融政策和外汇市场引起动荡。

20 世纪 80 年代开始，日本政府开始重视日元国际化问题。1980 年修改了《外汇与外贸法》，原则上取消了外汇管制，日元基本上实现了自由兑换。1983 年 10 月，日本大藏省正式提出"日本作为一个经济大国，应对日元国际化和金融市场自由化问题进行不懈的努力"，并与美国政府合作成立了"日元－美元委员会"，专门对日元国际化问题进行研究。1985 年，外汇和其他交易委员会向日本大藏省提交了一份《日元国际化的报告》，对日元国际化所需要的环境提出了意见和建议。随后，日本迅速放松了对欧洲日元贷款和欧洲日元债券的有关限制。为在东京交易欧洲日元，于 1986 年 5 月设立了东京离岸金融市场，而且日本对居民和非居民原有的资本流动限制措施也迅速地被取消。所有这些举措，都加快了日元的国际化进程。到 1990 年，日本进出口总额中，按日元结算的比重分别为 14.5% 和 37.5%，比 1980 年分别提高了 12.1 和 8.1 个百分点，超过了英镑。

1985 年广场协议后日本政府不当政策应对导致日元国际化有所停滞。日本在美国压力下过快地推进了日元国际化特别是与此相关的金融自由化，日元大幅升值吸引了国际热钱大规模流入日本，但驱动日本经济的出口部门却因货币升值丧失竞争力，之后日本政府为了刺激经济采取低利率政策，进一步导致了流动性泛滥和资产价格泡沫。到了 20 世纪 90 年代，日本泡沫经济破灭，经济一度出现负增长，并持续衰退，落入"失去的十年"，日本央行开始执行零利率政策。多年零增长和零利率使得日本失去了作为储备货币的吸引力。加之1997年亚洲金融危机影响，以及1999年欧元问世，都对日元的国际化造成了一定的冲击，使得日元的国际化进程基本上处于停滞状态。尽管后来日本政府采取了一系列措施尝试进一步推动日元国际化，但此后日元国际化并不顺利。

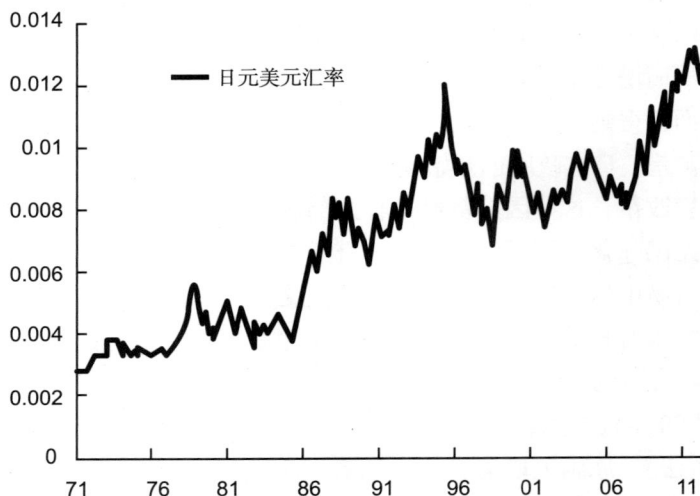

图 3-8　日元汇率

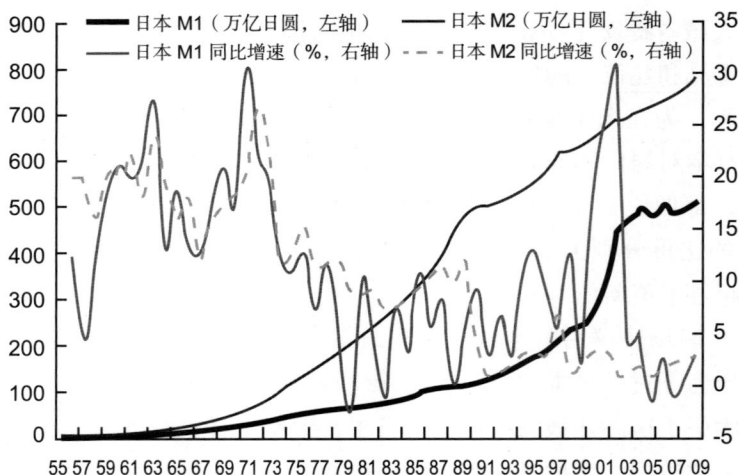

图 3-9　日本货币供应

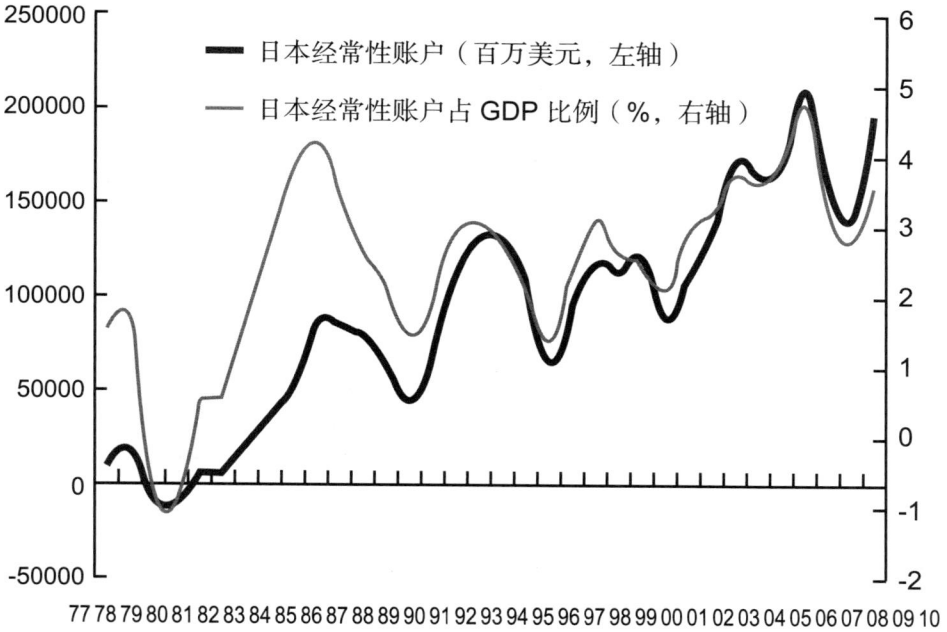

图 3-10　日本经常账户

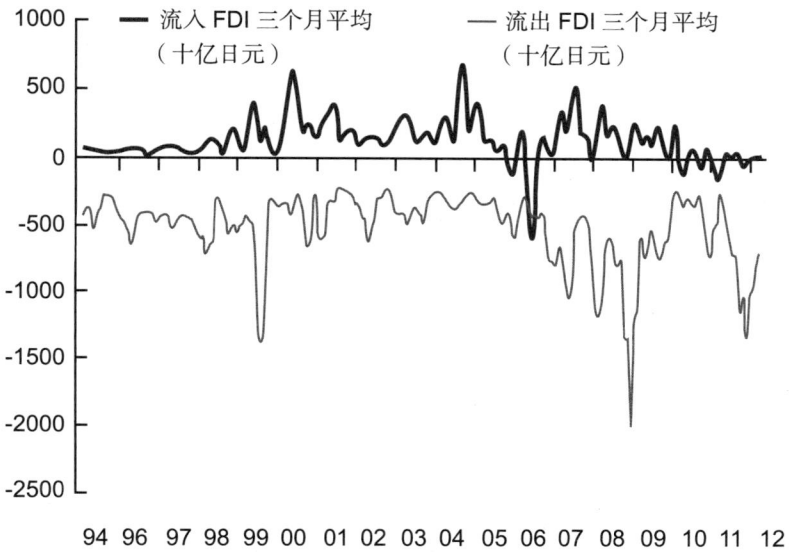

图 3-11　日本 FDI 流入与流出

二、货币国际化历史的经验总结

通过回顾国际货币体系史中各主要货币的国际化进程，可以总结出以下经验与教训。一是强大的经济实力是一国货币国际化的基础。二是货币国际化进程在遵循市场的客观规律之外，政策推动的作用不容忽视。三是作为贸易顺差国需完善货币输出机制，结合本国的国际收支实际，设计出本币国际化过程中的货币循环链。四是维持货币购买力的稳定，对一国货币成为储备货币至关重要。五是建立公开与稳定的金融市场是成为国际货币的前提和保障。六是正确抓住货币升值带来的机遇。七是充分利用离岸市场促进货币国际化。

（一）强大的经济实力尤其是贸易实力是货币国际化的基础

根据历史经验，一国政治经济实力与其货币的国际地位存在很大的相关性。例如，英国经济在 1870 年占到世界经济总量的 9.1%，其技术、经济、社会、政治和军事各方面综合实力强大，此时是英国经济的顶峰，英镑的国际地位也达到顶峰。同样，经过第二次世界大战，美国成为综合实力最为强大的国家，战后初期，美国的黄金储备达到全球黄金储备的四分之三，经济总量占世界经济总量的将近 50%，进出口额分别占到世界进出口额的 21% 和 12%，这也是在布雷顿森林体系的相关谈判中，美国提出的怀特方案最终取代英国提出的凯恩斯方案的重要经济基础。

而布雷顿森林体系的垮台，美元国际地位的下降也与美国经济尤其是对外贸易全球地位的下降息息相关。1960 年美国对外负债（210 亿美元）第一次超过本国的黄金储备（178 亿美元），第一次美元危机爆发。随后，在 1968 年美国第一次出现贸易逆差，截止到 1972 年，美国国际收支逆差累计 886 亿美元，美元泛滥导致美元信用丧失，美元危机再次爆发，布雷顿森林体系解体。马克、日元的国际化一样。1973 年，日本和德国的经济规模占全球经济的份额分别为 7.7% 和 5.9%，到 1980 年代，德国和日本的对外贸易额分别占世界贸易额 10% 和 8.5% 左右，德国马克和日元也开始在国际货币体系中占有一席之地。

（二）主动性的政策选择至关重要

货币国际化进程在遵循市场的客观规律之外，政策推动的作用不容忽视。美元国际化进程中政府主导的作用常被忽视。美元国际化初期，美联储要求联储储备系统各地区分支购买承兑汇票，推动建立了美元承兑汇票市场。1945 年二战结束至 20 世纪 50 年代中后期，美国政府又实行了一系列推动美元国际化的政策。一是通过"关税及贸易总协定"大幅削减贸易壁垒，大量输出美国商品，抢占国际市场，提高美元作为国际货币的地位；二是以向英国提供巨额灾后重建贷款为条件，取消英镑区的外汇管制，同时迫使英镑大幅贬值，进一步削弱英镑的国际地位；三是通过在欧洲实施"马歇尔计划"、在日本实施"道奇计划"，为其他国家提供美元，使得这些国家的出口得以恢复，进一步提高美元的国际地位。这些政策帮助美元在国际货币体系中建立了本位货币地位。

美元危机后，在日元和马克逐步替代美元的过程中，日本和德国政府的相关政策推动也起到了相当大的作用。1980 年代，日本政府取消了对国内和国际金融交易的限制，又于 1986 年建立了日本离岸市场，日元国际化进程因此加快。到 1990 年，日本进出口总额中，按日元结算的进口和出口比重分别为 14.5% 和 37.5%，成为国际上第三大货币。德国政府在 1980 年开始取消或放松金融市场管制，在 1985 年广场协议后通过上调利率以维持币值稳定，在两德统一后积极推进建立统一货币联盟，这些举措都大大推进了马克国际化的进程。

（三）贸易顺差国需完善货币输出机制

一国货币国际化将会不可避免的遇到特里芬两难问题。一种货币要成为国际货币，就要保持经常项目下的贸易赤字，让货币流出本国，但随着贸易赤字的增长，必然会导致境外本币泛滥，影响货币持有国对该货币的信心。20 世纪六七十年代，美国通过贸易逆差持续向外输出美元，但随着美元的流出和持续增长的贸易赤字，美元与黄金的可兑换性难以保持，最终造成美元危机。

如果保持贸易顺差，就无法通过赤字的形式对外输出货币，难以将本国货币推广到国际范围。日元国际化的基础为出口优势带来的经济地位提升，但作为贸易顺差国，日本无法通过贸易赤字的形式对外输出货币，而只能通过单向的日元贷款等金融资本渠道进行货币输出。为此，日本采取了设立本国开放性金融机构、实施黑字环流计划等多种方式推动日元输出，但在美元主导的国际货币体系下，这些政策在推动本币国际化方面的效果并不明显。真正使得日元国际化显著提升的是 90 年代之后日元升值与低利率这一政策组合，在国际短期资本市场上，其他货币与日元之间的短期套利交易空前活跃。从指标上看，这些政策显著提升了日元的国际化水平，但这一模式对日元国际化的长期影响，以及国际化在财务上的相关损益难以评估。

从根本上看，一国的国际收支总是平衡的，经常项目逆差必然通过资本项目顺差来弥补，经常项目顺差必然伴随着资本项目逆差，国际化过程中，不管通过什么渠道流出的本币，最终都要采取某种方式的回流，实现货币的循环。因此，一国必须结合本国的国际收支实际，设计出本币国际化过程中的货币循环链。

（四）稳定的货币购买力是一国货币成为储备货币的必要条件

从货币的支付职能、计价职能、价值储藏职能来看，币值稳定是一种货币被广泛应用于国际交易的必要条件。总体上看，实现国际化的货币，其通胀水平往往低于没有实现国际化的货币。

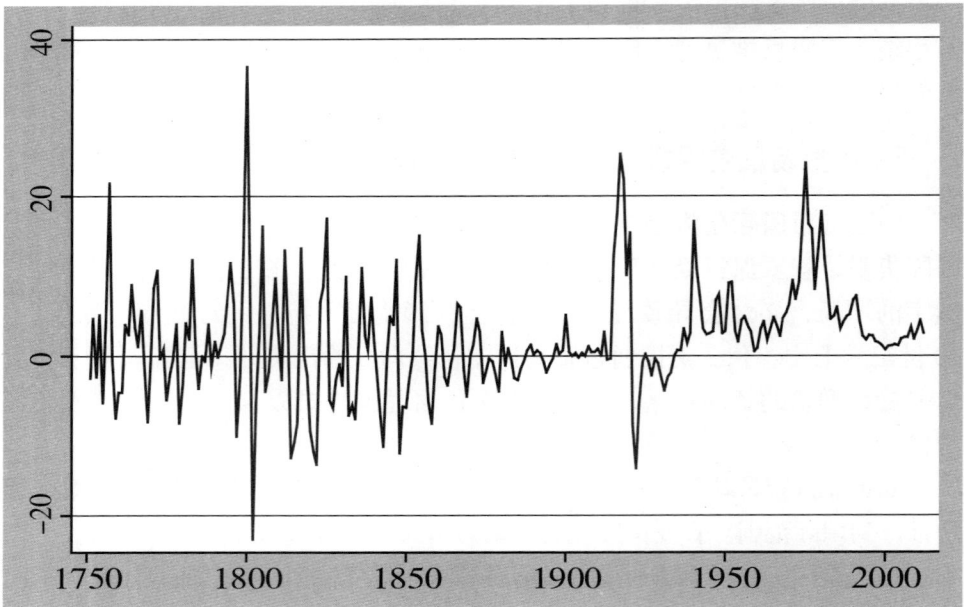

图 3-12　英国历年 CPI（%）（1751 年—2012 年）

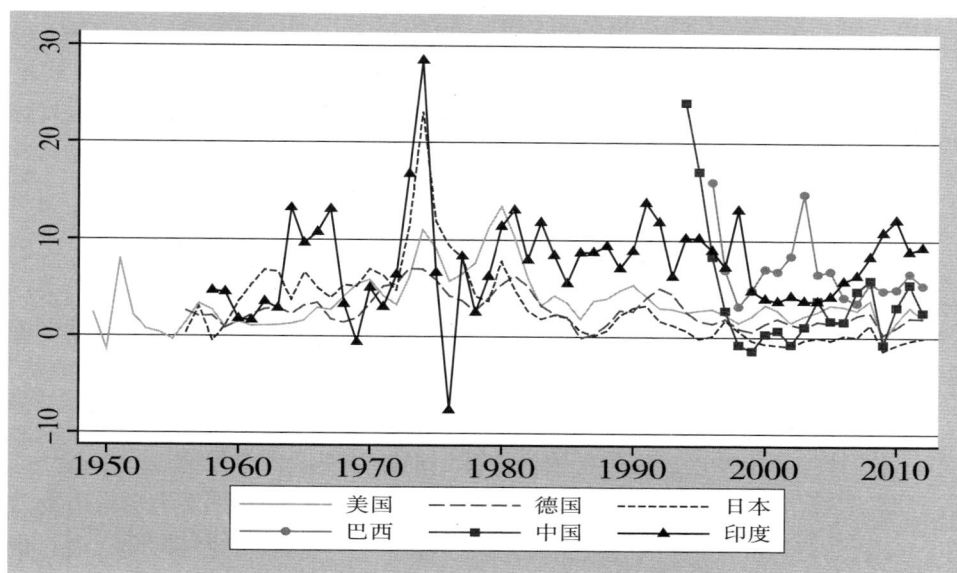

图 3-13　主要经济体历年 CPI（%）（1951—2012）

　　金本位时期的世界经济格局，保证了英国拥有稳定的国际收支体系，因此英镑是一种稳定的货币。之后在美元国际化的过程中，美国的通胀水平也是远低于英国。德国则是维持货币稳定的典范，在接受了两次大战后恶性通胀的教训后，德国的金融政策非常侧重于维持德国马克的币值稳定。德国政府对财政预算实行严格控制，尽量避免财政赤字。德国央行完全独立于政府，杜绝了政府指挥央行印发货币弥补财政赤字的缺陷。相对稳定的货币政策有助于降低通胀预期，并保持德国马克长期处于相对其他货币高估的状态。稳定的币值为马克赢得了良好的国际信誉，有利于马克发挥国际记账单位、价值贮藏和交换媒介这三种国际货币的主要职能，也使其成为当时世界最主要的硬通货。在一定时期内，国际社会对马克的信心甚至要强于对美元的信心。欧元以马克作为关键货币，因此欧元国际化很大程度上也和德国马克的声誉联系在一起。

　　这里需要指出的是，国际金融危机之后，上述局面开始有所变化，发达经济体纷纷放弃原有的货币政策规则，推出规模空前的量化宽松政策，以往关于货币国际化前提的理论判断有所改变。从理论上说，这一局面或许为其他国家主权货币实现国际化提供了契机。

（五）公开与稳定的金融市场是成为国际货币的保障

19 世纪英镑战胜法郎成为国际货币的主要原因就是英国拥有一个高度发达的金融市场。到 19 世纪中期，英国已拥有高度发达的银行系统，是世界领先的境外投资国，英格兰银行管理其所有殖民地的资产和负债，由宗主国作为最终贷款人。美元在遭遇几次危机后仍然占据主导地位，重要原因之一就是美国仍然是世界上最大的经济体，仍然拥有世界上最大的金融市场，由于参与美国国库券市场的外国央行和政府非常多，美国国库券市场仍然是世界上流动性最充裕的金融市场，该市场上买入和卖出债券的成本非常低。

日本 80 年代国内金融市场的改革滞后于资本市场的开放，导致了国内和国际流动性的双重冲击，催生了资产泡沫，泡沫破裂后日本经济进入十几年的衰退期，日元国际化一度停滞。而德国则通过积极推进国内改革金融市场改革，控制马克升值，维持了金融市场的稳定，大大推进了马克国际化。通过依托马克推动欧洲的区域货币合作，在欧元区创造出更具广度和深度的统一金融市场。

（六）正确抓住货币升值带来的机遇

货币升值使得一国货币更愿意被国外投资者持有，这对于货币国际化是一个机遇，但不同政策选择将导致截然不同的结果。自 70 年代初布雷顿森林体系解体以来，日元和马克试图成为能够替代美元的全球货币，逐渐走上了升值的道路。但日元和马克选择了两种截然不同的升值路径。

马克的升值幅度非常稳定，即使是在广场协议之后，德国央行也没有大幅升值，汇率价格的小幅波动并没有伤害到国内经济。同时，德国马克借助 1979 年确立的欧洲货币体系中的汇率联动机制，得以分散投机资本对马克的冲击到相对较弱的里拉、英镑等货币上。

而日元在 70 年代末就开始升值，广场协议后更是升值了近 90%，导致日本国内出口部门受到巨大冲击，并吸引了国际投机资本的大量涌入。日元升值后日本政府又错误使用了低利率的货币政策，试图对冲汇率对经济波动的影响，但最终并未对汇率走势形成实质性影响，反而造成了国内通胀和资产价格泡沫。

当前人民币国际化主要是基于人民币升值，应采取谨慎策略，进行小幅升值，同时加快推进国内产业结构升级，减少汇率升值对出口部门的负面冲击，并通过加强资本流动监管，减小人民币对投机资本的风险暴露，正确抓住人民币升值带来的机遇。

（七）充分利用离岸市场促进货币国际化

离岸市场的主要功能在于规避在岸金融监管，这在客观上有利于货币国际化进程的推进。但没有一个国家货币当局主动采取离岸方式推进本币国际化。

从历史上看，正是随着欧洲美元市场的发展、美国银行海外业务的扩展而逐步实现了美元的国际化，并在相当长的时期内形成了美元独霸国际货币市场的局面。而欧洲美元离岸市场并非人为推动产生，是国际政治和经济因素共同作用的结果。一方面，20世纪60年代，二战后马歇尔计划导致大量美元流入西欧，东欧国家为避免美国监管把美元存在欧洲银行，形成了欧洲美元的供给；另一方面，美国加强了金融监管和资本监管，如1965年实施外国信贷和汇兑法案等，为规避美国国内的严格监管，外国企业转向欧洲美元市场拓展美元融资渠道，对欧洲美元的需求就此形成。美元离岸市场在美国之外建立了美元的循环渠道，对推动美元被外国官方和私人部门广泛接受和使用起到了重要作用。

日元也走过类似的国际化发展道路。日本在1986年建立了"日本离岸市场"（JOM），此后日本与东亚之间的资金流动急剧扩大。从香港对海外银行的负债占比看，1985年日本金融机构只占10%，但1986年日本离岸市场建立后，日元资金比例迅速上升，到90年代中期一度接近70%。但是大量从日本流向海外的金融资金并没有被亚洲的金融机构和企业用于各类交易，而是通过日本的海外金融机构回流至日本，日本离岸金融市场的建立主要是开拓了日本银行和企业筹措资金的渠道，对扩展日元国际使用的效应并不显著。

在某种程度上，香港目前积极发展离岸人民币业务，大量境外人民币滞留香港，与人民币有关的相关业务迅速发展。虽然这一趋势对境内金融市场的长期影响尚难判断，但仅就人民币国际化而言，离岸业务的正面推动作用不容忽视。

三、对人民币国际化的启示

人民币国际化的客观条件和历史背景显然不同于任何一种已经实现国际化的货币，但回顾19世纪中期以来的国际货币史，梳理英镑、美元、日元、德国马克、欧元、卢布等货币国际化的历史路径，仍有借鉴意义。通过分析，我们的基本结论是，货币国际化必须具备几个前提条件：一是强大的经济实力、发达的金融市场，是货币国际化的经济金融基础；二是货币的国际化不完全是一个自发的市场选择过程，其中，政府的主动政策选择发挥着至关重要的作用；三是货币对内购买力的稳定，是市场对国际化货币的内在要求，对外购买力（汇率）的有序升值是国际化的契机；四是当货币国际化要求与国内金融改革进程存在冲突时，不能以金融稳定为代价满足国际化的条件，可以采取离岸方式加以回避。

（一）不断增强的经济实力是人民币国际化的经济基础

长期来看，一国经济政治整体实力是其主权货币最终实现国际化的真正推手。一国主权货币之所以能够在世界范围内被广泛接受，发挥计价结算及价值贮藏的职能并最终成为国际货币，归根结底是因为其背后承载着货币发行国经济实力的担保。当前我国已经是全球第二大经济体，也是全球最大的货币发行国（以 M2 为度量），人民币应该获得与国际经济地位相称的国际地位。但未来人民币要想获得与国家经济地位相应的国际货币地位，就必须在经济总量进一步扩张的同时，进一步提高经济发展的质量和经济增长的稳定性。包括继续通过城镇化扩大内需；长期实现经常项目收支的基本平衡；显著增强创新对经济增长的拉动作用，进而实现外延增长向内涵增长的转变。有了这些条件支撑，人民币国际化就具备了现实经济基础。

（二）在遵循市场规律的前提下重视政策推动

从美元、日元等国际货币演化的历史来看，货币国际化的过程中需要平衡市场选择和政府推动之间的关系。当前，我国货币部门采取了多种措施推进本币国际化，包括：我国与其他经济体中央银行之间的货币互换、经常贸易的人民币结算、强化中央银行货币清算系统的金融硬件基础设施建设等。这些措施虽然成本巨大，但可以有效扩大境外人民币的存量，有助于在短时期内将人民币国际化进程提高到一定水平。未来应围绕本币对外投资，进一步推动本币在国际直接间接投资领域的地位。与此同时，国内金融市场建设和对外开放进程也应提速，给国际贸易者更多的货币选择自由，向国际投资者提供更多人民币计价的金融产品，给予他们更多参与国内金融市场的权力，通过市场力量推动国际化。

（三）不能坐等国内金融改革开放条件完全成熟再推行国际化

从理论上说，先完善国内金融市场，包括推动利率、汇率市场化，再发展人民币离岸市场或人民币国际化更合乎逻辑。这种先完善内地金融市场，再考虑人民币国际化的思路，在逻辑上似乎无懈可击，但在实践上却很有可能会错过从某些领域实现人民币国际化的机遇。应该看到，金融市场是由多个层次产品和服务构成的完整体系，包括资金存款、同业拆借、短期融资、中长期贷款，一直到债券、股票、期货衍生产品，市场形成和发展绝非一日之功。想要等到所有条件达到理想状况下才有所行动，人民币国际化只能是被推到遥不可及的未来，最终可能让设计中的蓝图永远停留在纸上而无法实现。实践中可围绕货币国际化过程的不同货币职能国际化，优先选择那些对金融自由化、国际化要求不高的方面，有所侧重，有做突破。如，扩大人民币在国际储备中所占份额并不依赖于汇率形成机制改革和利率市场化改革，采取境外发行人民币国债和金融债的方式，可以满足境外投资者获得人民币计价金融产品的需求。而流通手段职能的国际化也可以通过经常贸易人民币结算手段获得，可优先推动。

（四）贸易顺差并非人民币国际化重大障碍

特里芬难题揭示了美元垮台的主要原因。在以美元为主导的国际货币体系中，贸易顺差实际上意味着美元净流入。从我国当前所处的外部经济环境来看，人民币国际化面临的困难不言而喻。贸易顺差的外部环境加上人民币升值的市场预期，客观上决定了推行人民币贸易结算措施，必然形成贸易结算中人民币进口贸易结算金额远远大于出口贸易结算金额的局面，从而推动国内美元外汇储备规模的增大。这是我们采取贸易结算方式推进本币国际化必须面对的问题。但贸易顺差与人民币国际化之间的关系是可以做到并行不悖。从英镑、德国马克国际化的历史来看，贸易顺差并没有成为本国货币国际化的重大障碍。以贸易顺差不利于本国货币流出、因此衍生的种种问题为理由，看淡人民化国际化的前景是缺乏足够依据的。从根本上说，长期巨额逆差虽然能够导致本币流出，但必然不是本币国际化的常规道路。国际收支基本平衡条件下，政府可以通过有选择的调节资本项目和经常项目流出入，非对称实施流出如管制、设立特殊窗口的方式，满足本币国际化条件下的境外流动性管理的需求。

（五）升值预期仍是未来一段时期境外主体人民币持有意愿基础

目前情况下，境外主体获得人民币升值收益，是持有人民币的主要动机。升值收益在一定程度上能够替代投资收益。香港人民币债券市场之所以能够实现低成本融资，也主要依赖升值收益抵补。而一旦出现升值预期弱化，相关人民币存量就开始下降。在贸易人民币结算方面，通过经常项目渠道获得人民币也构成境外进口商使用人民币的主要动因。这一点在贸易融资方面体现得尤为明显。预计未来，只要国内资本市场没有实现充分开放，境外人民币所有者没有渠道提供投资获得人民币计价金融产品收益，这一局面就会延续。但从总体看，单向的人民币升值容易引发热钱流入，不利于我国经济转型和金融安全，只有在平稳上升的均衡汇率基础上保持人民币汇率稳健，才能避免人民币投机风潮，为人民币国际化的顺利进行提供有利的货币制度保障。中长期人民币币值在平稳上升的均衡价格通道内维持正常波动，非理性人民币升值预期消失是最为理想的状况。

（六）支持离岸人民币市场发展可部分回避金融开放不足问题

从国际经验看，任何一个经济体都不可能以牺牲国内金融稳定为代价，去满足本币国际化的条件。美元、日元国际化过程中，离岸市场的发展都曾起到非常重要的作用。对我国而言，在加强香港离岸人民币市场、上海国际金融中心建设的同时，应支持新加坡、伦敦、纽约、法兰克福离岸人民币市场发展，提高上述国际金融中心的人民币结算和交易的份额，扩大人民币在金融交易中的影响力。应继续采取积极有效的政策措施鼓励和扶持发展多层次的人民币离岸金融市场，包括以人民币计价和交易的债券市场、股票市场、外汇市场、衍生产品市场、期货市场，以此提高跨境贸易人民币结算的资金可获得性，以及人民币资产的收益，最终从贸易和金融交易两方面强化国际社会的人民币使用动机。此外，我国还应以固定收益债券市场为核心，构建可监测、易管理的完善的离岸人民币回流机制，发挥在岸市场对海外人民币的影响力和吞吐作用，确保二者良性互动、相互促进。对香港人民币积存量过大、对港元使用、以及对港元联系汇率制度的影响，应提前研究。

（七）应更多总结日元、德国货币国际化模式的经验教训

英国和美国抓住了全球变革的机会，通过提升国家竞争力、财富的累积、

以及全球汇率制度的重塑获得全球的铸币权。欧元的国际化路径则是依赖货币主权联邦制的区域性安排，凝聚了不同主权国家的竞争力，这两种路径整体上都不适用于我国。而日本和德国的路径则是依靠实体经济发展后，通过制度安排深化金融市场改革以及金融自由化，逐渐成为主要国际货币的替代品种，是人民币国际化的可借鉴的路径。在日元、马克国际化过程中，同样有诸多教训可以借鉴，如，日本资本账户开放过快导致日元国际化的投机性色彩过于浓厚、德国马克彻底放弃货币主权融入欧元最终无法实现货币的国家意志等，都值得警醒。

综上所述，人民币成为国际货币是一个长期的过程，也是必然的趋势。提高人民币在国际货币体系当中的话语权是与目前国际经济整体格局的要求一致的。人民币国际化有利于我国摆脱目前在国际货币事务中的被动地位，在目前全球"生产国—消费国—资源国"的分工体系下，人民币以生产型国家的代表，参与货币国际是目前国际货币体系走向稳定、均衡和公正的唯一解。目前情况下，人民币采取"管制是前提、政府来主导、升值为诱惑、离岸当平台"模式，通过增量式变化渐进实现国际化，有其合理性。未来人民币国际化的道路可能不同于任何一种已经实现或曾经实现国际化的货币，实践中究竟会采取何种模式、在多大程度上、实现以何种职能为主的国际化，仍需深入研究。

（曹玉瑾、于晓莉）

参考资料：

1. 张岸元：《人民币国际化进程与香港国际金融中心》，《国家发展改革委经济研究所内部报告》2009 年。

2. 张岸元：《人民币参与构建新国际货币体系问题研究》，《国家发改委经济研究所内部报告》2010 年。

3. 中国人民大学国际货币研究所：《人民币国际化报告 2012》，中国人民大学出版社 2012 年版。

4. Barry Eichengreen,《Globalizing Capital --- A History of the International Monetary System》, Princeton University Press, 2008.

5. Barry Eichengreen,《Exorbitant Privilege --- The Rise and Fall of the Dollar and the Future of the International Monetary System》, Oxford University Press, 2011.

6. Berger, Helge, and Albrecht Ritschl, 1995, "Germany and the Political Economy of the Marshall Plan: A Re-revisionist View." In Barry Eichengreen, ed., Europes's Postwar Recovery, 199-245. Cambridage University Press.

7. Bloomfield, Arthur, 1959, Monetary Policy under the International Gold Standard, 1880-1914. New York: Federal Reserve Bank of New York.

8. Bordo, Michael D. 1993, "The Bretton Woods International Monetary System: An Historical Overview". In Michael D. Bordo and Barry Eichengreen, eds., A Retrospective on the Bretton Woods System, 3-98. University of Chicago Press.

9. Clapham, John, 1945. The Bank of England: A History. Cambridage University Press.

10. Dominguez, Kathryn, 1993. "The Role of International Organizations in the Bretton Woods System", In Michael D. Bordo and Barry Eichengreen, eds., A Retrospective on the Bretton Woods System, 357-397. University of Chicago Press.

11. Goldstein, Morris, and Nicholas Lardy, 2003. "A Modest Proposal for China's Renminbi", Financial Times (16 August):11.

12. Hardy, Charles O. 1936. "Is there Enough Gold?" Washington, D.C. : Brookings Institution.

13. Horsefield, J. Keith. 1969. "The International Monetary Fund, 1945-1965". Washington, D.C. : International Monetary Fund.

14. Lindert, Peter, 1969. "Key Currencies and Gold, 1900-1913", Princeton Studies in International Finance 24.

15. Ludlow, Peter, 1982.《The Making of the European Monetary System》. London: Butterworth.

16. Williamson, John and C. Randall Henning, 1994, "Managing the Monetary System". In Peter B. Kenen, ed. Managing the World Economy Fifty Years after Bretton Woods, pp.83-117. Washington, D.C. : Institute for International Economics.

附表3-1　主要货币在全球外汇储备中的比例（1995 — 2011）

年份	美元	英镑	日元	法郎	欧元	其他货币
1995	59.02	2.12	6.78	0.33	26.98	4.78
1996	62.07	2.69	6.72	0.30	23.87	4.34
1997	65.16	2.58	5.78	0.35	22.36	3.76
1998	69.30	2.66	6.24	0.33	16.99	4.47
1999	71.01	2.89	6.37	0.23	17.90	1.60
2000	71.13	2.75	6.06	0.27	18.29	1.49
2001	71.51	2.70	5.05	0.28	19.18	1.28
2002	67.08	2.81	4.35	0.41	23.80	1.55
2003	65.93	2.77	3.94	0.23	25.16	1.97
2004	65.95	3.37	3.83	0.17	24.81	1.88
2005	66.91	3.60	3.58	0.15	24.05	1.72
2006	65.48	4.38	3.08	0.17	25.09	1.80
2007	64.13	4.68	2.92	0.16	26.28	1.84
2008	64.10	4.01	3.13	0.14	26.42	2.21
2009	62.03	4.25	2.90	0.12	27.66	3.05
2010	61.83	3.93	3.66	0.13	26.01	4.44
2011	62.07	3.84	3.59	0.29	24.94	5.26

数据来源：IMF 数据库。

附表3-2　主要货币国际债券市场余额占比（1995 — 2012）

年份	美元	欧元	英镑	法郎	日元
1995	37.95	26.15	6.46	6.92	17.00
1996	40.64	25.59	7.52	5.17	15.93
1997	44.84	23.79	8.26	4.32	14.06

年份	美元	欧元	英镑	法郎	日元
1998	44.46	26.72	8.50	4.04	12.38
1999	44.89	28.19	8.86	3.02	11.43
2000	46.86	29.63	8.91	2.54	9.03
2001	48.51	31.70	8.32	1.99	6.86
2002	44.26	36.55	8.37	2.12	5.92
2003	38.46	42.61	8.40	2.06	5.27
2004	34.86	45.68	8.98	2.01	4.83
2005	36.04	44.37	9.35	1.79	4.11
2006	33.05	47.29	10.14	1.73	3.37
2007	30.68	49.57	9.80	1.69	3.28
2008	30.46	49.74	9.45	1.81	4.12
2009	29.57	50.06	10.34	1.79	3.40
2010	31.49	47.42	9.85	1.96	3.72
2011	32.87	46.17	9.43	1.88	3.67
2012	33.86	44.96	9.62	1.81	3.45

附表 3-3 主要货币商业票据发行余额占比（1989 — 2012）

年份	美元	欧元	日元	英镑	瑞士法郎	加拿大元	其他货币
1989	86.50	3.52	0.43	0.65	-	0.04	8.86
1990	79.81	8.16	0.87	2.67	-	0.01	8.49
1991	76.46	12.36	0.63	2.77	-	0.11	7.67
1992	82.88	8.76	0.53	2.23	-	0.14	5.45
1993	83.39	3.92	0.17	4.91	2.28	0.49	4.82
1994	75.90	8.23	2.31	5.41	4.39	0.20	3.55

年份	美元	欧元	日元	英镑	瑞士法郎	加拿大元	其他货币
1995	65.29	12.24	2.47	6.77	7.97	0.26	5.00
1996	63.87	11.80	4.48	7.88	7.18	0.29	4.50
1997	61.70	11.42	4.62	10.86	6.96	0.31	4.13
1998	60.23	15.92	2.69	10.76	5.25	0.35	4.80
1999	49.32	28.04	2.41	12.65	2.41	0.30	4.88
2000	50.62	28.71	2.41	11.85	2.18	0.16	4.07
2001	43.75	30.43	5.95	12.31	3.69	0.17	3.69
2002	33.63	40.44	2.59	14.25	4.78	0.15	4.16
2003	27.34	47.68	1.39	15.92	4.76	0.19	2.70
2004	27.79	46.53	1.05	17.59	2.58	0.38	4.09
2005	26.74	43.99	0.90	21.96	2.66	0.26	3.49
2006	29.19	42.87	1.14	19.44	2.50	0.22	4.64
2007	33.95	41.38	2.38	15.53	2.89	0.19	3.68
2008	30.37	47.20	0.88	15.58	2.77	0.08	3.12
2009	30.39	49.24	0.68	13.99	2.55	0.12	3.03
2010	32.97	44.82	1.11	15.40	2.30	0.27	3.14
2011	32.03	41.27	0.87	20.36	1.81	0.18	3.48
2012	34.16	39.18	0.57	19.44	1.59	0.23	4.82

数据来源：BIS 数据库。

第四章　宏观视角下的人民币国际化问题

人民币国际化战略是中国经济发展战略的重要组成部分。未来一段时间，中国将处于从"经济大国"向"经济强国"、从"开放大国"向"开放强国"跃迁上位的战略机遇期，中国经济对世界经济的影响渠道也将处于从"贸易投资"向"货币金融"的转换升级阶段，人民币在贸易结算、投资支付、资产计价交易、储备货币等方面的地位和影响将愈加明显，中国经济对外影响力与人民币外部影响力会愈加匹配。未来30年，人民币国际化应围绕扩展货币职能和扩大货币区域影响，分步实施人民币国际化"三步走"的推进战略，近中期应围绕以下重点领域：构建有利于人民币国际化进程的政策环境；促进跨境贸易人民币结算的结构合理化，致力于扩大人民币的使用范围；继续推动利率市场化改革，完善利率传导机制；深化汇率体制改革，充分发挥汇率在外汇市场中的价格发现和调节供求的职能；谨慎稳步推进资本项目下可兑换；建设遍布国际金融中心的离岸人民币市场，为跨境贸易人民币结算提供强大的金融支持；扩大人民币对外贷款和直接投资规模，加大人民币对国外实体经济的影响力；扩大人民币的国际储备职能。推进人民币国际化战略实施的过程中，需高度关注人民币国际化进程中国际环境出现的新情况、新环境，具体的路径选择和政策工具应结合实际情况相机抉择和动态优化。

全球金融危机的爆发暴露出现行国际货币体系的一系列问题和缺陷，国际货币体系改革成为近年来国际社会的热点议题，发展超主权储备货币和主权货币国际化，是人民币参与构建新国际货币体系的两条不同思路。包括我国在内的许多国家都提出了相关设想并开始实施自身的国际金融战略，人民币国际化战略正是在这种背景下提出和实施的。本文对人民币国际化的宏观战略思考以及未来的战略目标和实施路径等问题进行分析，对于评估和应对人民币国际化进程中可能面临的内外部挑战具有重要意义。

一、人民币国际化战略定位的宏观背景

（一）我国对外经济和货币影响力严重不匹配要求人民币国际化

从开放宏观经济学角度来看，过去三十多年来我国经济发展成绩斐然，形成了全方位、宽领域、多层次的对外开放格局，完成了从"封闭弱国"向"开放大国"的转变。对于判断"经济大国"抑或"经济强国"的标准（结合全球经济体国别比较研究的经验），我们采取三个递进的层次加以衡量：一是基于各种经济要素数量和质量的比较，如人口、资源、土地等；二是 GDP 总量（经济版图和格局）和 GDP 增速（所谓经济增长引擎）；三是对全球经济的影响力，如对要素价格的影响力、拓展生产函数前沿（技术领导者）、对全球经济的外溢能力（双向影响）等。根据预测，2020 — 2030 年之间尤其是 2025 年之后的五年，对于中国经济而言将是不平凡的历史时期，一方面中国经济将在这一时期超过美国，成为世界第一达经济体，实现历史性的总量"赶超"；另一方面，我国将在 2025 年左右从中等收入阶段转入高收入阶段，实现历史性的阶段"跨越"。未来一二十年，我国经济影响力将面临着从第二层次向第三层次跃迁的时间窗口期。根据以上标准以及 2020 年前后我国经济在全球经济版图中所占的位置，有以下三个判断。第一，我国经济处于从"经济大国"向"经济强国"跃迁上位的战略机遇期。第二，在对全球经济发展格局和国别经济展望的"兵棋推演"基础上，我们可以展望未来我国经济将向着开放强国的方向发展。第三，我国经济对世界经济的影响从"贸易投资"渠道到"货币金融"领域。

无论是贸易依存度、外资占比等指标，还是技术进步、经济波动、宏观经济政策等因素，我国已经是一个高度开放的经济体，外部经济环境的方方面面变化都可能通过某种渠道对国内经济产生深刻影响；同时，世界经济也离不开中国，无论是全球产业分工体系、增长波动，还是全球再平衡、国际金融货币稳定，都必须考虑中国因素。本次全球性金融危机，以及随之带动的全球经济格局变动，对国际货币金融体系带来的或有重大影响将在未来逐渐显现。

理论上，一国经济的对外影响力应与该国货币的外部运行情况协调发展。与当前及未来中国经济对全球经济的影响力（巨大的经济规模和国际贸易量）相比，人民币在国际贸易和国际投资支付和结算、金融资产计价和交易、储备货币构成等方面，与中国经济表现不相匹配。当前尽管通过贸易和投资渠道，我国经济已经对全球经济存在一定影响，但通过货币和金融领域，对全球经济的影响几乎不存在，人民币并没有像其他主要国际货币那样，在银行资产、货币交易以及外汇储备结构中占据应有的份额。因此，可以说我国虽然是一个"经济大国"，但同时也是一个"货币小国"，在货币国际化的角度看发展极不平衡。

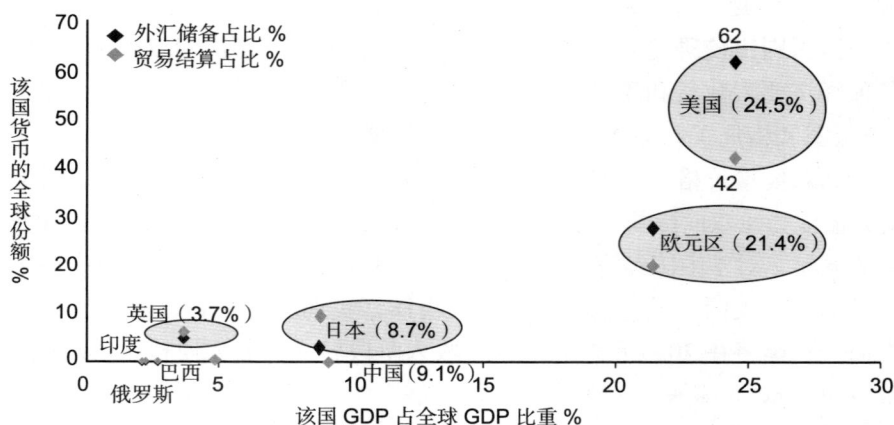

图 4-1 各主要货币在贸易结算和外汇储备中的币种结构

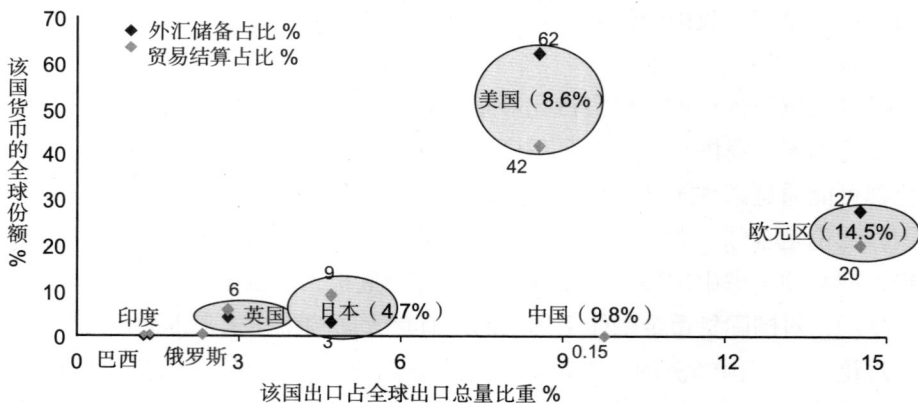

图 4-2 各主要货币在贸易结算和外汇储备中的币种结构

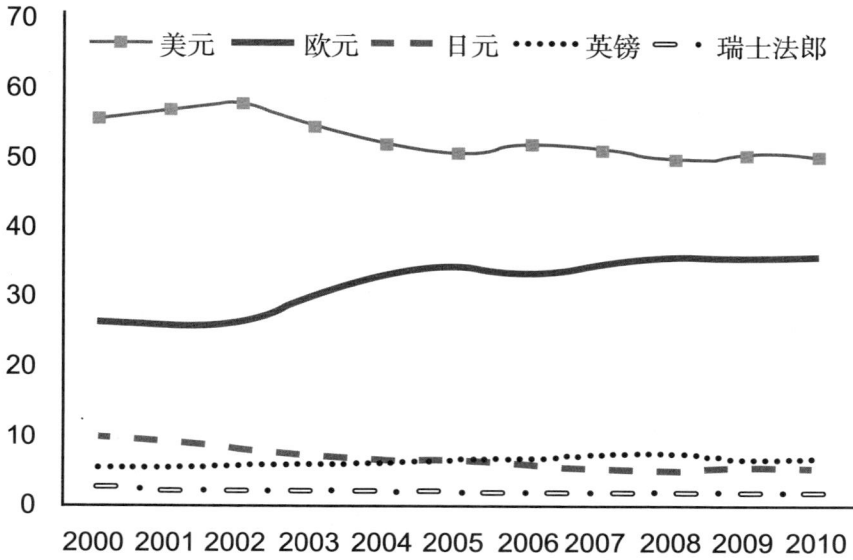

图 4-3 全球银行体系资产币种结构（%）

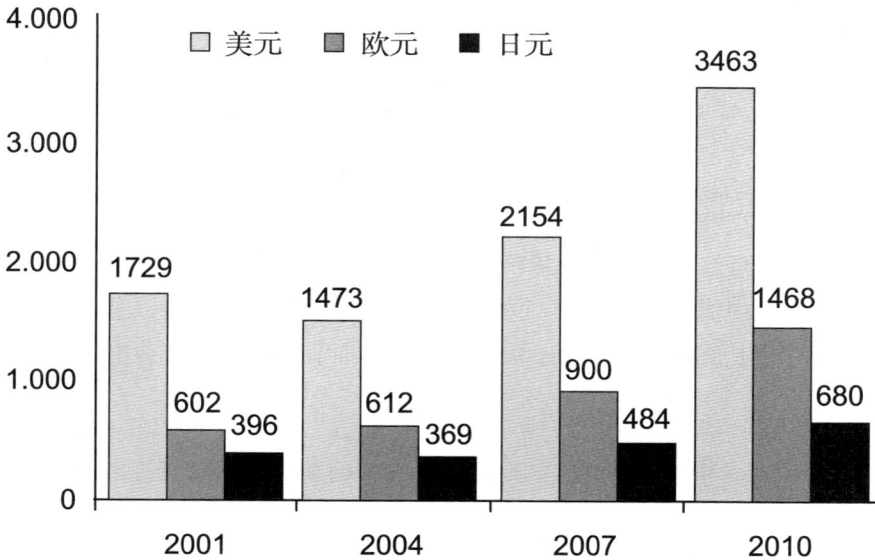

图 4-4 全球外汇市场日均交易量（十亿美元）

表 4-1　全球外汇储备中的币种结构（%）

		1995 年	2000 年	2005 年	2010 年
全球	美元	59	71.1	66.9	62.1
	欧元	18.4	18.3	24	27.4
	英镑	2.1	2.8	3.6	4.3
	日元	6.8	6.1	3.6	3
	其他	13.6	1.8	1.9	3.2
发达经济体	美元	54.2	70.3	69.7	65.8
	欧元	18.7	17.7	20.7	24.2
	英镑	2.1	2.8	2.8	2.8
	日元	7.2	7.4	4.7	4
	其他	17.8	1.8	2.1	3.2
新兴经济体	美元	71.9	73.3	62.1	58.2
	欧元	17.6	19.7	29.7	30.8
	英镑	2.1	2.5	5	5.9
	日元	5.7	2.7	1.7	1.9
	其他	2.6	1.7	1.5	3.2

数据来源：根据 World Bank 数据库、IMF 数据库和 BIS 数据库整理（2010）

（二）人民币国际化是我国国际金融战略的重要组成部分

金融危机后，构建新国际货币体系、某些货币取美元而代之的言论，引起了在全球范围内引起广泛关注。关于国际货币体系的改革方向，主要有四类观点[①]：第一类主张是维持现有体系不变，只作细节调整；第二类主张是发行超

---

① 关于国际货币体系的改革方向，有三类文献值得关注：一类是区域货币合作的理论，此理论指向建立超主权货币，以蒙代尔为代表；第二类是回归金本位的建议，持此观点的多是发展中国家左派经济学家和发达国家一些激进经济学家；第三类是货币竞争的观点，此观点可从奥地利学派经济学家的经典论述，虽然此学派经典作家的阐述并没有进入国际货币领域，但国内货币的自由发行与国际范围的货币自由发行并无理论上的界线。

主权储备货币取代美元的核心货币地位；第三类主张是用新的主权货币替代美元；第四类主张是恢复某种形式的金本位。非常有必要对主权货币国际化及创设新国际货币的相关理论进行较为完整的综述，而后以此为基础，结合政治和策略层面的考虑，确定人民币参与构建新国际货币体系的方案。比较人民币国际化、区域货币合作（东亚货币合作或亚元）和建立超主权货币这三种选择，我们判断，适时适度、有张有弛稳妥推进人民币国际化，更符合我国积极参与国际金融体系构建的现实条件。

为了降低在对外贸易、跨境投资与外汇储备管理方面对美元的依赖程度，以及增加在国际金融体系中的话语权，我国未来应加快重构国际金融秩序的步伐。中国的国际金融战略分为三部分：人民币国际化、区域货币合作和国际金融体系重建以及积极参与 IMF 改革。而人民币国际化将成为未来一段时间的重要目标。另外，在推进国际金融秩序改革过程中，实际面临的困难和阻力决定人民币国际化将成为未来中国政府的着力目标。国际货币体系重建以及 IMF 改革需要在全球范围内达成共识，区域货币金融合作需要至少在东亚范围内取得一致；人民币国际化可以更多地由中国政府直接推进，更强的主动性决定人民币国际化成为近期内重点推进的领域。

（三）人民币国际化将是未来国际金融领域的重大趋势

人民币国际化很有可能成为未来世界经济的重大事件，也是我国加入WTO 之后下一个十年重大的发展趋势。因此，深度融入国际金融体系、稳妥推进人民币国际化是我国经济"由大到强"的必经之路。一方面，金融危机后续影响、欧美债务问题长期化并长期拖累经济增长，给人民币国际化提供了一个历史机遇，以修整或重建目前这个业已锈蚀的国际货币金融体系。另一方面，未来一段时间我国经济增长图景也使得"货币多极化"成为可能。不过，人民币未来演进的方向、步骤和目标，都是高度路径依赖的。其他国家政府态度或政策的调整、全球市场对结算和储备货币之偏好的改变、国内金融市场的改进或恶化、国际货币金融体系或架构的改良或革命，以及其他众多的不确定因素，都可能会对人民币未来目标和所选道路产生重大影响。但无论中国在人民币问题上设定何种目标、选择哪条道路，人民币在世界货币体系中角色的变化，都将成为国际金融史上的大事件。

二、国际化的条件及政策推进路径

通过对比其他货币国际化的条件和路径，关于人民币国际化的条件和政策推进路径，我们有以下观点：一是强大的经济实力是一国货币国际化的源泉。英、美、日、德货币的崛起都发生在经济飞速发展之后，经济地位的提升带来的贸易结算需求成为货币国际化的萌芽，这暗示了人民币国际化的空间和潜力巨大。

二是发达的金融市场是成为国际货币并得以维持的前提和保障。19世纪英镑战胜法郎成为国际货币的主要原因就是英国拥有一个高度发达的金融市场。日本80年代资产泡沫的一个背景就是，国内金融市场的改革滞后于资本市场的开放，导致了国内和国际流动性的双重冲击。而德国对国内金融市场的改革和国际化则保持积极，并通过控制马克的升值维持了金融市场的稳定。这启示我国应加速改革金融市场，并对放开资本账户保持谨慎。

三是主动性的政策选择对货币国际化路径影响显著。英镑和美元成为国际货币经历了主动性竞争的过程，而日元和马克作为美元危机后新的全球汇率制度下的美元替代货币，也包含了日本和德国政府主动推进的过程，并且政策选择导致了两种货币的命运截然不同。

四是经济稳定、物价稳定和汇率稳定是成为储备货币的天然条件。德国马克是这一经验的典范，而日本资产泡沫以及在东南亚金融危机中的表现则成为反例。在美元国际化的过程中，美国的通胀水平也是远低于英国。对我国而言，真实汇率保持稳定可控将为人民币国际化加分，同时，通胀和资产价格泡沫问题对经济的潜在负面影响也会是隐患。

五是贸易顺差国需完善货币输出回流机制。日元国际化成效不显著的一个长期原因是，作为贸易顺差国无法通过赤字的形式对外输出货币，而只能通过金融资本渠道输出货币。对于我国而言，也在客观上形成了对货币国际化程度的制约。这需要我国未来逐渐向内需驱动型的模式转变，降低贸易顺差比例，逐步放开资本账户，完善货币输出机制。

六是就选择路径而言日本和德国的模式更具参考性。英国和美国抓住了全球变革的机会，通过提升国家竞争力、财富的累积、以及全球汇率制度的重塑获得全球的铸币权；欧元的国际化路径则是依赖货币主权联邦制的区域性安排，凝聚了不同主权国家的竞争力。这两种路径整体上都不适用于我国。

而日本和德国的路径则是依靠实体经济发展后，通过制度安排深化金融市场改革以及金融自由化，逐渐成为主要国际货币的替代品种，将是人民币国际化的可选路径。其中，日本的经验告诫了资本账户开放过快带来的风险，而德国马克在欧元诞生前的经验还提示了依靠区域货币合作走向国际化也会是有效方式。

三、人民币国际化的影响和目标选择

人民币国际化和资本账户开放的逐步推进产生的影响可能包括：短期内基础货币输出以及央行加大货币投放、离岸人民币市场的扩大、跨境资本波动上升、货币供应量作为货币政策中介目标的作用下降以及价格型工具作用上升、人民币在中长期内持续温和升值，以及贷款利率下限的放开等。

（一）离岸人民币市场的发展以及对国内流动性环境的影响

在全球范围内，主要的国际货币形成的过程和方式主要有两种，一种是在特定的国际局势下自发国际化的过程，另一种是货币发行国在取得一定的经济和贸易地位后推进的货币国际化，其中德国和日本就是第二种类型国际化的例子，对人民币国际化具有较强的借鉴意义。从日元国际化的经验看，作为贸易顺差国无法通过赤字的形式对外输出货币，而只能通过金融资本渠道输出货币。对于我国而言，同样的问题也在客观上形成了对货币国际化程度的制约。从中长期看，这一方面需要中国未来逐渐向内需驱动型的模式转变，降低贸易顺差比例，因此可能需要人民币持续存在升值的空间。另一方面，在经常账户保持顺差的情况下，逐步推进资本账户开放，在资本账户下形成逆差也是输出人民币的一条合理途径。但在贸易顺差仍然存在，且资本账户尚未开放的情况下，短期内流入流出机制的安排是人民币国际化过程中必要的一步。除了扩大与其他国家央行的货币互换协议的规模和范围外，还需要强化离岸人民币市场的发展。具体的设置方式可能是加强香港作为离岸人民币中心的地位，而同时发展伦敦等其他国际金融中心的离岸人民币市场。这一方面可以保证货币 24 小时内的可交易性，同时离岸人民币市场将加大非居民和第三方人民币交易的信心。此外，离岸人民币市场的乘数效应将对国内的货币环境形成一道防火墙。这是因为输出的人民币可以在离岸市场产生乘数效应，形成离岸市场的货币衍生与循环，从而可以减小对国内流动性环境和货币政策的冲击。

（二）对货币政策调控目标和逻辑的影响

目前国内货币政策同时依赖于数量型工具和价格型工具，且央行通过央票、回购等公开市场操作，信贷窗口指导以及法定存款准备金率等数量型工具调控的使用相比价格工具更加频繁，是现阶段央行货币政策的主要操作方式。在对货币政策的调控以及对跨境资本的监管上，日本的经验教训是值得参考的。在日元国际化的过程中，离岸日元市场规模迅速增长，成为了境内银行从央行公开市场操作之外获取短缺资金的另一条渠道，导致欧洲日元市场的资金对日本国内货币政策效果产生了显著的干扰和扭曲。在资本账户开放程度较低和国内金融体系依然相对封闭的情况下，离岸人民币市场的发展是人民币国际化过程中较为重要和确定的一步。而逐渐发展壮大的人民币离岸市场对国内的金融体系影响也将不断扩大。一方面，境内的金融机构获取人民币的途径将被拓宽，可以通过其海外的分支机构获取人民币，从而削弱央行的货币政策调控，尤其是数量型工具的作用。另一方面，由于境外的人民币需求未知且不可控，且在人民币国际化过程中伴随的脱媒加速，央行继续主要以数量型工具调控货币政策的效果以及货币供应量作为货币政策中介目标的有效性也将下降。在这种背景下，上海银行间同业拆放利率（Shibor）的基准作用有望进一步提升。目前国内已有将 Shibor 作为基准的利率互换产品，信用证融资等多种金融产品。在利率完全市场化之前，央行可能强化对货币市场利率的调控作为货币政策调整的工具，而货币供应量作为货币政策中介目标的效果将逐步下降。

（三）跨境资本流动的波动加大

在现有的政策安排下，通过人民币账户的跨境资金流动主要包括几个渠道：在海外个人人民币账户的兑换和汇款服务，经常账户下的人民币结算（包括贸易结算和贸易融资等），境外金融机构投资境内的证券市场，国内企业在境外发行人民币债券筹得资金汇回国内，外商直接投资人民币结算，境内对海外投资的人民币结算等。随着跨境人民币结算的增加，跨境套利将对国内的资本流动产生更大的影响。例如当前国内外存在的明显息差导致信用证融资存在较大的套利空间。因此，虽然人民币在国际支付中的占比极低，但人民币信用证的开证金额却相对明显高出很多。这实际体现的是资本跨境套利的快速增长，在持续的升值预期下加大了资本的流入冲击国内的货币体系。在人民币国际化的过程中，人民币流入流出机制的扩大本身就将导致资本的跨境流动增加和波动上升。而在境内外投资收益率和融资成本存在较大息差的情况下，跨境套利机会也将增多。这对国内资本流动的控制和监管提出了更高的要求，而且难以完全禁止，也将导致跨境资本波动的加大。

（四）倒逼国内利率市场化改革的推进

虽然目前普遍认为利率汇率和资本账户开放的顺序不一定要遵循"先内而外"的顺序，但利率市场化改革是未来五年金融改革确定的方向。随着香港人民币离岸市场规模的扩大，离岸市场的人民币利率与汇率水平将对央行现有的利率汇率政策造成冲击。而资本账户的渐进开放将加大这种冲击的影响。一方面，在香港的存贷款利率与境内相比存在明显的息差，从而存在较大的套利空间，造成从香港贷款到境内借出的资本单向波动，与人民币国际化的方向和初衷都是抵触的。在离岸人民币市场扩大后，这种套利资本的流动产生的压力将会持续增加。另一方面，若国内的利率依然是由央行严格管控的，国内的金融改革的动力和压力都相对有限，不利于资本账户开放过程中促进金融机构的转型。因此，人民币国际化将在一定程度上倒逼国内利率市场化的进程。之前央行对利率市场化的总体改革思路是"先外币、后本币；先贷款、后存款；先长期、大额，后短期、小额"，但这一思路在未来可能发生调整。在目前信贷环境相对紧张的情况下，贷款利率大多符合或高于央行的指导水平。从 2013 年 7 月起，人民银行全面取消了贷款利率限制，截至目前，这一改革举措并未对市场利率带来严重影响。相对的，我们认为，存款利率上限的放开目前并不特别紧迫：第一，目前国际上利率水平普遍较低，存款利率上浮会吸引更多国际资本流入，造成短期的热钱流入压力，不利人民币汇率稳定；第二，存款利率上限的存在是过去金融脱媒持续加速的重要原因之一。

（五）人民币国际化的未来政策和目标

人民币国际化是长远目标，短期面对许多挑战和困难。人民币与主要世界货币形成有效汇率机制需要时间，过程漫长。在中期目标上，应"始于贸易"，一方面通过推进人民币贸易以满足国内和国际的需求，创造新的贸易增长点；另一方面通过加强人民币在国际援助中的作用，扩大人民币的使用并推动商品的输出。提升人民币的地位，不应"止于贸易"，日元和德国马克国际化的经验表明，经济发展和外贸增长是一国货币国际化的前提条件，但不是保证。

央行应加强人民币清算机制和离岸市场的制度建设，为人民币国际地位的提升建立有效的制度平台。此外，人民币国际化的长远的目标包括：使我国实现经济大国转向经济强国和金融强国；改善经济结构和国际收支不平衡的局面；实现政策独立，消除被美元绑架的困境；获得定价权和国际经济话语权。换句话说，人民币国际化在本质上属于我国整体金融改革的一部分，在政策和目标厘定上需要配合整体大战略，因此未来央行要同时把政策具体落实到推动对内金融市场化，对外开放、有效监管金融体系和规避风险，与国际金融体系接口和稳定国际金融环境几个方面。

四、结论

通过对人民币国际化相关问题的研究，可以得到以下主要结论，以及可以谋划的中长期战略和近期可操作的战略建议。一是需要制定人民币国际化的中长期战略目标。人民币国际化标志着我国经济全球化发展进入到一个从实体经济跨越到货币经济的新阶段。在若干年后，人民币将在国际贸易、国际投资以及各国的外汇储备中，充当主要的计价货币、支付结算货币和外汇储备货币。未来 20 — 30 年，人民币国际化的战略目标为：推动国际货币体系由现在的美元为主，欧元、英镑和日元等共同作为国际储备货币的格局，转化为美元、人民币和欧元三元制衡的新格局，人民币成为发挥重要作用的世界三大货币之一。

二是目前金融体系的内在缺陷限制了人民币国际化。我国当前金融制度存在不足、金融市场化程度较低、金融体系效率较低，构成了人民币国际化的中期挑战。迫切需要在深化金融体制改革过程中，将人民币国际化与利率市场化、汇率市场化以及资本账户有序开放等有机结合在一起，建立四者内在联动机制，选好政策切入点和实施路径，解决好人民币国际化的金融制度障碍。

三是未来人民币国际化将面临来自国内外诸多挑战。首先，我国过度依赖外需的经济发展模式，以及低附加值加工贸易为主的贸易结构，不利于建立坚实的人民币国际化根基。其次，我国目前金融市场较为脆弱，如市场化程度较低，汇率制度较为僵化，降低了人民币资产的国际吸引力。另外，存在国际货币体系格局的惯性，使得人民币国际化处于严峻的外部经济环境之中，世界各国对人民币资产的接受程度具有不确定性。

四是人民币国际化应遵循历史的、市场的演化规律。当前国际货币体系是开放的，每一种货币都可以通过竞争获得相应的国际地位。没有明确制度规定的体系可能更加具有生命力，因为这种体系更加透明、更加开放，竞争的外部压力更有可能强制主权货币当局执行货币纪律。超主权储备货币构想只是作为策略来考虑，人民币国际化才是推进国际货币体系多元化政策的基石。新的货币取代美元要将经历漫长曲折的此消彼涨过程，不大可能发生戏剧性的变化。不能仅仅盯住成为国际货币的收益，看不到成本，更不必为追求国际化，仓促推出新的金融开放措施。

五是提高人民币国际化程度需要不断增强我国政经实力。一国主权货币之所以能够在世界范围内被广泛接受，发挥计价结算及价值贮藏的职能并最终成为国际货币，归根结底是因为其背后承载着货币发行国经济实力的担保。长期来看，一国经济政治整体实力才是其主权货币最终实现国际化的真正推手，平稳实现我国工业现代化和农村人口城市化，提升消费在经济发展中的地位，减轻经济的对外依赖程度，引导劳动密集型出口产业向具有高附加值的技术密集型、资本密集型产业转型，鼓励企业研发创新，实现外延增长向内涵增长的转变和内外均衡发展，是实现人民币国际化战略目标不可或缺的经济基础，直接决定人民币国际化的成败。

六是继续深化相关配套改革。促进跨境贸易人民币结算的结构合理化，致力于扩大人民币的使用范围。继续推动利率市场化改革，完善利率传导机制。继续深化汇率体制改革，充分发挥汇率在外汇市场中的价格发现和调节供求的职能。谨慎稳步推进资本项目下可兑换。建设遍布国际金融中心的离岸人民币市场，为跨境贸易人民币结算提供强大的金融支持。扩大人民币对外贷款和直接投资规模，加大人民币对国外实体经济的影响力。另外，需要不断扩大人民币的国际储备职能，进一步加强与金砖国家的金融合作，逐步实现我国与其他国家的双边或多边货币互换常态化或永久化。

（李世刚、于晓莉）

参考资料：

1. 张岸元：《人民币参与构建新国际货币体系问题研究》，《国家发改委经济研究所内部报告》，2010 年。

2. 张岸元、李世刚：《香港人民币离岸中心发展之辩》，《中国改革》2012 年第 5 期。

3. 李世刚：《人民币国际化与中韩金融合作》，中韩经济合作研究会第十届 KIEP-AMR 共同研讨会（韩国）会议论文，2012 年 7 月。

4. 林崑、张琦炜、马昀、马韬等：《人民币国际化专题报告——牵一发动全身：人民币国际化路径与货币逻辑新纪元的开始》2012 年 6 月。

5. 夏斌：《从全球通胀到美国金融危机——本轮世界经济周期的发展逻辑与中国对策》，《新金融》2009 年第 4 期。

6. 黄海洲：《美元和人民币：何去何从？》，《国际经济评论》2010 年 3—4 月刊。

7. 李晓、丁一兵：《人民币区域化问题研究》，清华大学出版社 2010 年版。

8. 张明：《人民币国际化注定是一项长期、渐进的工程》，中国社会科学院世界经济与政治研究所国际金融研究中心 Policy Brief No.09037（May 25, 2009）。

9. 张明：《全球金融危机背景下的国际货币体系改革》，中国社会科学院世界经济与政治研究所国际金融研究中心 Working Paper No.0919（Dec. 21. 2009）。

10. 高海红、余永定：《人民币国际化的含义与条件》，《国际经济评论》2010 年 1—2 月刊。

11. 张宇燕：《人民币国际化：赞同还是反对？》，《国际经济评论》2010 年 1—2 月刊。

12. 国家发改委经济研究所课题组：《面向 2020 年的经济发展战略》，《内部报告》2011 年。

13. 中国人民大学国际货币研究所：《人民币国际化报告（2012）》，中国人民大学出版社 2012 年版。

14. Michael P. Dooley, David Folkerts-Landau, Peter M. Garber：《以美元为中心的国际货币体系难以发生根本改变》，《新金融》2009 年 4 月。

15. Cheung, Y-W, G Ma and R McCauley (2011) "Why does China attempt to internationalize the renminbi?", in J Golley and L Song (eds), China rising: global challenges and opportunities, Australian National University Press and Social Sciences Research Press (China), 2011.

16. Frankel, J (2011): "Historical precedents for internationalization of the RMB", paper presented to a Council on Foreign Relations/China Development Research Foundation symposium, The future of the international monetary system and the role of the renminbi, Beijing, 1 November 2011.

17. Garber, P (2011): "What currently drives CNH market equilibrium?", paper presented to a Council on Foreign Relations/China Development Research Foundation symposium, The future

of the international monetary system and the role of the renminbi, Beijing, 1 November 2011.

18. He, D(2011): "International use of the renminbi: developments and prospects", presentation to the Columbia-Tsinghua Conference on Exchange Rates and the New International Monetary System, Beijing, 28 June.

19. He, D and R McCauley(2010): "Offshore markets for the domestic currency: monetary and financial stability issues", BIS Working Papers, no 320, September, also forthcoming in Y-W Cheung and J de Haan (eds), The evolving role of China in the global economy, MIT Press.

20. He, D and H Wang (2011): "Dual-track interest rates and conduct of monetary policy in China", HKIMR Working Papers, no 21/2011.

第五章　国际货币体系改革与人民币国际化

　　国际货币体系应促进世界经济发展、保持全球金融稳定，但近年来国际货币体系并未随经济全球化深化而同步优化，在金融危机爆发频繁、破坏升级背景下，各界对于改革现行国际货币体系的诉求愈加迫切。国际货币体系短期内难以突破主权信用货币充当国际储备货币的格局，未来通过大国主权信用货币竞争、推动国际货币多元化，仍是国际货币体系最主要的发展方向，人民币通过市场竞争充当国际货币是未来方向所在。

　　金融危机以来，关于国际货币体系的改革方向，主要有三类观点：第一类主张是维持现有美元主导的体系不变，只作细节调整；第二类主张是发行超主权储备货币取代美元的核心货币地位；第三类主张是促进国际货币多元化，用新的主权货币部分替代美元。各类提议中的理论分析、利益角逐和策略性考虑相互交织，没有哪种方案完全出于理论分析，而不代表某方立场。有必要对主权货币国际化及创设新国际货币的相关理论进行较为完整的梳理，而后以此为基础，结合政治和策略层面的考虑，确定人民币参与构建新国际货币体系的方案。

　　本文首先针对国际货币体系的核心——国际储备货币体系[①]，分析其格局变

[①] 国际货币体系所包含的内容较为广泛：如国际储备货币体系、汇率协调机制、经常项目平衡、国际资本流动等诸多方面，《新帕尔格雷夫经济学大辞典》对国际货币体系的介绍大致分为汇率制度、储备资产、调节机制三大方面：一是规定用于国际间结算和支付手段的国际货币及其来源、形式、数量和运用范围，以满足世界生产、国际贸易和资本转移的需要；二是规定一国货币同其他货币之间汇率的确定与维持方式，以保持国际货币之间的兑换方式与比价关系的合理性；三是规定国际收支的调节机制，以纠正国际收支的不平衡，确保世界经济稳定与平衡发展。因此，国际货币体系改革既包括集合中国际货币形态的更替，也包括制约各国相互交易和活动的机制或规则的变革。本文对于国际货币体系改革的研究，落脚于"国际储备货币体系"这个核心内容。

动及存在的主要问题，之后系统梳理金融危机后国际社会对现行国际货币体系改革模式的有关探讨，进而探讨人民币国际化对国际货币体系产生的影响、提出的要求，最后对未来国际货币体系改革目标模式、可能方向和实际选项给出探索性建议。

一、现行国际储备货币体系格局及主要问题

作为国际经济协调的最为重要的工具，国际货币体系影响各国经济利益分配，决定国际经济治理格局演变方向。布雷顿森林体系崩溃后，国际货币体系转向信用本位制或牙买加体系，随着对资本管制严格要求的放松，非储备货币发行国一方面可以通过对外部贸易而积累国际储备，另一方面也可以通过国际资本市场融资手段获得储备货币，因此，理论上，非储备货币发行国积累国际储备的必要性应该显著降低。然而，从上世纪七十年代以来，全球储备总量不但没有下降反而大幅度上升，理论界对此高度关注。

（一）国际储备体系仍以美元为主导

国际储备是一国货币当局持有的能随时用来进行国际支付，平衡国际收支和维持本币汇率稳定的国际间可接受的资产。过去十年间，全球国际储备加速积累，全球储备规模已从 1999 年第二季度的不到 2 万亿美元飙升至 2013 年第二季度的 11.14 万亿美元，全球储备资产总额为全球 GDP 的 16.3%，较之十年前翻了一番有余。

在快速积累的国际储备资产中，包括我国在内的新兴经济体成为为国际储备增长的主要源泉。2004 年开始，国际储备中约 95% 以上属于外汇储备，相较其他储备形式外汇储备在规模上具备绝对优势。过去十年间，主要的外汇储备持有国在全球外汇储备结构份额上发生了较大变动。截至 2013 年第二季度，新兴经济体与我国的储备资产在全球外汇储备中的比重分别上升为 71% 和 32%。与新兴经济体外汇储备快速积累相对应的是，发达国家在外汇储备构成中的比重逐年下降（尽管其绝对量仍逐年上升），整体比重下降了将近一半。我国外汇储备份额翻了将近一番，从前五年（2002 — 2007 年）的年均 13.4% 的持有比重变为后五年（2008 — 2013 年）期间的年均 26.2%。同期沙特阿拉伯和俄罗斯也有较大增长，再次是印度。而主要的发达经济体则呈现明显下降，欧元区份额从原来的 8.1% 下降为近五年的 3.8%。美国、日本和韩国的外

汇储备持有比重也出现了显著下降。近五年来，中国、日本、俄罗斯、沙特阿拉伯、韩国以及印度所持有外汇储备已经超过了全球总外汇储备的 55.6%，外汇储备重心已显著移向亚洲国家。

美元资产在国际外汇储备资产中的份额，远远超过美国在全球经济中的份额，但近年来美元资产所占比重呈现下降趋势。进入 21 世纪以来，国际外汇储备开始从单极化向多极化转变。在已公布币种构成的外汇储备中，欧元、英镑、其他币种等等外汇储备占比在过去十年中缓步上升。美元资产从 1999 年 1 季度的 71% 下降为 2013 年 2 季度的 64%，而日元资产下降为 3%，以这两种货币计价的资产中国际储备中占比逐渐降低。

（二）国际储备货币体系存在的主要问题

1. 主权货币充当国际储备货币存在内在悖论

以美元为主导的国际货币体系存在内在不均衡性和不稳定性。一方面，后布雷顿森林体系中的中心国家美国和外围国家在国际收支失衡方面的调整责任是严重不对称的；另一方面，美元发行的外部约束性较弱，一定程度上造成外围国家储备过度累积和美国赤字大幅攀升，导致全球流动性泛滥，引发金融脆弱性和不稳定性。可以说，只要美元以主权货币充当国际储备货币职能，就注定无法摆脱本币币值稳定与提供流动性之间的"特里芬难题"。

2. 国际货币体系存在制度性缺陷

在布雷顿森林体系下建立的国际货币基金组织并未与时俱进，其实际责权并没有进行与之相适应的改变。IMF 并不是一个严格或者严厉的国际管理机构，其成员国义务并不明确，监管功能在很大程度上仅通过成员国的"同行评议程序"来实现。对于要求资金援助的国家而言，贷款资金调拨成为 IMF 推动其改革计划的主要手段。在接受援助的同时，IMF 需要受援助国接受其提出的调整和改革计划。尽管这些改革长期来看也许有助于这些国家的金融稳定，但由于意识形态以及政治方面的考虑，或者调整计划没有实施充分调研和改造，往往会受到受援国的抵触。亚洲金融危机时，IMF 提供贷款时附加的限制性条件，成为亚洲部分国家的痛苦回忆。由于缺乏可靠有效的最终贷款人机制，间接推动了新兴市场国家累积巨额国际储备。

3. 国际收支平衡调节能力不断弱化

在金本位体系下，国际收支协调通过黄金储备自动协调。采用信用货币作为本位货币或储备货币，自动协调机制已经与金本位制度一起消失。布雷顿森林体系解体后，各国失去了在国际收支调节中的货币发行约束，也没有及时建立必要的制度或规范，各国均从本国利益出发安排和选择自身的货币安排。随着全球化程度提高，国际金融市场活动和贸易活动进一步增多，跨境国际资本流动更加庞大和迅速，各国之间的联系变得愈加紧密。失衡的国际收支、宽松的跨境国际资本流动环境、无序的储备货币发行体系必然会酿下恶果。过去二十年来，频繁爆发的国家乃至全球金融危机正是症结爆发的表象。在目前的国际货币体系下，尽管失衡可以在一定时期内、一定程度上持续，但是国际收支失衡难以长期持续。全球经济或迟或早将承受越来越难以忍受的失衡调整痛苦。国际收支严重失衡无法在长期得以持续的原因大致包括：一是随着外围国家外汇储备的不断积累，即使是清洁完全，其干预难度也会不断加大、成本不断提高，冲销不完全则有可能造成国内流动性过剩的不利局面；二是高企的外汇储备、有限的投资选择，使得储备国越来越难以忍受储备货币出现大幅贬值带来的福利损耗；三是储备货币发行国由于经常项目逆差，使得其对外经济实力受到削弱，一旦经济增长出现问题，其币值以及由其货币计价的资产都存在被抛弃的可能。早在 2005 年，Blanchard 等就指出，美国实现经常账户平衡需要将美元贬值 90%，即使存在估值效应美元也至少需要贬值 65%。但是作为国际储备货币的前提要求就是币值稳定与坚挺，而危机的不断爆发动摇了美元本位根基。

4. 储备资产存在非对称估值效应影响

储备资产会受到诸如估值效应等与汇市控制无关因素的影响。即使给定国际投资的资产、负债价格和规模不变，由于汇率、资产价格以及收益率的变化，也会引起国际投资头寸的变动。对于净债务国而言，其货币贬值引致的正估值效应，将显著缩小其债务规模，提高该国的福利水平。2002 年至 2008 年中期，美元对世界主要货币贬值了约 30%，正的估值效应有效改善了美国净外部资产。而债权国则面临负的估值效应所带来的资产缩水。按照中国国家外汇管理局提供的数据，2009 年中国约有 710 亿美元外汇储备资产变动是由汇率等非交易因素引起，约占总储备的 3%。显著的负估值效应在一定程度上降低了中国的外部失衡，但同时也意味着中国的一部分经常项目盈余积累被无偿地转移给国外。

5. 系统性风险以及危机影响的不对称性

储备货币发行国家在经济危机等重大经济事件中影响的不对称性，已经违背了国际公约中公平公正原则，并对世界经济长期稳定发展造成伤害。20 世纪

80 年代以来，绝大多数危机都发生在处于国际货币体系外围成员的发展中国家。尽管这些危机都与发达国家有着或多或少的联系，但是发展中国家的金融危机仅在同类国家内部具有传染性。国际货币发行国不仅不会被影响，反而还能因为国际货币的"避风港"作用而坐收渔利。然而，起源于发达国家（尤其是国际货币体系核心货币国）的国际金融危机，使得全球经济受到严重影响。现行国际货币体系缺乏对核心货币国货币政策的约束，发达经济体放任的货币政策将进一步损害国际货币体系外围国家的福利水平和经济利益。美元的核心垄断地位决定了整个国际货币体系的系统性风险直接根源自美元以及决定美元的美国政府行为。一方面美国自己独享美元国际化带来的好处，另一方面美元本位下的国际货币体系加剧了发达国家金融危机的积累和扩散，并对全球经济产生了重大影响。

二、国际储备货币改革的已有探讨和可能方向

2008 年国际金融危机以后，有关国际货币体系改革的方案和建议层出不穷。综合而言，比较有代表性和影响的改革方案模式主要有：一是建立第二代布雷顿森林体系；二是恢复金本位制度；三是创立一种独立于主权国家的超主权货币；四是推行区域性单一货币制度，创立区域货币群体；五是建立一个多元主权货币的货币体系；六是建立非国家化的货币发行机制。对各方案模式的主要内容和可行性评价见表 5-1 所示。

表 5-1　危机后国际货币体系改革模式的已有探讨

改革方向	主要内容	可行性评价
1.建立"第二代布雷顿森林体系"	2008 年 11 月 G20 金融峰会期间，包括法国、英国、德国和欧盟央行行长在内的主要欧洲国家领导人纷纷呼吁改革现行国际金融体系，要求建立"第二代布雷顿森林体系"。包括：加强监管金融评级机构、统一会计准则、缩小法律漏洞、制定银行行为准则以规避风险，以及确定国际货币基金组织为协调国际金融风险预警和应对措施的主要多边机构。	继承"布雷顿森林体系"精神的所谓新体系，对于监管并预防危机而言，只是理论上的畅想。欧洲提出重建布雷顿森林体系，主要是期望欧元能够挑战美元，享受作为全球储备货币的铸币税收入和其他好处。但在危机中，欧元面临巨大的贬值压力，而且欧洲金融市场消化危机的能力并未展现。重返"布雷顿森林体系"并不现实。

改革方向	主要内容	可行性评价
2. 实行"新金本位制"	新金本位设想全球所有国家同时加入"金本位制联盟"，一致确定或同时变更其货币相对于黄金的稳定关系，以防止货币滥发，维持各国货币币值稳定；有效抑制通货膨胀、消除货币失衡以及巨额赤字；通过"价格－铸币流动机制"规则性自动启动，实现对国际收支失衡的及时纠正，维持全球经济均衡发展。	新本位制存在难以克服的内在缺陷，如国际收支调节往往以牺牲国内经济稳定为代价；新金本位制下，国际收支调节机制不公平，责任更多地由外围国来承担；黄金缺口难以满足世界经济和贸易增长的需求；新金本位制的重要前提主要是大国之间势力均衡，没有超级大国的主导。实行"新金本位制"并不现实。
3. 创立独立的超主权货币	国际货币基金组织已有特别提款权 SDR 作为超主权货币，但危机前的十余年越来越被边缘化。以特别提款权为切入口，逐步扩大特别提款权的使用范围，最终谋求"创造一种与主权国家脱钩、并能保持币值长期稳定的国际储备货币"。	超主权货币更多基于经济理性，还需考虑到政治权力在国际金融经济体系运作中的作用。超主权货币是国际货币体系改革的一个合理方向，特别提款权具有超主权货币的特性和制度基础，具有现实性。
4. 创立区域货币群体	危机后世界经济更多地表现为经济区域化发展，随之区域汇率协调安排和货币区域化应得到进一步加强，区域金融市场和区域性的国际货币将得以发展。未来将形成的若干区域性国际货币。	可创建各经济区域的地区国际货币，并建立以美元、欧元和亚洲共同货币三足鼎立的多极化国际储备货币群体，比单极或两极制下的储备体系更为稳定。
5. 建立多元主权货币体系	建立一个多元化的储备货币体系。未来国际货币体系演进方向是多极化的，形成美元、欧元、日元、人民币、黄金、特别提款权等多种货币相互制衡的国际货币格局，由美元、欧元、日元、黄金和特别提款权组成一篮子货币并以此为平价，各国货币与此挂钩。	国际货币的多元化实质上对储备货币发行国引入了一种竞争机制。如果某一货币超发，则全球投资者就会更多地选择其他货币，这种竞争机制的引入对储备发行国将形成新的纪律约束。多元化货币体系的创建是一个渐近、分阶段实施的过程，需要较长时间才能完成。
6. 货币发行私人竞争、货币非国家化	废除政府对货币发行的垄断权，以一种多元货币的竞争机制取而代之。在国际货币市场上，经过竞争角逐，私人发钞行也可有独立的货币发行权；货币竞争提供自发且有效的激励约束机制，币值稳定和信誉良好的货币将脱颖而出，实现多元货币的竞争均衡。	多元货币理论恢宏壮大、气势磅礴，存在诸多缺陷。如，政府放弃货币发行权的假设；最优货币区没有截然清晰边界的假设；中央银行货币政策完全丧失；多元货币引发的记账与管理以及货种换算成本等问题不清晰。

资料来源：Cohen, Benjamin（2011）。

（一）危机后国际货币体系改革模式的已有探讨

总体来说，单一信用储备货币、发行超主权货币、和货币多极化三个方向的理论探讨值得关注，而建立多元主权货币的货币体系和改革发展现有以 SDR 为代表的超主权货币的改革方案，相对较为成熟并取得更多共识。

1. 单一信用储备货币——美元本位的调整修正

金融危机的爆发给美元的国际储备货币地位造成了显著冲击。一方面，危机源自美国金融市场上失控的金融创新，损害了全球投资者对美国金融市场以及金融产品的信心，长期看全球投资者资产组合中美国金融资产的比重可能因此下降；另一方面，美国政府用以稳定金融市场与刺激实体经济的扩张性财政货币政策，造成财政赤字扩大、国债市场上的供求失衡恶化并导致新发国债收益率的上扬、基础货币增发并最终埋下中期通货膨胀风险，这也会削弱美元资产对全球投资者的吸引力。如果通过全球投资者购买美国金融资产的方式能够为美国经常账户赤字提供的融资规模大幅下降，那么美国就不能平衡当前的经常账户赤字，美国的国际收支以及美国居民的过度消费模式就必须进行调整。

然而，即使美元的国际储备货币地位在金融危机后开始衰落，但衰落速度也注定非常缓慢。金融危机在重创了美国金融市场与实体经济的同时，也同样重创了美元的主要竞争对手所属经济体。欧元区与日本经济甚至先于美国经济陷入了衰退，欧元区的德国以及日本由于实施出口导向发展战略，它们的经济复苏最终取决于美国进口需求的复苏。而且和美国相比，欧洲受到僵硬的社会保障制度的困扰，而日本则受制于过高的政府负债率以及急剧老化的人口年龄结构。对金融四国的货币而言，首先成长为一种国际性货币是更为现实的目标。换句话说，由于金融危机对各种国际货币的冲击具有一定程度的对称性，因此当前美元本位制的更迭与嬗变将是一个缓慢而渐进的过程。此外，Cohen 和 Subacchi（2008）指出作为一种成功的国际货币需要两种关键力量，一种是自治力，意味着本国货币政策的制订能够不受别国货币政策的影响；另一种是影响力，意味着本国货币政策的制定能够影响别国的货币政策。从逻辑上而言，国际货币权力始于自治力，但自治力未必能自动转化为影响力。从这一角度来看，欧元自治力没有问题，但影响力仍明显不足。其他国际性货币在自治力与影响力这两个方面都存在缺陷。因此当前的国际货币体系只有"一个半国际货币"，而美元霸权的衰落将是一个长期进程。

迄今为止的各种国际货币体系在储备货币方面均具有一个根本性缺陷。在金本位制下，国际储备货币的发行规模受制于黄金的规模，这意味着国际储备货币的增长速度受制于黄金开采增速，从而不能满足世界经济发展的需求。在布雷顿森林体系下，为满足世界经济发展对国际储备货币的需求，美国必须通过国际收支赤字（主要是资本与金融账户赤字）来输出美元。这将会导致美元与美国国内黄金储备的比率上升，当其他国家政府与投资者不再信任美国政府能够按照固定比率用黄金兑换美元时，全球范围内的汇兑狂潮迫使美国政府取消黄金与美元的自由兑换。在当前的美元本位制下，同样存在特里芬难题。一方面，为满足世界经济对国际储备货币的需求，美国通过持续的经常账户赤字输出美元；另一方面，持续的经常账户赤字会造成美国对外净负债的不断上升。一旦其他国家投资者对美国在不制造通货膨胀前提下的偿债能力失去了信心，则这些投资者会抛售美元与美元资产，造成美元本位制难以为继。事实上，但凡以国别货币充当世界货币的国际货币体系，均不能克服特里芬难题，这是因为储备发行国不能平衡国内政策需要与世界经济发展需要。

除此之外，与金本位制或布雷顿森林体系相比，美元本位制还存在另一个根本缺陷，即作为一个信用货币储备体系，美元本位制缺乏对储备货币发行国货币发行数量的纪律约束。在金本位制下，一国基础货币的发行数量受制于该国央行拥有的黄金储量。在布雷顿森林体系下，美元的发行数量同样受制于美联储拥有的黄金储量，因为美联储必须维持将美元自由兑换为固定比率的黄金的承诺。然而在美元本位制下，美元币值不再与任何贵金属或者实体商品篮子挂钩，这就意味着对全球范围内的美元发行缺乏一种强制性的纪律约束。

事实上，美国政府基本上是根据国内经济发展需要来制定货币政策，而非根据世界经济增长需要来制订美元发行数量。再考虑到美国存在持续的经常账户赤字，是世界上的最大债务人，客观上也存在通过增发货币制造美元贬值来稀释对外债务、转移调整负担的激励。因此，如果说金本位制天然会带来通货紧缩压力，那么美元本位制天然会带来通货膨胀压力。而本次金融危机爆发的根源，在于美国国内宽松的货币政策导致全球流动性泛滥，全球流动性泛滥压低美国金融市场长期利率，从而出现罕见的房地产泡沫与衍生品泡沫。因此，"危机未必是储备货币发行当局的故意，但却是制度性的必然"（周小川，2009）。要从根本上解决特里芬难题，就必须创设一种超主权的国际储备货币。

2. 超主权储备货币——SDR 与替代账户

所谓超主权储备货币（Super-sovereign Reserve Currency），是指由一个超

越主权国家的货币管理机构发行的用于国际范围内计价尺度、交换媒介与储藏手段的国际货币。自金融危机爆发以来，全球范围内就涌现出改革当前国际货币体系的呼声。特别是自中国人民银行行长周小川在 2009 年 3 月提出创设一种超主权储备货币来替代美元，并得到俄罗斯、巴西等新兴市场大国政府的支持后，超主权储备货币成为一个热门话题。

在 2008 年成立的联合国大会主席关于国际货币金融体系改革的专家委员会（简称斯蒂格利茨委员会）的报告指出，当前的国际货币体系改革应解决三个问题：第一，储备资产的积累必须与储备货币发行国的经常账户赤字相分离（以克服特里芬难题）；第二，对经常账户盈余国必须有所约束（这是凯恩斯提出的清算同盟的核心理念）；第三，应该提供一个比美元更加稳定的国际价值储存载体。而为了解决上述三个问题，一个最现实的方法是大量增加对特别提款权 SDR 的发行与使用。周小川（2009）也认为，SDR 具有成长为超主权储备货币的特征与潜力，因此应特别考虑充分发挥 SDR 的作用、着力推动 SDR 的更加广泛的分配，以及拓宽 SDR 的使用范围。

相对于主权信用货币充当全球储备货币，用 SDR 来充当全球储备货币具有以下一些优点：第一，SDR 的定价基础是一篮子货币，因此 SDR 的汇率（或国际购买力）与主权信用货币相比更加稳定；第二，SDR 的发行是 IMF 根据世界经济的增长需求来自主制订的，与任何国家的经常账户赤字无关，因此就克服了储备货币发行国国内政策与全球范围对储备货币需求之间的冲突；第三，IMF 通过发行 SDR 而征收的全球铸币税可以更多地用于全球减贫或全球范围内公共产品的供给，从而增强全球经济增长的公平性与可持续性。

然而，要成长为一种真正的全球储备货币，SDR 还有很长的路要走。首先，IMF 的定值货币篮仅由四种货币构成，不能充分反映全球经济增长的相对格局。为了让 IMF 的定值货币篮更具代表性，至少应该将人民币、俄罗斯卢布、印度卢比、巴西雷亚尔等新兴市场大国的货币包含进来；其次，目前 IMF 仅适用于 IMF 成员国之间、以及 IMF 成员国与 IMF 之间的清算。为提高 SDR 的吸引力，必须扩大 SDR 的适用范围。这包括建立起 SDR 与其他货币在官方与私人部门交易的清算关系，使之成为在国际贸易与金融交易中公认的支付手段；积极推动在国际贸易、大宗商品定价、投资与企业记账中使用 SDR 计价；积极推动创立以 SDR 计值的金融资产等；再次，必须扩大 SDR 的发行规模。

在 2009 年之前的 40 年里，SDR 只分配过两次，总体规模不过 300 多亿美元。斯蒂格利茨认为，每年增发 2000 亿美元的 SDR，无需美国维持经常项目逆差，就应该能满足全球经济对储备货币积累的需求；最后，SDR 成长为全球储备货币的一大前提，是 SDR 的发行与管理机构 IMF 必须具有更广泛的代表性与合法性，这意味着 IMF 必须充分改革其治理机制与运行效率。

在如何处理 SDR 与美元之间的关系，以及防范美国债权人减持美元资产与美元贬值之间的恶性循环方面，以 Bergsten 为代表的一些国际经济学家开始重新提出替代账户（Substitution Account）的主张（Bergsten，2007）。替代账户的基本思路是，在 IMF 内部建立一个账户，允许 IMF 成员国把不愿意持有的美元资产置换为替代账户中的 SDR 资产。IMF 将替代账户中的美元资金投资于美元计价资产，相关收益用来向该账户中的 SDR 资产持有国支付利息。如果美元贬值导致美元资产不足以支撑相应的 SDR 价值，IMF 还可以用自身拥有的 800 亿美元黄金储备提供额外价值支持。

在当前的国际环境下，设立替代账户是一项多赢的制度创新（Bergsten，2009）。首先，对于以我国为代表的美元债权国而言，将一部分美元转换为 SDR，等于直接实施了储备货币多元化——因为 SDR 本身就是参照一篮子货币定价的——从而降低了美元贬值风险。替代账户也有助于降低美国主要债权国竞争减持美国国债，从而造成美国国债市场崩盘的风险。其次，对于储备货币发行国美国而言，替代账户的建立避免了将美元在市场上转换为其他国家货币，从而能够避免美元对其他货币大幅贬值，以及贬值后的通货膨胀与长期利率上升。再次，对于欧元区国家与日本而言，替代账户的建立能够避免新兴市场国家减持美元、转而持有欧元与日元资产而造成的欧元与日元对美元大幅升值，从而削弱欧元区与日本出口商品的竞争力。最后，对 IMF 而言，替代账户可以提升 SDR 作为国际储备资产的地位与作用、提高整个国际货币体系的稳定性，并通过集中外汇储备来加强全球的流动性管理。

然而，创建并广泛使用替代账户仍有一个最大的制度性障碍，即由谁来承担替代账户中美元贬值的损失。如果新兴市场国家与发展中国家将外汇储备的 20% 存入替代账户，那么这一资金规模就高达约 8500 亿美元。如此大规模资产由于美元贬值而产生的损失，是 IMF 自身无法承担的（即使通过出售黄金储备）。而且，对一些国际收支基本平衡的国家而言，他们会觉得，通过由 IMF 成员国来共同承担替代账户发生的汇兑损益，是不公平的。

正如在 1970 年代末欧洲与美国就替代账户汇兑损益的分担存在分歧，从而导致替代账户计划流产一样，当前如果不能就替代账户的汇兑损益分担达成一致意见，那么替代账户依然不能付诸实施。我们认为，鉴于我国等全球主要外汇储备持有大国与美国是替代账户方案的最大受益者，那么这些债权人与美国应该来分担替代账户发生的汇兑损失。鉴于替代账户的创建有助于显著降低国际货币体系面临的潜在风险，各主要国家应该深入讨论并积极推动该方案的实施。

3. 储备货币多极化——美元、欧元与人民币三足鼎立

我们认为，与继续由美元充当全球储备货币、以及在 SDR 的基础上创建超主权储备货币相比，更加现实与更加合理的国际货币体系演进方向，可能是国际储备货币的多极化。在未来的国际货币体系下，可能出现美元、欧元与人民币或某种亚洲货币（亚洲主要货币组成的一个货币篮）三足鼎立的局面，即 Mundell 所描绘的"全球金融稳定性三岛"（Mundell，2000）。美元将继续在全球范围内充当重要的国际性货币，但其势力范围可能会逐渐萎缩到北美洲、拉丁美洲以及其他一些区域。伴随着欧元区进一步东扩，整个欧洲甚至包括中东、北非一些国家开始更多地使用欧元。伴随着人民币国际化进程以及东亚货币金融合作进程的加速，人民币或者人民币在其中扮演着重要角色的某种亚洲货币篮将在东亚区域成为广泛使用的国际性货币。美元、欧元与亚洲货币之间最初实施汇率自由浮动，等时机成熟后（这可能经历很长一段时间），三大货币区之间改用固定汇率连接，这最终就构成了全球统一货币的雏形。

储备货币多极化成为未来国际货币体系的演进方向的原因在于，一是历史经验显示，国际货币体系的演变是长期而渐进的过程。美元全面取代英镑的国际货币地位，至少花了半个世纪的时间。因此，美元衰落的过程是长期的，而超主权储备货币的诞生也必然是一个市场演进的过程、而非政策驱动的过程。更现实的情景是，在美元逐渐衰落的过程中，欧元以及亚洲货币开始逐渐成长为能够与美元分庭抗礼的竞争对手；二是经济基础决定上层建筑。国际货币体系的多极化趋势，与世界经济的多极化趋势尤其是区域化趋势是相符的；三是与美元本位制相比，多极化的国际货币体系具有一个重要优势，后者重新引入了约束储备货币发行的纪律。

由于在美元、欧元与亚洲货币之间存在竞争与替代关系，因此除非三大货币发行当局存在共谋，每个货币发行当局都不得不约束货币发行，否则一种货币相对于其他货币的超发将注定导致本币贬值、通胀上升以及本国货币作为国际储备货币地位的下降。多极储备货币相互竞争的格局给储备货币发行铸造了新的约束机制，这有助于提高国际货币体系的可持续性，降低潜在货币危机的爆发以及限制潜在的资产价格波动。

三、推动与人民币国际化大趋势相适应的国际货币体系改革

从前述国际社会对货币体系改革开展的诸多有益探索和取得的实际效果来看，当前国际货币体系改革，尤其是储备货币体系改革，正沿着"通过货币自由竞争引致储备货币多元化"和"建立并壮大超主权储备货币"两大方向协同发展，推动国际储备货币体系向着币值稳定、供应有序、总量可调的方向发展完善。总体来看，未来国际货币体系将是一种兼顾多元储备货币和超主权储备货币的全新体系。

我们认为，短期内国际货币体系难以突破主权信用货币充当国际储备货币的格局，未来通过大国主权信用货币竞争、推动国际货币多元化，仍是国际货币体系最主要的发展方向，人民币通过市场竞争充当国际货币是未来方向所在。

通过货币自由竞争，引致"大国竞争、小国盯住"式多元储备货币体系渐进形成，可在一定程度上避免单一储备货币体系的系统性风险，具有现实可行性。一方面，未来一段时间，我国将从"经济大国"向"经济强国"、从"开放大国"向"开放强国"跃迁上位，中国经济对世界经济的影响渠道也将从"贸易投资"向"货币金融"转换升级，人民币国际化进程的不断深入将是大势所趋，随着人民币国际化进程的不断深入，国际货币体系改革也需要越来越重视国际货币金融领域的这一"中国因素"；另一方面，随着近年来美、欧、日等发达经济体陷入衰退，新兴经济体崛起，美元地位逐渐弱化，人民币深度国际化，由美元、欧元和人民币形成"三足鼎立"的多极化格局初露端倪，虽然多元储备货币体系同样不稳定，但是储备货币多元化局面仍是大势所趋。

（一）国际货币体系改革的目标模式

未来较为现实的国际货币体系应形成"3+1+n"的储备货币格局，其中"3"为美元、欧元和人民币，三者互相竞争储备货币地位；"1"即SDR，作为全球共同储备货币，与美元、欧元和人民币共同行使国际储备货币职能；"n"为其他主权货币，由其自行选择盯住美元、欧元和人民币汇率。这种国际货币体系能够结合多元化储备货币和全球共同储备货币的优点，其基本特征是：IMF行使全球央行职能，对主要国家货币政策实施监管，保持国际储备货币SDR币值稳定、供应有序、总量可调，进而维护全球金融稳定和支持世界经

济增长；同时，美元、欧元和人民币兼作储备货币，与 SDR 形成互补，接受 IMF 的有效监管。

（二）国际货币体系改革的基本原则

国际货币体系改革将是一个长期、渐进的过程，近期的迫切任务，就是逐步建立统一性与多元化相结合的国际货币体系，并坚持以下基本原则：第一，提升 IMF 国际地位，改善其公平性，赋予 IMF 发行 SDR、维护全球金融稳定的职能；第二，降低美元在储备货币中比例；第三，加强国际经济政策协调；第四，保持主要经济体货币汇率稳定，授权 IMF 监督系统重要性国家央行实行稳健的汇率政策，对汇率波动设限，对违规者开出罚单；第五，加强对主要储备货币发行国货币政策和跨国资本流动的监管；第六，注意保护弱小国家，IMF 对发展中国家资本管制给予正确指导。

（三）国际货币体系改革的长期目标

国际货币体系改革最为理想的目标，是创造一种与主权国家脱钩、并能保持币值长期稳定的国际储备货币，从而避免主权信用货币作为储备货币的内在缺陷。超主权储备货币不仅克服了主权信用货币的内在风险，也为调节全球流动性提供了可能。由一个全球性机构管理的国际储备货币将使全球流动性的创造和调控成为可能，当一国主权货币不再作为全球贸易的尺度和参照基准时，该国汇率政策对失衡的调节效果会大大增强。这些能极大地降低未来危机发生的风险、增强危机处理的能力。重建具有稳定的定值基准并为各国所接受的新储备货币可能是个长期内才能实现的目标。短期内，国际社会特别是基金组织应当承认并正视现行国际货币体系的内在风险，对其不断监测、评估并及时预警。

SDR 的使用范围需要拓宽，从而能真正满足各国对储备货币的要求。一是建立起 SDR 与其他货币之间的清算关系。改变当前 SDR 只能用于政府或国际组织之间国际结算的现状，使其能成为国际贸易和金融交易公认的支付手段。二是积极推动在国际贸易、大宗商品定价、投资和企业记账中使用 SDR 计价。不仅有利于加强 SDR 的作用，也能有效减少因使用主权储备货币计价而造成的资产价格波动和相关风险。三是积极推动创立 SDR 计值的资产，增强其吸引力。四是进一步完善 SDR 的定值和发行方式。SDR 定值的篮子货币范围应扩大到世界主要经济大国，也可将 GDP 作为权重考虑因素之一。五是 SDR 的发行也可从人为计算币值向有以实际资产支持的方式转变，可以考虑吸收各国现有的储备货币以作为其发行准备，进一步提升市场对其币值的信心。

此外，急需在 SDR 篮子内加入新兴经济体货币，改革 SDR 定期调整做法。修改 IMF 相关规则，授权 IMF 根据市场需求自主发行 SDR，IMF 使用 SDR 购买相应金融资产，如成员国政府债券，成员国使用从 IMF 借入的 SDR 从事国际贸易和投资活动，从本质上赋予 IMF 作为世界中央银行从事"公开市场操作"的职能。目前，SDR 完全代替美元尚缺乏现实性。理论上，SDR 既可作为储备资产，也可作为交易工具。应加快 SDR 扩大使用，降低美元在储备货币中比重。长期看，SDR 应遵循由替代各国用作国际交易货币，到替代用作国内交易货币的路线图，逐步推动 SDR 成为国际储备货币。坚持渐进性原则，避免国际金融体系遭受重大冲击。

（四）国际货币体系短期改革目标

一是推动人民币加入 SDR。根据现行标准，人民币已满足加入 SDR "出口规模"的要求。在 2005 至 2009 年 SDR 篮子审查期内，中国出口规模超过了英国和日本。近年来，人民币扩大在跨境贸易和投资中使用，实现"被广泛使用"具备了一定基础。以人民币计价国际债券规模扩大，货币互换和境外银行人民币存款增加，人民币开始进入更多国家储备，日元资产仅占已公布储备总额的 3.8%，人民币约占 0.28%，差距并不明显。但是人民币距离"在主要外汇市场上被广泛交易"仍有一定差距。随着人民币离岸市场发展，人民币在外汇市场交易程度将扩大。我国应加快推进人民币"可自由使用"，同时推动 IMF 开展对影子 SDR 模拟测算，争取在 2015 年 IMF 对 SDR 篮子审查调整时实现人民币加入 SDR。

二是推动以人民币为核心的宏观制度安排。未来需要对现有国际金融组织，包括国际货币基金组织、世界银行、亚洲开发银行等进行战略调整，逐步预案和建立以人民币为核心的宏观制度安排、金融机构业务布局和国际金融平台建设（如金砖开发银行、亚洲宏观经济研究院 ARMO 等机构）。可探讨将 ARMO 国家、金砖国家的货币同时加入 SDR 货币篮子，并提高 SDR 作用的可行性，从扩大 SDR 分配、实现 SDR 作为主要计价和报告货币、发行 SDR 计值债券等方面入手。在国际金融治理改革方面，可加强协作，以 G20 为主渠道，推进 IMF、世界银行、金融稳定理事会等国际金融机构改革，重组 IMF 和世界银行内部治理的权力和架构，提高其关联性、合法性与代表性，并在长期内谋求 ARMO、金砖国家份额和投票权超过 15%，以提高话语权。

总的来看，当前的国际货币体系是开放的，每一种货币都可以通过竞争获得相应的国际地位。没有明确制度规定的体系可能更加具有生命力，因为，这种体系更加透明、更加开放，竞争的外部压力更有可能强制主权货币当局执行货币纪律。超主权储备货币构想只是作为策略来考虑，人民币国际化才是推进国际货币体系多元化政策的基石。

四、人民币国际化与亚洲货币合作

2008 年美国次贷危机爆发后，中国政府一度似乎在构建"三位一体"的国际金融新战略：在全球层面，中国央行行长周小川呼吁要通过创建超主权储备货币来取代美元的储备货币地位；在区域层面，中国政府积极参加了清迈倡议多边化机制的谈判与创建；在国别层面，中国政府开始推动人民币跨境贸易结算与离岸人民币金融市场建设[1]。然而，五年多时间后回头来看，自次贷危机爆发以来，不但国际货币体系改革乏善可陈，亚洲区域货币合作也进展甚微，只有人民币国际化取得了不俗成绩。但同时也存在突出的问题。展望未来，中国政府或可将促进人民币国际化与加强亚洲货币合作有机地结合起来，走出一条以真实需求为基础的，从周边到区域、从区域到全球的可持续货币国际化之路。

（一）人民币国际化取得的进展与存在的问题

自 2009 年中国政府启动跨境贸易人民币结算试点以来，人民币国际化已经取得显著进展。

如图 5-1 所示，人民币跨境贸易结算规模已经由 2010 年第 1 季度的 184 亿元上升至 2014 年第 1 季度的 1.65 万亿元，同期内人民币跨境结算规模占跨境结算总规模的比重则由 0.4% 上升至 27.9%。2010 年 10 月，根据国际结算额占全球国际结算额的比重来排序，人民币仅在全球货币中排第 35 位[2]。2014 年 3 月，人民币在全球结算货币中的排位已经上升至第 7 位，仅次于美元、欧元、

---

① Zhang, Ming. "China's New International Financial Strategy amid the Global Financial Crisis", China & World Economy, Vol.17, No. 5, 2009.

② SWIFT. "Trend or Hiccup—Could the Internationalization of the RMB be Stalling?" SWIFT RMB Tracker, November 2011.

英镑、日元、澳元与加元①。尤其值得一提的是，人民币在传统贸易融资（信用证与托收）方面的全球份额已经由 2012 年 1 月份的 1.89% 上升至 2013 年 10 月份的 8.66%，成为相关市场仅次于美元的第二大常用货币②。

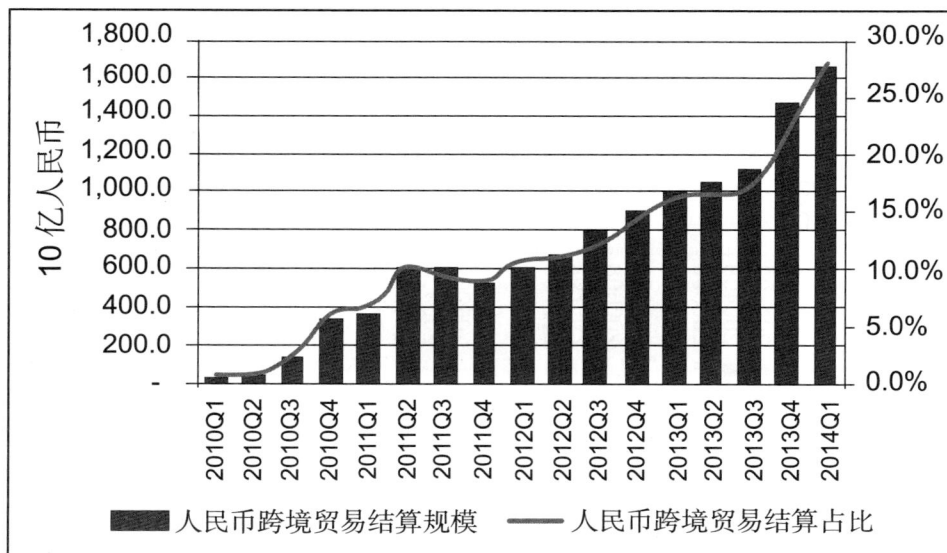

图 5-1　跨境贸易人民币结算规模

资料来源：CEIC 与作者的计算。

如图 5-2 所示，自 2010 年中期以来，香港人民币存款规模迅速增长，截至 2014 年 2 月底已经达到 9203 亿元。不过，目前在香港人民币存款中，超过 80% 为定期存款，这反映出目前香港人民币市场的投资渠道依然匮乏的实施。如图 5-3 所示，自 2007 年国开行在香港发行首只人民币债券以来，香港人民币债券发行规模不断上升，在 2011 年至 2013 年期间更是连续 3 年超过 1000 亿元规模。如表 5-1 所示，目前香港、伦敦、新加坡与台北已经成长为全球四个最重要的人民币离岸金融中心。

---

① SWIFT. "Singapore Overtakes London as Top RMB Offshore Clearing Center After Hong Kong", SWIFT RMB Tracker, April 2014.

② SWIFT. "RMB Now 2nd Most Used Currency in Trade Finance, Overtaking the Euro", SWIFT RMB Tracker, November 2013.

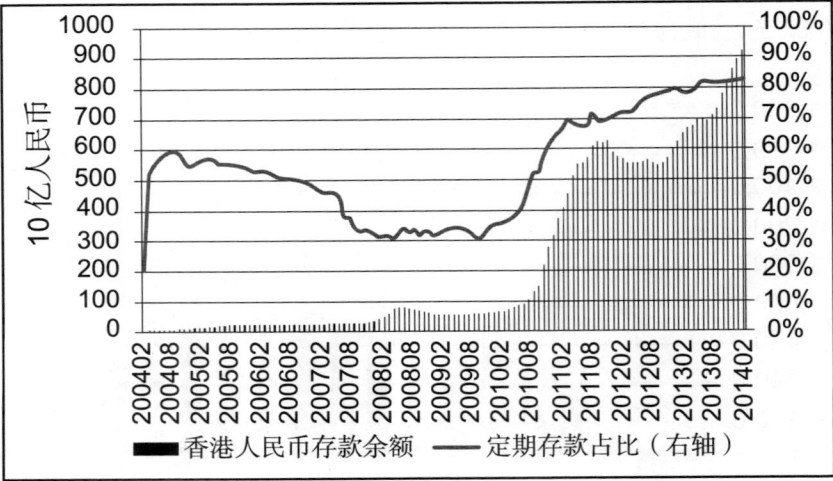

图 5-2　香港人民币存款规模

资料来源：香港金融管理局。

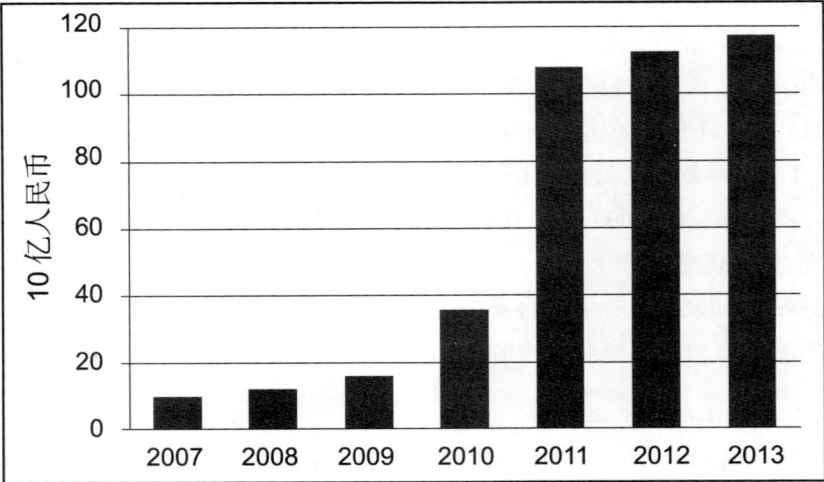

图 5-3　香港人民币债券发行规模

资料来源：CEIC。

表5-2　人民币离岸中心按支付额规模排序（2014年1月）

排名	市场	支付额占比
1	香港	73.0%
2	英国	25.7%
3	新加坡	25.2%
4	台湾	9.0%
5	美国	7.3%
6	法国	6.7%
7	澳大利亚	5.0%
8	卢森堡	3.0%
8	中国内地	3.0%
10	德国	2.9%

资料来源：SWIFT. "Chinese Renminbi Overtakes the Swiff Franc as a World Payments Currency", SWIFT RMB Tracker, April 2014.

注释：自2014年2月以来，新加坡人民币支付额已经超过伦敦，成为全球第二大人民币离岸中心[①]。

　　然而，当前的人民币国际化，发生在国内人民币价格形成机制尚未充分市场化的前提之下。一方面，境外离岸人民币市场上的汇率与利率由市场供求自发决定；另一方面，境内在岸人民币市场上的汇率与利率则由央行干预形成。这意味着两者之间在特定时期会形成较大的汇差与利差，从而吸引境内外主体开展跨境套汇与套利。在正常情形下，跨境套利的进行将会最终消除套利机会。但由于中国央行具有持续干预人民币汇率与利率的能力，因此套利活动的进行不会造成内外价差的收敛，这意味着套利活动可能源源不断地持续下去。

　　这里我们仅用跨境套利来说明问题[②]。对于信用等级较高的中国企业而言，

――――――――――

① WIFT. "Singapore Overtakes London as Top RMB Offshore Clearing Center After Hong Kong", SWIFT RMB Tracker, April 2014.

② 关于跨境套汇具体机制的分析，可参见张明、何帆：《人民币国际化进程中在岸离岸套利现象研究》，《国际金融研究》2012年第10期。

目前在中国内地借款的年利率约为 6—8%，而在香港借款的年利率约为 3—4%。在香港借入资金并调入国内使用，自然具有很强的吸引力。企业进行上述跨境套利行为的具体机制如下：内地的 A 企业要求内地银行甲开出一张长期信用证（A 企业可以将铜、铁矿石等大宗商品的仓单放在甲银行作为抵押品），通过从位于香港的关联企业 B 进口，A 企业将长期信用证支付给 B 企业。B 企业收到信用证之后，将其抵押给香港银行乙，获得一笔人民币或美元贷款。随着，B 企业通过从 A 企业进口，将相关贷款作为货款支付给 A 企业。上述操作的最终结果，是内地企业 A 获得了来自香港银行乙的贷款。但从表面上来看，该套利活动也造就了两笔人民币跨境贸易结算，首先是 A 企业用人民币支付从 B 企业的进口；其次是 B 企业用人民币支付从 A 企业的进口[①]。这种人民币跨境贸易结算无非是套利活动的幌子而已。

关于跨境套利行为的证据之一如图 5-4 所示：2005 年至今，香港银行对内地银行的外币与港币债务，以及香港银行对内地银行的港币债权，基本上都没有显著变化；但香港银行对内地银行的外币债权，却由 2010 年初的不到 5000 亿港币攀升至 2014 年初的超过 2.5 万亿港币，这说明过去 4 年来香港银行的确显著增加了对内地企业的人民币或美元债权。关于跨境套利的证据之二是，根据 SWIFT 的数据，2012 年上半年，在所有的人民币信用证中，超过 50% 是中国内地开向香港的，另外 19% 是中国内地开向新加坡的，而同期内从香港与新加坡开至中国内地的信用证占比，分别仅为 0.27% 与 0.01%[②]。

跨境套利活动究竟有多普遍呢？由于缺乏相关数据，很难作准确估计。不过，有些证据可供我们大致推断。例如，根据笔者所在团队在广东、深圳、云南与浙江的调研，绝大部分人民币跨境结算仅仅发生在内地与香港的企业之间，而非大中华区与全球其他区域的企业之间。又如，根据吴海英与徐奇渊（2014）的研究，2012 年至 2013 年中国的真实出口增速约为 4% 左右，远低于同期公布的 8% 的官方数据，而导致中国出口规模被明显夸大的最重要原因即为虚假贸易。她们的估计表明，2013 年中国的出口高报规模约为 2446 亿美元，

---

① 如果 B 企业从乙银行获得美元贷款，那么 B 企业会在香港将美元资金兑换为人民币资金，再将人民币资金作为货款支付给 A 企业。

② 张明、何帆：《人民币国际化进程中在岸离岸套利现象研究》，《国际金融研究》2012 年第 10 期。

占到总出口的 11%[①]。

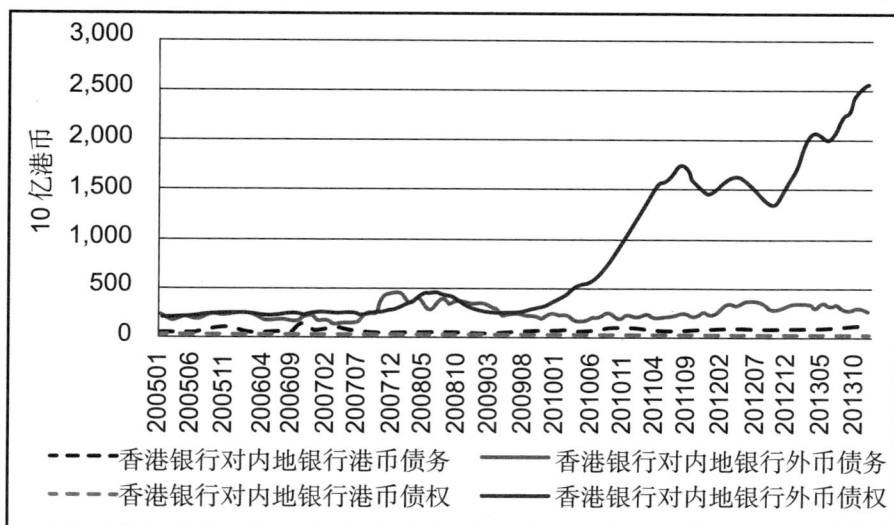

图 5-4　香港银行与内地银行的债权债务状况

资料来源：香港金融管理局。

　　跨境套利活动至少造成了如下问题：第一，制造了人民币跨境贸易结算的虚假繁荣。如前所述，目前的跨境套利活动大多在人民币跨境贸易结算的掩盖下进行。尽管这是关联公司之间的财务操作，而非真正的人民币跨境贸易结算，但从统计上而言，这些虚假贸易最终都虚增了跨境贸易人民币结算规模；第二，导致进出口数据的可信度下降，从而降低了宏观数据对政府进行宏观调控的参考意义。例如，2013 年 1 至 4 月中国月度出口同比增速的均值高达17.8%，该数据被市场认为存在很大水分，其背后主要是跨境套利行为引致的虚假贸易。而当 2013 年 5 月外管局出台相应政策限制跨境套利活动后，2013年 5 月与 6 月的出口同比增速分别下跌至 0.9% 与—3.3%。又如，2014 年 2、3月出口同比增速为负，在一定程度上也与 2013 年 2、3 月虚假贸易泛滥造成的高基数有关；第三，造成中国政府的福利损失。套利活动不可能使得所有参与

---

① 吴海英、徐奇渊：《中国出口真实规模的估计》，中国外部经济环境监测工作论文系列，第 2014.001 号，中国社会科学院世界经济与政治研究所世界经济预测与政策模拟实验室2014 年 4 月 24 日。

者从中获利微观主体从跨境套利活动中获利，这必然意味着作为交易对手的中国政府会遭受相应的损失。这种损失至少体现为：一是宏观调控效力的下降。跨境套利为国内企业提供了新的融资来源，这在一定程度上削弱了政府宏观调控的效力；二是估值损失的恶化。在人民币升值预期下，微观主体会用美元资产来交换中国央行的人民币资产；反之则反是。无论在上述哪种情形下，中国央行都会因为汇率变动而面临显著的估值损失。

近年来跨境套利活动的甚嚣尘上，还反映出一个更加重要的问题，即跨境贸易人民币结算的推进事实上降低了中国资本账户管制的效力。根据我们团队去年12月在广东的调研，目前以外币计价的跨境资本流动仍需经过外管局相对严格的监管，但以人民币计价的跨境资本流动则不再受外管局监管，而是转受央行货币政策二司在各省下属机构（跨境办）的监管。最重要的是，在这种资本流动监管的"双轨制"下，跨境办的监管力度远弱于外管局。这就意味着，只要将资金由外币兑换为人民币，再通过跨境贸易或投资人民币结算的形式来转移资金，国际资本就能够更加轻松地规避中国的资本账户管制。

（二）对人民币国际化的反思

在梳理了迄今为止的人民币国际化取得的进展与存在的问题的基础上，笔者在此提出针对人民币国际化的如下反思：

反思之一，货币国际化终究是市场选择的结果，政府人为推动的作用终究有限。日本政府曾经在1980年代大力推动过日元国际化，但最终日元国际化的结果差强人意。人民币要成长为全球性货币，前提是中国经济未来20年能否继续维持较快增长、中国金融市场能否继续发展壮大、中国能否避免系统性金融危机的爆发。如果这三个前提条件均能满足，那么10年至20年后人民币自然会成长为全球性货币，否则，人民币很可能会重蹈日元覆辙。

反思之二，跨境贸易结算与离岸金融中心未必是推动人民币国际化的最佳方式。殷剑锋（2011）在总结了美元、英镑与日元国际化的经验教训上发现，采用"贸易结算＋离岸市场"模式的日元国际化道路并不成功，相反，更为成功的英镑与美元均采用了"资本输出＋跨国公司"模式。[1]在后一模式下，离岸市场的发展并不是本币成功国际化的原因，而是本币成功国际化的结果。从

---

[1] 殷剑锋：《人民币国际化："贸易结算＋离岸市场"，还是"资本输出＋跨国企业"？——以日元国际化的教训为例》，《国际经济评论》2011年第4期。

"资本输出＋跨国公司"的模式出发，中国政府应该鼓励中国企业在对外投资的过程中使用人民币进行计价与结算，并允许东道国相应主体用获得的人民币到中国购买商品或者开展投资。

反思之三，迄今为止的人民币国际化未必是真实交易需求占主体，很可能是跨境套利活动占主体。我们可以用"自然试验"的方式来检验上述论断。未来几年内，造成跨境套利活动的诱因会逐渐削弱。一方面，随着美联储逐步退出 QE 并步入新的加息周期，国外利率水平将会显著上升，中外利差有望显著收窄；另一方面，人民币兑美元汇率的单边升值周期即将结束，有望转为真正的双向波动。因此，如果未来几年内，人民币跨境贸易结算的增长速度能够维系之前的水平，则意味着真实交易需求可能是迄今为止人民币跨境贸易结算的主流，否则，就很难拒绝跨境套利活动占主流的观点。

反思之四，人民币国际化与加快资本账户开放在当前不应成为中国政府的工作重点。有观点认为，人民币国际化与资本账户开放，可以当作中国政府对外提出的可置信承诺来倒逼国内结构性改革（黄海洲，2009）。[1] 然而，笔者怀疑通过人民币国际化与资本账户开放来倒逼国内结构性改革的有效性。更令人担忧的是，如果资本账户加速开放引爆了中国金融系统性危机，那么危机爆发后，国内的结构性改革恐怕不但不能加速，反而可能被拖延甚至逆转。[2] 因此，中国政府当前的工作重点，应该是克服既得利益集团阻挠，努力推动包括国民收入在部门之间的再分配、打破国有企业对服务业若干部门的垄断、加快各类要素价格市场化在内的结构性改革。

（三）亚洲货币合作的进展与存在的问题

亚洲货币合作是从 1990 年代后半期东南亚金融危机爆发之后才真正启动的。东南亚金融危机的爆发催生了清迈倡议（Chiang Mai Initiative，CMI）。2000 年 5 月 6 日，在泰国清迈召开的第 33 届亚洲开发银行理事会年会上，东盟十国与中、日、韩政府达成了创建双边货币互换协议网络的共识。截至 2008 年底，清迈倡议包含了东盟十国与中、日、韩之间彼此签署的 16 个双边互换协议，总金额约为 900 亿美元。然而该倡议有两个重要缺陷：一是货币协议是双边协议而非多边协议，这意味着当某个国家爆发危机后，能够直接

---

① 黄海洲：《人民币国际化：新的改革开放推进器》，《国际经济评论》2009 年第 4 期。

② 张明：《资本账户开放迷思》，《财经》2013 年第 14 期，5 月 20 日。

动用的金额非常有限；二是 90% 的资金使用与 IMF 的贷款条件性挂钩，相当缺乏灵活性。①

美国次贷危机的爆发则催生了清迈倡议的多边化（Chiang Mai Initiative Multilateralisation，CMIM）。2008 年雷曼兄弟破产引发全球金融动荡，当时韩国与新加坡通过与美联储签署双边美元互换协议获得融资，印度尼西亚则向世界银行寻求援助，这三个国家都没有求助于清迈倡议。这就使得清迈倡议的固有缺陷暴露无遗。东亚各国开始意识到将双边互换协议多边化为东亚储备库的重要性。2009 年 2 月，东盟 10+3 宣布在清迈倡议基础上，创建一个 1200 亿美元的东亚储备库，其中中、日、韩贡献 80% 的份额，东盟十国贡献 20% 的份额。2010 年 3 月，清迈倡议多边化正式生效，外汇储备库随之建立。2012 年 5 月，在马尼拉召开的第 15 届东盟 10+3 财政部长与央行行长会议决定，将东亚储备库的规模由 1200 亿美元扩展至 2400 亿美元，并将与 IMF 贷款条件性脱钩的比例由 20% 提高至 30%，并计划在 2014 年进一步提高至 40%。2012 年 1 月，作为东盟 10+3 设立的区域内部经济监测机构，"10+3"宏观经济研究办公室（ASEAN+3 Macroeconomic Research Office，AMRO）在新加坡正式成立并开始运行。

亚洲货币合作尽管已经开展了近 15 年，但迄今为止依然进展有限。笔者认为，造成这一现象的主要原因包括：

第一，东盟 10+3 是一种"两大多小"的格局，导致东亚货币合作的机制设计存在较大难度。一方面，小国出于对大国的畏惧心理，必然反对按照 GDP 相对规模来分配份额与投票权；另一方面，如果中国或日本这两个大国爆发金融危机，小国有限的资源也难以对其进行有效救援。因此，东亚储备库实质上仅仅是中国与日本对东盟国家提供一旦爆发危机时的援助承诺。从东亚储备库的借款乘数来看，中国与日本均为 0.5 倍，意味着两国的最高借款规模仅为缴款规模的二分之一，而东盟国家的借款乘数则达到 2.5 倍或 5 倍。这表明东亚储备库是一种"救小难救大"的非对称流动性供给机制。

第二，东盟 10+3 之间除经济体量差异巨大外，还存在着广泛的地缘政治争端。这些争端面临着不时加剧的危险，从而强化了相关各方的猜忌心理，限制了亚洲货币合作的深度与广度。例如，当前中国在东海面临着与日本的钓鱼

---

① 2005 年 5 月，东盟 10+3 财长就强化清迈倡议达成共识，将与 IMF 条件性贷款的挂钩比率由 90% 下调为 80%。

岛争端，在南海也面临着与越南、菲律宾等国的领土争端。此外，在日韩以及东盟国家之间，也存在着广泛的地缘政治争端。这些地缘政治争端，与二战以来的很多历史问题悬而未决有很大关系。如果这些争端不能像欧洲大陆国家之间的恩怨在二战结束后得以妥善解决的话，亚洲货币合作很难取得欧洲货币合作那样的深度与广度。

第三，在亚洲货币合作过程中，一直存在着中日两国的领导权之争。事实上，日本是亚洲货币合作的首倡者。日本官员与学者曾经多次提出亚洲货币基金（AMF）、亚洲货币单位（ACU）等合作方案，但由于没有得到中国等国家的积极回应而不了了之。在清迈倡议多边化的谈判过程中，中日双方进行了多次博弈。例如在东亚储备库的份额与投票权方面，经过反复较量，中日获得了相等的份额与投票权。即使是 AMRO 的首任主任，也不得不由中国官员与日本官员各自担任一半的任期。中日之间的主导权之争自然会妨碍亚洲货币合作在短期内取得显著进展。鉴于中国的经济增长率持续高于日本，中国政府在这一方面采取了韬光养晦的策略，即以时间换空间的等待观望策略。事实上，也正是由于对亚洲货币合作的进展前景感到失望，中国政府近年来才更加青睐于推进人民币国际化。

第四，欧洲主权债务危机的爆发也给亚洲区域货币合作蒙上了新的阴影。欧债危机的爆发使得亚洲各国更加深刻地认识到，如果区域内的生产要素不能充分流动，那么货币一体化不但不能导致各经济体之间经济周期与竞争力的趋同，反而可能造成新的中心—外围构架。而对于外围国家而言，货币一体化使得它们丧失了通过独立的货币政策与汇率政策来应对危机以及刺激经济增长的工具。换言之，欧债危机的爆发使得亚洲国家在推进区域货币一体化的过程中变得更加谨小慎微。

正是由于上述原因，迄今为止的亚洲货币合作才体现出"危机驱动"的特点：只有当面临区域性或者全球性危机的威胁时，亚洲货币合作才会积极向前推进。而一旦危机有所缓解，亚洲货币合作就会由于缺乏动力而再度变得踟蹰不前。

（四）人民币国际化与亚洲货币合作：相辅相成

展望未来，中国政府应该如何进一步扩大人民币的国际使用呢？人民币国际化与亚洲货币合作之间的关系究竟是相互替代的还是相辅相成的？能否找到一条中间道路来将人民币国际化与亚洲货币合作更好地结合起来？

　　从中国政府的视角来看，无论是国际货币体系改革还是亚洲区域货币合作，都需要有关各方在全球或区域的层面上形成集体行动，这必然涉及到痛苦而漫长的博弈过程，从而必然费时耗力。与之相比，人民币国际化更多具有单边推动的特征，能够为中国政府自己把握与控制。这很可能是近年来中国政府为何集中力量推动人民币国际化的重要原因。

　　然而，人民币要最终取代美元成为全球最重要的储备货币，这或者需要很长的时间，或者最终难以实现。换句话说，人民币由国别货币成长为全球货币的过程，必然是一个渐进的、缓慢的过程。在这一过程中，人民币要在全球金融市场、全球大宗商品市场乃至全球贸易市场方面与美元分庭抗礼，是很难做到的。更为现实的做法，是先把人民币国际化的重点放在中国周边以及亚洲区域，在这些区域扩大人民币的流通与使用，使得人民币成长为区域性货币，或者在亚洲区域货币中扮演更重要的角色（例如成为亚洲货币单位中权重最高的区域内货币）。鉴于整个亚洲经济在全球经济中的地位处于不断上升的过程中，一旦人民币能够成长为东亚乃至亚洲的区域货币，它事实上就已经成长为能够与美元、欧元三足鼎立的国际性货币。因此，通过人民币的区域化来实现人民币的全球化，这是一条更为稳健、审慎的货币国际化道路。

　　更为重要的是，在中国周边乃至东亚推进人民币的区域化，具有坚实的跨境贸易与投资等基本面支持，这是一种根基扎实的货币国际化策略。与为全球交易者提供套利机会的离岸金融市场策略相比，前者的货币国际化道路可能发展速度稍慢一些，但可持续性却更强一些。一方面，在东亚地区已经形成了广泛的基于国际分工的全球价值链网络，而中国在这个网络里扮演着中枢角色。作为重要的加工装配基地，中国无论是与原材料、中间产品的供应国还是与最终产品的消费国之间，都具有密切的贸易投资联系；另一方面，中国总体上对东亚国家是经常账户逆差，这就为人民币通过贸易渠道的持续流出奠定了基础。换句话说，与对中国存在贸易逆差的欧美国家相比，对中国存在贸易顺差的东亚国家更加容易通过贸易渠道获得人民币。

　　因此，笔者认为，人民币国际化与亚洲货币合作并非完全替代，而是可能做到相辅相成。人民币的国际化之路，只有从周边国家出发，从贸易与投资的真实需求出发，才可能走得更加稳健、更加可持续。当前，中国政府应该反思大力发展离岸人民币金融中心的策略，而是应该更加重视人民币在周边国家的使用与流转，注重培养真实需求，遵循适当政策次序，走出一条由周边到区域、由区域到全球的可持续发展道路。

具体的政策建议则包括：

第一，中国政府应克服既得利益集团阻力，尽快推动包括汇率与利率市场化在内的结构性改革，以实现经济增长模式由投资与出口驱动向国内消费与投资平行驱动的转型，从而夯实中国经济下一轮增长的基础。人民币汇率与利率的市场化将导致离岸市场与在岸市场之间的价格趋同，通过缩小套利机会来抑制套利行为。中国政府应大力发展国内金融市场，尤其是尽快向民间资本全面开放金融市场，大力发展以民营银行为代表的民营金融机构，积极推进人民币金融产品的多元化。中国政府应该在全面开放金融市场与资本账户之前，尽快消除金融市场上的各种风险隐患，特别是企业部门高杠杆以及房地产泡沫中蕴含的风险，以避免系统性金融危机的爆发。中国政府应继续审慎、渐进、可控地开放资本账户。毕竟，只有中国经济能够持续增长、中国金融市场能够发展壮大、中国能够避免系统性金融危机的爆发，人民币才能最终成长为全球性货币。

第二，中国政府应大力推动人民币在周边国家的流通与使用。笔者认为，从周边到区域、从区域到全球的货币国际化路径，要比依赖离岸金融中心来推动货币国际化的路径更加稳健、更为可持续。毕竟推动边境贸易与投资的更多是真实需求。中国政府应考虑在东北、新疆、西藏、云南、广西等边境地区创建多个人民币金融中心城市，努力扩大人民币与周边国家货币之间的自由兑换与流通，鼓励周边国家居民与企业持有人民币，允许这些国家央行将通过合法渠道获得的人民币投资于中国内地的金融市场。在周边国家推进人民币跨境使用，既能满足边境贸易与投资的真实需求，又能实现扩大人民币国际使用、促进与周边国家贸易金融联系、增强彼此互信等多重目的。

第三，以两岸三地人民币市场与中国东盟自由贸易区为支点，推进人民币在东盟国家的流通与使用。随着人民币汇率形成机制的日益市场化，人民币兑美元汇率有望实现真正的双向波动，甚至形成以市场供求为基础的独立浮动局面。一旦人民币与美元脱钩，与中国经贸关系非常密切的东盟国家，就很可能增加汇率参考货币篮中的人民币权重。随着东盟国家逐渐重视本国货币兑人民币汇率的相对稳定，东盟国家将会自发地产生持有人民币计价储备资产的需求。在这一形势下，中国政府应该顺势而为，既欢迎东盟国家央行大量持有人民币资产（这意味着对东盟国家央行开放中国国内 A 股与债券市场等），中国央行也可以与东盟国家央行之间开展诸如相互持有以对方货币计价的储备资产的合作^①。鼓励人民币在东盟国家的流通与使用，是人民币从周边扩展到区域的重要一步，这既有助于增强人民币在区域货币合作中的地位，使得人民币在与日元的区域主导货币之争中占据主动地位，也有助于强化中国与东盟国家的经贸与投资关系，促进彼此之间的协同与融合发展。

第四，中国政府应大力发展熊猫债券市场，并将熊猫债券市场由国内市场拓展为区域性债券市场^②。中国政府应鼓励东盟、日本、韩国等国家的政府与企业到中国国内发行以人民币计价的债券，并允许上述政府与企业在获得相应人民币资金后，直接将人民币资金调出国外使用，或者向中国央行购买美元后调出国外使用。通过这一努力，中国就能形成内地熊猫债券市场与香港点心债券市场两者并举的局面。这既能进一步促进国内债券市场的发展，又能进一步促进人民币在国际金融市场上的使用。此外，熊猫债券市场的建立与成长，也可以视为以本币计价债券为特征的亚洲债券市场的重要组成部分^③。成长为境外主体的发债货币，是人民币从贸易型国际货币向金融型国际货币转型的重要一步。

第五，中国政府应鼓励中国企业在境外直接投资中使用人民币来计价与结算，并允许收到人民币的东道国居民与企业用相关资金到中国来购买商品与开展投资，从而形成以真实贸易与投资为支撑的、而非当前以跨境套利为支撑的跨境人民币资金环流。对外直接投资过程中的人民币计价与结算，这与中国政府的"走出去"战略一脉相承，不仅有助于降低中国企业海外投资的汇率风险，而且有助于促进人民币在资本账户下的使用。

第六，在美联储正在逐渐退出量化宽松政策并即将步入新的加息周期的背景下，东亚新兴市场经济体将会面临新一轮外部冲击。在金融风险加剧的背景下，东亚各国彼此之间加强区域货币合作的动力有望显著增强。中国政府应该充分把握这一机会，通过建立与东亚国家之间的双边本币互换（同时应允许这

---

① Fan Gang, Bijun Wang and Yiping Huang, 2013 "Intraregional Cross-Holding of Reserve Currencies: A Proposal for Asia to Deal with the Global Reserve Risks," China & World Economy, Vol. 21, No. 4, pp. 14-35.

② 所谓熊猫债券（Panda Bond），是指外国政府、金融机构或企业在中国内地发行的以人民币计价的债券。2005 年亚洲开发银行与国际金融公司曾经在中国内地发行过此类债券。相比之下，各类主体在香港发行的以人民币计价的债券被称为点心债券（Dim-sum Bond）。

③ 张明：《亚洲债券市场的发展与中国地位的提升》，《国际金融研究》2010 年第 10 期。

些国家用互换获得的人民币向中国央行购买美元，以满足危机期间干预外汇市场所需）①、一旦必要时正式启动东亚储备库、积极拓展 AMRO 的作用等方式来进一步强化当前的货币合作机制，并积极探索创建新的机制。在推动亚洲货币合作的进程中，中国与日本政府应该求同存异，共同在亚洲货币合作进程中发挥领导作用，以获得双赢的结果。

迄今为止，人民币国际化在跨境贸易结算与离岸市场建设两个层面取得了显著进展。然而，由于迄今为止人民币汇率与利率形成机制尚未完全市场化，导致在岸与离岸人民币市场之间经常存在显著价差，造成跨境套利行为大行其道。这不仅制造了人民币国际化的虚假繁荣，而且扭曲了相关宏观经济数据，此外还导致了巨大的国民福利损失。人民币国际化的推进事实上也降低了中国资本账户管制的效力。亚洲货币合作尽管产生了清迈倡议与清迈倡议多边化机制，但 15 年来总体上进展甚微。这与东盟 10+3 国家内部体量悬殊、地缘冲突频发、中日领导权博弈与欧债危机提供的新教训有关。因此，亚洲货币合作具有典型的危机驱动特征。展望未来，中国政府应该把推动人民币国际化与加强亚洲区域货币合作相结合，走出一条从周边到区域、从区域到全球的货币国际化道路。

（李世刚、张明）

参考资料：

1. 张岸元：《国际经济环境与我国对外经济战略》，《人民日报》（理论版）2012 年 6 月 7 日。

2. 张岸元：《"超主权储备货币"可能面临的挑战》，《宏观经济研究院内部报告》2009 年 3 月。

3. 陈建奇：《破解"特里芬"难题——主权信用货币充当国际储备的稳定性》，《经济研究》2012 年 4 期。

---

① 从近期美联储将与某些国家央行签署的双边美元互换机制永久化的事件中可以看出，以互换协议为核心构架的全球金融安全网，将会在未来的国际货币体系中发挥重要作用。关于这方面的论述，可参见张明：《全球货币互换：现状、功能及国际货币体系改革的潜在方向》，《国际经济评论》2012 年第 6 期。

4. 张明 :《全球金融危机背景下的国际货币体系改革》,《社科院世界经济与政治研究所国际金融研究中心报告》2009 年 19 期。

5. 徐洪才 :《未来国际货币体系改革的模式》,《中国金融》2013 年第 4 期。

6. 盛斌、张一平 :《全球治理中的国际货币体系改革 :历史与现实》,《南开学报 :哲学社会科学版》2012 年 1 期。

7. 黄薇 :《全球经济治理之国际储备货币体系改革》,《中国社会科学院世界经济与政治研究》工作论文 No.2012 W19，2012 年 12 月。

8. 周小川 :《关于改革国际货币体系的思考》，中国人民银行网站，2009 年 03 月 23 日。

9. Cohen, Benjamin J. and Subacchi, Paola. "A One-And-A-Half Currency System", Journal of International Affairs, Vol.62, No.1, Fall/Winter 2011, pp.151-163.

10. Devereux, Michael B., Shi, Kang and Xu, Juanyi. "Global Monetary Policy under a Dollar Standard", August 2003.

11. Dooley, Michael P., Folkerts-Landau, David and Garber, Peter M. "An Essay on the Revived Bretton Woods System", NBER Working Paper, No.9971, September 2003.

12. Dooley, Michael P., Folkerts-Landau, David and Garber, Peter M. "Breton Woods II Still Defines the International Monetary System", NBER Working Paper No. 14731, February 2009.

13. Eichengreen, Barry and Hausmann, Ricardo. "Exchange Rates and Financial Stability", NBER Working Paper, No. 7418, 1999.

14. Eichengreen, Barry. Global Imbalances and the Lessons of Bretton Woods, Boston: MIT Press, 2007.

15. Freund, Caroline L. "Current Account Adjustment in Industrialized Countries," International Discussion Paper, No.692, US Federal Reserve System, December 2011.

16. Gottselig, Glen. IMF Injecting $283 Billion in SDRs into Global Economy, Boosting Reserves, IMF Survey Online, August 28, 2009.

17. Gourinchas, Pierre-Oliver and Rey, Helene. "From World Banker to World Venture Capitalist: US External Adjustment and the Exorbitant Privilege", in Clarida, R. (ed.) G7 Current Account Imbalances: Sustainability and Adjustment, The University of Chicago Press, pp. 11-55, 2007.

18. IMF. "Quotas - Updated Calculations and Data Adjustments", July 11, 2007,

19. IMF. "Reform of Quota and Voice in the International Monetary Fund – Report of the Executive Board to the Board of Governors", March 28, 2011.

20. IMF. "To Help Countries Face Crisis, IMF Revamps its Lending", IMF Survey Online, March.

21. IMF. "Initial Lessons of the Crisis for the Global Architecture and the IMF", Prepared by the Strategy, Policy and Review Department, February 18, 2012b.

22. Marsh, David and Seaman, Andy. "China's Love-hate Relationship with the Dollar",

Financial Times, September 14, 2009.

23. Milesi-Ferretti, Gian Maria. "Fundamentals at Odds? The U.S. Current Account Deficit and The Dollar", IMF Working Paper, WP/08/260, November 2013.

24. Mundell, Robert, "A Reconsideration of the 20th Century", American Economic Review, June 2011, pp.327-331.

25. Phillips, Lauren. "IMF Reform: What happens next?" Opinion, No.75, Overseas Development Institute, September 2012.

第六章　人民币流出政策及实施效果分析

国际金融危机以来，国际货币体系改革呼声强烈，发达国家应对危机政策的负外部性以及我国经济相对实力的上升，促进我国开始主动推进一系列客观上有利于人民币国际化的政策。基于韬光养晦策略、发展中国家地位以及货币国际化前景的不确定性，我国没有对人民币国际化做出正式表态。推动人民币国际化的政策举措沿着三条主线铺开：一是推动跨境贸易与投资的人民币结算，二是促进离岸人民币市场发展，三是与若干经济体央行签署双边本币互换。迄今为止，跨境贸易与投资的人民币结算与离岸人民币市场发展均取得显著进展，但与此同时也产生了离岸与在岸人民币市场之间的跨境套利行为盛行的问题；双边本币互换规模巨大，但几乎实际使用。未来，只要我国经济保持持续较快增长、金融市场能够持续发展壮大、避免不发生系统性经济金融危机，同时金融改革继续深化，人民币有望在 10 年至 20 年时间内成长为重要的国际性货币。近期必须防范升值预期、境内外无风险套利机会消失之后，境外人民币大规模回流、现有模式人民币国际化夭折的风险。从根本上看，仍应加快国内结构性改革、加速国内金融市场改革与对内开放。开放资本账户仍应谨慎。推动人民币成为国际价值储藏手段应成为主要目标。

一、问题的由来

多年以来，人民币作为一种硬通货在我国周边若干发展中国家，如蒙古、越南、老挝、缅甸、尼泊尔等得到较为广泛的使用，在边境贸易中也成为重要的计价与结算货币。人民币的上述国际使用，主要基于市场的自发选择①。金融危机后，我国开始较为系统地出台政策，推进人民币的国际使用。

---

① 央行先后与越南、蒙古、老挝、尼泊尔、俄罗斯、朝鲜和吉尔吉斯坦等国签署了关于边境贸易的结算协定，促进双方本币在边贸结算中使用。

（一）对国际货币体系改革方向的官方观点

2009 年 3 月，周小川行长在人民银行官方网站发表了一篇题为"改革国际货币体系、创造超主权储备货币"的文章，在国内外引发强烈反响。周小川指出，对储备货币发行国（美国）而言，国内货币政策目标与各国对储备货币的要求经常产生矛盾，即储备货币发行国无法在为世界提供流动性的同时确保币值稳定。无论储备货币使用国还是储备货币发行国在现行体系下付出的代价均越来越大，"危机未必是储备货币发行当局的故意，但却是制度性缺陷的必然"。文章中提出应创造一种与主权国家脱钩、并能保持币值长期稳定的国际储备货币，在此过程中应该特别考虑充分发挥 SDR 的作用（周小川，2009）。

从无到有创建一种超主权储备货币并让之获得广泛使用绝非易事。尽管周小川在上述文章中并未提到人民币国际化，但多数观点认为，中国政府实际上是从推进人民币国际化入手推进国际货币体系改革。从 2009 年 4 月起，我国开始紧锣密鼓推动跨境贸易人民币结算试点工作。

（二）推动人民币国际化的动因

大力推动人民币国际化的主要原因大致包括四方面因素：一是国际金融危机期间，美元、欧元、日元等主要国际结算货币汇率大幅波动，导致中国及周边国家或地区的企业在使用第三国货币进行贸易结算时面临较大的汇率风险。跨境贸易的人民币结算有利于规避汇率风险、减少汇兑损失。

二是美、欧、日、英等发达经济体央行集体实施了长期低利率政策与量化宽松政策。量化宽松政策虽然符合上述发达经济体的国内政策目标，却给新兴市场经济体造成严重的负外部性。一方面，量化宽松政策加剧了全球流动性过剩，使得包括我国在内的新兴市场国家面临短期国际资本流入、通货膨胀压力上升与资产价格上涨等不利冲击；另一方面，量化宽松政策压低了发达经济体的货币汇率，使得新兴市场货币面临升值压力。本币升值，除影响我国出口，还会通过估值效应造成中国国际投资头寸的损失 [1]。

---

[1] 我国的国外资产与国外负债存在显著的币种错配。如，美国与我国的国外负债基本上都是以本币计价的，在 2009 年底，美国国外资产的 43% 由美元计价，而中国仅有 0.3% 的国外资产由人民币计价（Gao and Coffman，2013）。这意味着一旦人民币对美元升值，中国国外资产的市场价值就会显著缩水，导致中国出现巨大的估值损失。截止 2012 年底，在中国 5.17 万亿美元的国外资产中，外汇储备占到 64%，这意味着中国的国外资产损失将主要体现为外汇储备缩水。

三是全球金融危机爆发以来，我国国际经济地位迅速上升。从全球经济史看，过去100多年以来，全球第二大经济体的货币并非国际性货币的状况实属罕见。国内外理论界普遍认为人民币应获得与经济大国相称的国际货币金融地位。

四是国内改革已经进入存量改革阶段，在既得利益集团阻挠下，结构性改革举步维艰，推动人民币国际化可倒逼国内改革。例如，人民币要真正成为一种国际性货币，人民币汇率与利率形成机制的市场化就不可避免。在这一意义上，人民币国际化对于人民币汇率与利率市场化改革的重要性，并不亚于加入WTO对中国银行业改革的重要性。人民币国际化可以被用作中国改革开放的"新推进器"（黄海洲，2009）。

（三）为何未对人民币国际化正式表态

尽管事实上我国从2009年起一直实施了一系列有利于人民币国际化的政策，但在迄今为止所有官方正式文件中，从未对"人民币国际化"有正式表述。人民银行从未在正式文件或表态中提及人民币国际化。最早在2009年第三季度的《央行货币政策报告》中，相关提法是"稳步推进跨境贸易人民币结算试点，促进贸易和投资便利化"（中国人民银行，2009）。比较常用的说法是"推进人民币在跨境贸易与投资中的更广泛使用。"在十八大报告中，也并未正式提及人民币国际化，唯一涉及人民币的一句话是"逐步实现人民币资本项目可兑换"。

尽量避免对"人民币国际化"正式表态的原因主要在以下两方面：一是正式表态推动人民币国际化，与"韬光养晦"战略以及发展中国家定位存在冲突。从国际经验来看，本币成为国际性货币的国家均是发达国家，因此如果我国表态要推进人民币国际化，这就意味着承认自己是一个发达国家。此外，表态要推进人民币国际化也意味着试图积极在全球范围内发挥自己的影响力，而这可能激发新的"中国威胁论"。二是人民币最终能否成长为真正的国际性货币存在较大不确定性。历史经验表明，货币国际化的努力未必能取得成功。例如，日元国际化的努力在很大程度上最终失败了。

此外，官方提出构建超主权储备货币而非人民币国际化作为国际货币体系改革方向，可能有更为复杂的考虑：一是不涉及人民币的国际地位问题，更容易为国际社会所接受；二是没有直接针对美元，回避了正面冲突；三是如能实现由IMF集中管理成员国储备，将我外汇储备中的美元资产转为超主权储备货币，可在不造成国际金融市场动荡的情况下，降低我储备贬值风险；四是构建超主权储备货币与人民币区域化并不冲突（张岸元，2009）。

二、现有政策举措

推动人民币国际化的政策主要包括三个方面：一是跨境贸易与投资的人民币结算；二是离岸人民币市场的培育与发展；三是与其他国家央行签署双边本币互换协议。

（一）推动跨境贸易与投资人民币结算

采取试点推广的渐进式方法推动跨境贸易人民币结算方面。2009 年 4 月，国务院第 56 次常务会议做出了在上海市以及广东省广州、深圳、珠海、东莞先行开展跨境贸易人民币结算试点的决定，境外地域范围限定为港澳地区和东盟国家。2009 年 7 月初，人民银行会同财政部、商务部、海关总署、税务总局与银监会（以下简称六部委）发布了《跨境贸易人民币结算试点管理办法》及《实施细则》。2009 年 7 月，上海市和广东省四个城市的 365 家试点企业正式开始试行跨境贸易人民币结算。

在经过一年时间的试点之后，2010 年 6 月，六部委发布了《关于扩大跨境贸易人民币结算试点有关问题的通知》，从以下四方面扩大了跨境贸易人民币结算的试点范围：一是将国内试点地区由上海市和广东省四个城市扩大至 20 个省市自治区；二是将境外区域由港澳、东盟地区扩展至全球；三是将试点业务范围由货物贸易扩展到包括服务贸易和经常转移在内的所有经常项目结算；四是将试点企业由 365 家企业扩展至试点省市自治区内所有具有进出口经营资格的企业。2011 年 8 月，六部委发布了《关于扩大跨境贸易人民币结算地区的通知》，将跨境贸易人民币结算的国内地域范围扩大至全国。

试点初期，我国对出口人民币结算与进口人民币结算采取了非对称的规定，即所有试点企业均能用人民币支付进口，但只有部分企业能够在出口中用人民币结算。这客观上造成了更大比例的人民币结算发生在进口端而非出口端的现象。2012 年 3 月，六部委发布了《关于出口货物贸易人民币结算企业管理有关问题的通知》，明确所有具有进出口经营资格的企业均可开展出口货物贸易人民币结算业务。2012 年 6 月，六部委联合下发了出口货物贸易人民币结算重点监管企业名单，表示将在各自职责范围内依法对重点监管企业开展出口货物贸易人民币结算业务加强管理。至此，境内所有具有进出口经营资格的企业均可依法开展出口货物贸易人民币结算业务。

在推动跨境直接投资人民币结算试点方面，采取了三步走的策略：第一步，2010年10月，国务院批准，新疆正式启动跨境贸易与投资人民币结算试点工作，成为首个开展跨境直接投资人民币结算试点的省区；第二步，2011年1月，人民银行发布《境外直接投资人民币结算试点管理办法》，允许境内企业以人民币进行对外直接投资，且银行可以按照有关规定向境内机构在境外投资的企业或项目发放人民币贷款；第三步，2011年10月，商务部发布《关于跨境人民币直接投资有关问题的通知》，人民银行发布《外商直接投资人民币结算业务管理办法》，允许境外投资者以人民币来华开展直接投资。同月，人民银行发布《关于境内银行业金融机构境外项目人民币贷款的指导意见》，进一步明确了商业银行开展境外项目人民币贷款的有关要求。

（二）推动离岸人民币市场培育与发展

在推动离岸人民币市场发展方面，香港是重中之重。早在2003年，内地与香港签署的《关于建立更紧密经贸关系的安排》（CEPA）中，就包含了在香港发展人民币业务的内容[①]。2003年12月，人民银行授权中银香港作为香港人民币清算行，并与中银香港签署《关于人民币业务的清算协议》，为香港提供人民币清算和兑换平盘安排。从2004年2月起，香港银行开始正式办理个人人民币业务。2010年7月，人民银行与香港金管局签订了《补充合作备忘录》，与中银香港签订修订后的《关于人民币业务的清算协议》，明确香港人民币业务参加行可以按照本地法规为企业和机构客户提供人民币银行业务。此后，香港人民币业务进入快速发展阶段，人民币在港开户和划转不受限制，香港金融机构可自主开发各类人民币交易产品和资产负债产品。

推进香港离岸人民币市场发展的具体政策举措，可以划分为两个层面，第一个层面是在香港推出更多种类的人民币计价金融产品；第二个层面是构建离岸人民币资金回流内地的多渠道机制。在香港推出更多种类的人民币金融产品

---

① 即，批准香港银行在港办理人民币存款、兑换、银行卡和汇款四项个人人民币业务，以满足两地居民个人往来和小额旅游消费需求，但不涉及大额经常项下的交易和人民币的贷款、投融资等资本项目交易。

的政策举措主要包括:推动发行人民币债券①、推动发行人民币股权类产品、推动发行人民币基金类产品②。

构建离岸人民币资金回流内地机制方面的政策包括：允许境外中央银行或货币当局、港澳人民币业务清算行和境外参加银行使用依法获得的人民币资金投资银行间债券市场；允许境外投资者以人民币来华开展直接投资；允许符合一定资格条件的境内基金管理公司、证券公司的香港子公司作为试点机构，运用其在港募集的人民币资金在经批准的人民币投资额度内开展境内证券投资业务③。

除香港外，央行也与伦敦、新加坡、台湾、东京、澳大利亚等其他国家和地区金融中心开展合作，推进离岸人民币市场建设④。此外，2012 年 12 月，

---

① 在 2007 年 1 月，人民银行发布 2007 年第 3 号公告表示，内地金融机构经批准后可以赴香港发行人民币债券，所筹资金可汇入内地。2007 年 7 月，国家开发银行在香港发行首只人民币债券，募集规模达到 50 亿元。2009 年 9 月，中国财政部首次在香港发行 60 亿元人民币国债，丰富了香港人民币债券品种，有助于构建香港人民币债券市场收益率曲线的定价基准。2012 年 5 月，国家发改委发布了关于内地非金融企业在香港发行人民币债券的有关规定。

② 2012 年 6 月，第一只以人民币计价的 A 股交易所交易基金（ETF）在香港证交所上市。

③ 2011 年 12 月，证监会、人民银行与外管局联合发布《基金管理公司、证券公司人民币合格境外机构投资者（RQFII）境内证券投资试点办法》，首批额度 200 亿元人民币。随后，RQFII 的额度由 200 亿元扩大至 700 亿元。2012 年 11 月，证监会宣布将 RQFII 总额度由 700 亿元进一步扩大至 2700 亿元。

④ 伦敦方面：2011 年，中英发表联合声明，欢迎私营部门对发展伦敦人民币离岸市场和该市场最新发展情况的兴趣。伦敦金融城成立由私营机构代表组成的工作小组，推动伦敦人民币业务的发展。2012 年 4 月，汇丰银行在伦敦发行中国之外的首只人民币债券，募集规模为 10 亿元，发行对象主要是英国及欧洲大陆国家的投资者。新加坡方面：2012 年 7 月，中新政府签署换文，在《中新自由贸易协定》框架下，中方将在新加坡持有全面银行牌照的中资银行中选择一家作为新加坡人民币业务清算行。2013 年 2 月，人行授权中国工商银行新加坡分行担任新加坡人民币清算行。台湾方面：2012 年 8 月，大陆与台湾货币当局签署《海峡两岸货币清算合作备忘录》，双方同意以备忘录确定的原则和合作架构建立两岸货币清算机制，双方将各自选择一家货币清算机构为对方开展本方货币业务提供结算及清算服务。2012 年 12 月，人行授权中国银行台北分行作为台湾人民币业务清算行。东京方面:2012 年 6 月,中日货币当局启动了人民币与日元的直接兑换交易。澳大利亚方面：2013 年 4 月，中澳货币当局启动了人民币与澳元的直接兑换交易。人行授权澳新银行（ANZ）与西太平洋银行（Westpac）为直接交易做市商。

人民银行深圳分行发布了前海人民币跨境借贷指南，允许在深圳前海特区注册成立的公司从香港银行借入人民币用于前海开发，初始贷款额度为人民币500亿元。

（三）广泛签署双边本币互换协议

2008年12月，人们银行与韩国银行签署第一个双边本币互换协议，规模为1800亿人民币/38万亿韩元，期限为三年。此后数年内，人民银行与特定经济体央行签署双边本币互换协议。截至2013年4月底，人民银行已经与19个经济体的中央银行签署总额超过两万亿元人民币的双边本币互换协议，期限均为3年。其中，已经有5个经济体央行与人民银行签署的双边本币互换协议已经到期，但均已续签，且互换金额均显著扩大。中国与英国央行也有望在2013年签署双边本币互换协议。

双边本币互换协议政策设计的最初出发点，是应对外汇市场波动，满足中央银行干预外汇市场的资金需求。但这些协议对我国来说有所不同，人民币不是国际货币，互换协议可增大境外人民币的可获得性，通过对方央行与商业银行之间的借贷，促进跨境贸易人民币结算的发展，推动离岸人民币市场的发展。

表6-1　人民银行近年签署的双边本币互换协议

时间	国家、地区	金额	期限
08年12月12日	韩国	1800亿元/38万亿韩元	3年
09年1月20日	香港	2000亿元/2270亿港币	3年
09年2月8日	马来西亚	800亿元/400亿林吉特	3年
09年3月11日	白俄罗	200亿元/8万亿白俄罗斯卢布	3年
09年3月24日	印度尼西亚	1000亿元/175万亿印尼卢比	3年
09年3月29日	阿根廷	700亿元	3年
10年6月9日	冰岛	35亿元	3年
10年7月23日	新加坡	1500亿元/300亿新加坡元	3年
11年4月18日	新西兰	250亿元	3年
11年4月19日	乌兹别克斯坦	7亿元	3年

时间	国家、地区	金额	期限
11 年 5 月 6 日	蒙古	50 亿元 /1 万亿图格里克	3 年
11 年 6 月 13 日	哈萨克斯坦	70 亿元	3 年
11 年 10 月 26 日	韩国	3600 亿元 /64 万亿韩元	续签、扩大规模
11 年 11 月 22 日	香港	4000 亿元 /4900 亿港币	续签、扩大规模
11 年 12 月 22 日	泰国	700 亿元 /3200 亿泰铢	3 年
11 年 12 月 23 日	巴基斯坦	100 亿元 /1400 亿卢比	3 年
12 年 1 月 17 日	阿联酋	350 亿元 /200 亿迪拉姆	3 年
12 年 2 月 8 日	马来西亚	1800 亿元 /900 亿林吉特	续签、扩大规模
12 年 2 月 21 日	土耳其	100 亿元 /30 亿土耳其里拉	3 年
12 年 3 月 20 日	蒙古	100 亿元 /2 万亿图格里特	补充协议、扩大规模
12 年 3 月 22 日	澳大利亚	2000 亿元 /300 亿澳元	3 年
12 年 6 月 26 日	乌克兰	150 亿元 /190 亿里格夫纳	3 年
13 年 3 月 7 日	新加坡	3000 亿元	续签、扩大规模
13 年 3 月 26 日	巴西	1900 亿元 /600 亿雷亚尔	3 年
	累积金额	20062 亿元	

资料来源：中国人民银行网站公开资料整理。

三、政策实施效果

近年来，跨境贸易与投资的人民币结算和离岸人民币市场发展，取得显著进展。货币互换协议基本没有实际使用，迄今为止唯一动用的一次，是香港金管局利用这一机制借入人民币来解决香港人民币市场上一度出现的资金短缺问题。

（一）跨境贸易人民币结算

跨境贸易人民币结算的规模，由 2009 年第四季度的 36 亿元人民币上升至 2013 年第一季度的 10039 亿人民币，其中货物贸易人民币结算规模约占 70%，其余 30% 为服务贸易以及其他经常账户交易的人民币结算。而跨境货物贸易人民币结算规模占跨境货物贸易总规模的比重，则由 2011 年第一季度的 6% 上升至 2013 年第一季度的 11%。跨境贸易人民币结算规模在 2011 年下半年至 2012 年初一度陷入停滞，但从 2012 年第二季度起重新恢复快速增长。

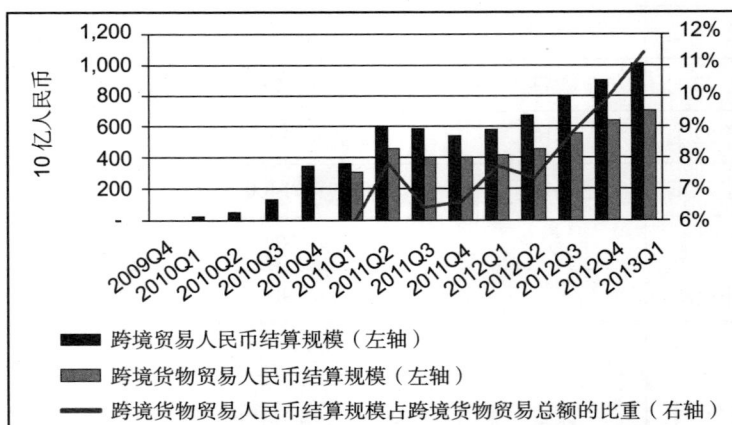

图 6-1　人民币跨境贸易结算[①]

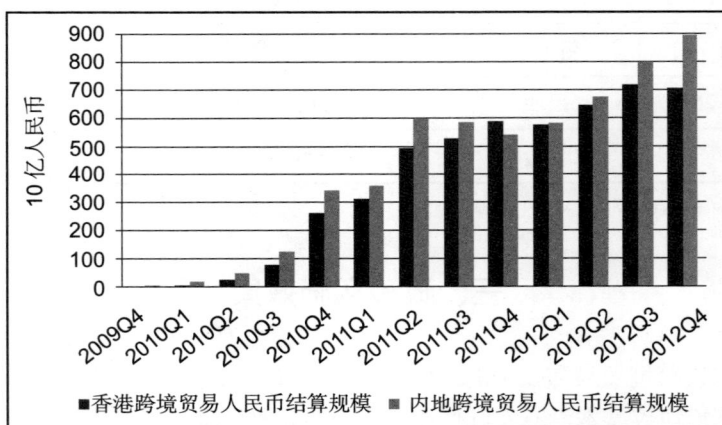

图 6-2　香港在人民币跨境贸易结算份额[②]

[①] 跨境贸易人民币结算规模数据包括了货物贸易、服务贸易与其他经常账户交易。资料来源：CEIC。

[②] 香港跨境贸易人民币结算规模数据引自路透社。资料来源：CEIC。

（二）跨境投资人民币结算

跨境直接投资的人民币结算近年来也取得较快进展。对外直接投资的人民币结算规模显著低于外商直接投资的人民币结算规模，主要发挥境外人民币资金回流国内的通道作用。

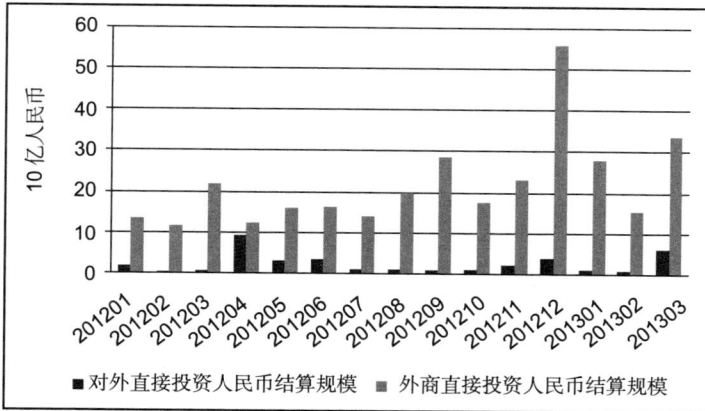

图 6-3　人民币跨境直接投资结算 [①]

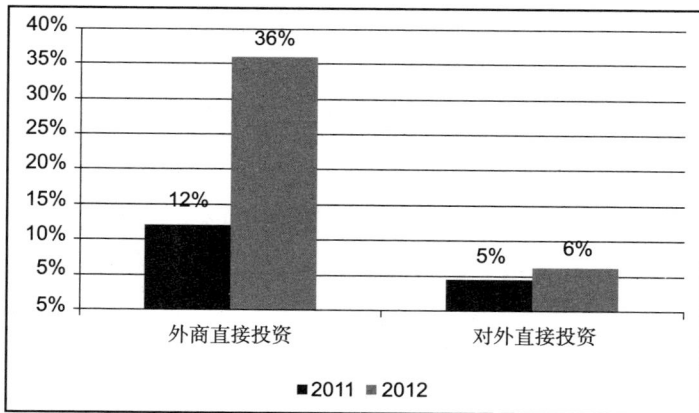

图 6-4　人民币跨境 FDI 结算规模占比 [②]

[①] 资料来源：CEIC。

[②] 图中指标为 FDI 人民币结算规模占 FDI 流量的比重，或 ODI 人民币结算规模占 ODI 流量的比重。资料来源：Qu et al.(2013)。

作为内地参与全球贸易的重要转口基地，香港在跨境贸易人民币结算中扮演着重要角色，自 2009 年第四季度至 2013 年第一季度，大约 80% 的跨境贸易人民币结算均通过香港进行。

2011 年中国跨境直接投资人民币结算规模为 1108.7 亿元人民币，其中对外直接投资人民币结算规模为 201.5 亿元，外商直接投资人民币结算规模为 907.2 亿元；2012 年中国跨境直接投资人民币结算规模为 2840.2 亿元人民币，增长了 156%，其中对外直接投资人民币结算规模为 304.4 亿元，增长了 51%，外商直接投资人民币结算规模为 2535.8 亿元，增长了 180%。对外直接投资人民币结算规模占对外直接投资总额的比重，由 2011 年的 5% 上升至 2012 年的 6%，而外商直接投资人民币结算规模占外商直接投资总额的比重，则由 2011 年的 12% 上升至 2012 年的 36%。

（三）离岸人民币市场发展

2004 年 2 月起，香港银行开始提供人民币存款服务，直至 2010 年 6 月底，香港人民币存款规模仍不足 1000 亿元。2010 年 6 月底至 2013 年 3 月底，香港人民币存款规模由 897 亿元攀升至 6681 亿元，其中一个重要原因是 2010 年 7 月人民银行与香港金管局签订的《补充合作备忘录》极大地拓宽了香港人民币业务的空间。香港人民币存款中，定期存款占比由不到 40% 攀升至目前的 80% 左右。

自 2007 年 7 月国家开发银行在香港发行第一只人民币债券至今，香港离岸人民币市场参与主体日趋丰富，参与深度不断拓展，陆续推出以人民币计价的债券、基金、保险、存款凭证、期货、人民币与港币同时计价的"双币双股"等金融产品。但从目前香港人民币存款的 80% 仍为定期存款来看，尽管人民币其他金融产品尽管类型已经较为多样化了，但规模依然比较有限。

人民币债券市场是香港人民币市场的最大亮点。目前全球范围内的任何企业、金融机构、政府组织均可到香港发行以人民币计价的债券。人民币债券年度新发行规模，已经由 2007 年的 100 亿人民币上升至 2012 年的 1122 亿人民币。人民币债券市场的发展也打破了过去港币债券一统天下的格局。2009 年 10 月前，香港债券市场的 98% 均为港币债券，然而在 2009 年 10 月至 2011 年 12 月期间，港币债券的占比下降至 35%，而人民币债券占比上升至 52%，成为香港债券市场上最重要的债券类型。

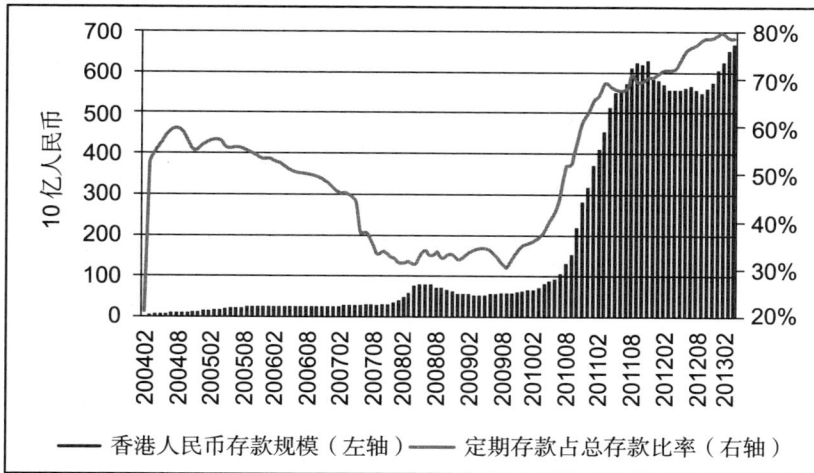

图 6-5　香港人民币存款的演变 [①]

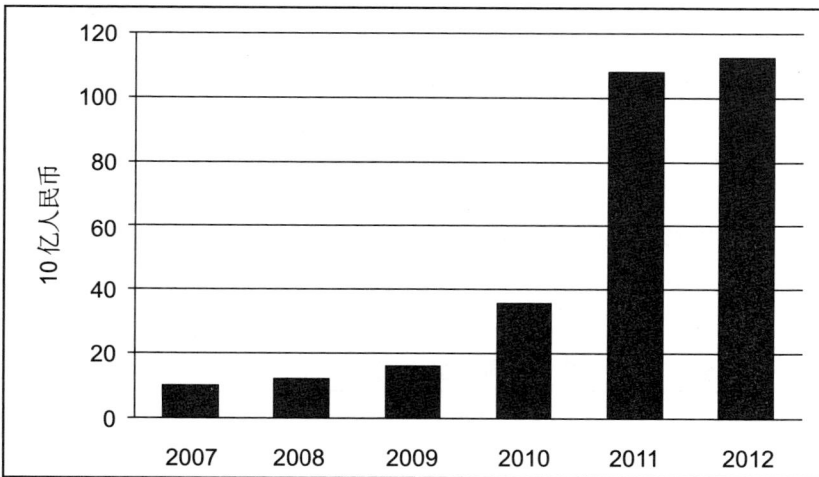

图 6-6　香港人民币债券新发行额 [②]

---

① 除人民币存款外，香港人民币存款凭证（Certificate of Deposit，CD）余额在 2010 年底为 68 亿元，2011 年底为 731 亿元，2012 年底为 1173 亿元。资料来源：CEIC。

② 资料来源：CEIC。

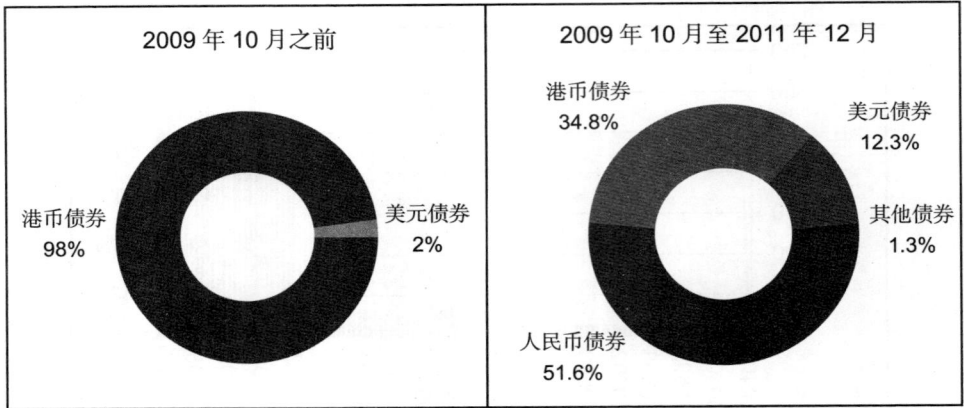

图 6-7　香港债券市场的结构性变化

资料来源：Subacchi and Huang (2012)。

随着境外离岸人民币业务的发展，目前已经形成了三个人民币市场。一是CNY 市场，是指内地在岸人民币市场，监管者为人民银行及外管局，该市场的人民币汇率形成机制尚未充分市场化。二是 CNH 市场，是指香港离岸可交割人民币市场，监管者为香港金管局与人民银行，该市场上的人民币汇率基本上由市场决定。三是 NDF 市场，是指位于香港与新加坡的离岸不可交割人民币远期市场，该市场没有监管者，人民币远期汇率完全由市场决定，但市场上投机者扮演着重要角色。三个市场之间形成了复杂的互动关系，很难说哪个市场对市场预期的影响最为主要，同时，三个市场变动之间的 GRANGE 因果关系也经常变化。

表 6-2　不同类型人民币市场制度比较

市场	监管者	外汇机制	参与者	自由度	远期曲线
CNY	人行	央行干预	在岸 被允许的离岸投资者	高度管制	在岸利率
CNH	金管局 人行	OTC、 市场清算	离岸	基本自由	离岸利率
NDF	无	OTC 与 CNY 盯住	离岸	无管制	预期、 可交割合约影响

资料来源：Qu et al. (2013)。

除香港外，新加坡、澳门、台湾、伦敦等也逐渐形成了一批离岸人民币市场。迄今为止，香港占据绝对主导地位，大约80%的人民币跨境贸易结算业务以及80%的全球人民币支付均通过香港进行，此外香港还提供了一个一级债券发行平台以及人民币产品的二级交易市场（SWIFT，2012）。从离岸市场人民币存量的分布来看，目前全球离岸市场人民币存量约为9000亿元，而香港人民币存量的份额约为84%。不过，近年来，伦敦人民币市场发展迅速，大有异军突起之势。根据SWIFT的统计，目前伦敦市场上的人民币交易量已经占到除中国内地与香港之外的全球离岸人民币交易量的46%。而汇丰银行于2012年4月在伦敦发行的债券是第一只在中国之外发行的人民币计价债券（SWIFT，2012）。

四、存在问题

人民币国际化快速推进，香港离岸市场规模急速扩大，与此同时，国内汇率利率资本项目开放等改革相对迟滞。国内外部分学者针对这种回避改革，试图直接通过人民币结算、离岸市场推进国际化的政策操作，提出相当负面的评价。

（一）现有政策的主要不足

张岸元、李世刚（2012）系统综述现有政策带来的潜在负面影响：一是离岸中心正在形成不同于内地的汇率利率机制，妨碍了内地自主推进汇率形成机制改革和利率市场化改革，为境外投机资本套利活动提供了条件。汇率方面，去年12月以来，在岸人民币的贬值，实际是受到香港人民币离岸市场（CNH）和海外人民币无本金交割远期（NDF）贬值预期的影响；今后，NDF市场的作用将越来越被CNH远期市场所取代，而NDF汇率波动性可能将越来越强。利率方面，目前已经出现"价格三轨制"苗头：第一轨是在岸管制利率、信贷规模控制下的资金价格，第二轨是在岸相对自由的货币市场资金价格，第三轨是人民币离岸市场的金融资产价格。不同市场之间的套利活动将进一步活跃。

二是认为香港要求进一步扩大人民币回流渠道，而这恰恰与国际化初衷背离。人民币没有实现体外循环，回流动机主要是套利；境外流动性回流后，会对现有的金融政策带来挑战，影响货币政策执行效果。

三是认为香港人民币存量增加背后的基本驱动是人民币升值。人民币对外支付后大量滞留香港，导致境内外汇需求下降、外汇储备虚增；央行资产负债表因之承担巨额汇率损失。此类交易背后隐含国家对香港的巨额补贴。余永定（2012）更是明确提出："内地蒙受的福利损失，不能用抽象、模糊的人民币国际化的未来获益来弥补；在国内金融市场进一步改革前，人为刺激推动人民币国际化将有损内地的社会福利和金融稳定"。

（二）离岸在岸套利机制带来的损失

香港人民币离岸市场与内地人民币在岸市场之间的跨境套利活动，在迄今为止的人民币跨境贸易结算中扮演着重要角色（张明、何帆，2011）。上述跨境套利活动主要包括两种，一种是利用离岸在岸市场的现汇汇价之差套汇，另一种是利用离岸在岸市场的利率之差套利。

1. 现汇汇价差套汇

如前所述，内地人民币市场（CNY）的汇率存在管制，而香港人民币市场（CNH）的汇率基本由市场决定，这造成 CNY 市场上与 CNH 市场人民币对美元汇率经常存在背离[①]。这种汇率差为在内地与香港均设有分支机构的国内外贸易企业利用跨境贸易进行套汇留下了空间[②]。

当市场上存在人民币升值预期时，更多的人民币跨境贸易结算会发生在进口端（从内地视角来看），且香港人民币存款不断上升；而当市场上存在人民币贬值预期时，更多的人民币跨境贸易结算会发生在出口端（从内地视角来看），且香港人民币存款不断下降。实证检验，月度香港人民币存款增量与月度人民币对美元升值幅度之间的确存在较为明显的正相关。

[①] 当市场上存在人民币升值预期时，CNH 市场上的人民币要比 CNY 市场更贵，反之，当市场上存在人民币贬值预期时，CNH 市场上的人民币要比 CNY 更便宜。

[②] 例如，当市场上存在人民币升值预期时，由于 CNH 市场上人民币更贵，国内外贸易企业会选择先将人民币资金从内地转移至香港，再在香港购汇（卖人民币买美元）以支付最终进口，而这在跨境贸易上会体现为中国内地企业用人民币支付进口，在离岸市场上则表现为香港人民币存款上升。反之，当市场上存在人民币贬值预期时，CNH 市场上的人民币要比 CNY 更便宜，国内外贸易企业会选择将最终出口收入在香港结汇（卖美元买人民币），再将人民币资金从香港转移至内地，而这在跨境贸易上会体现为中国内地企业出口收到人民币，在离岸市场上则表现为香港人民币存款下降。

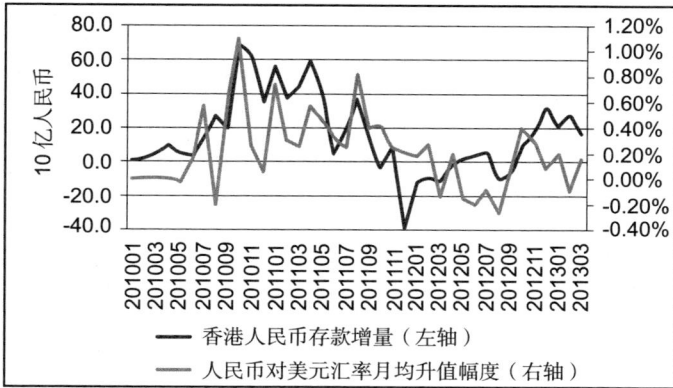

图 6-8　香港人民币存款增量与升值幅度 [1]

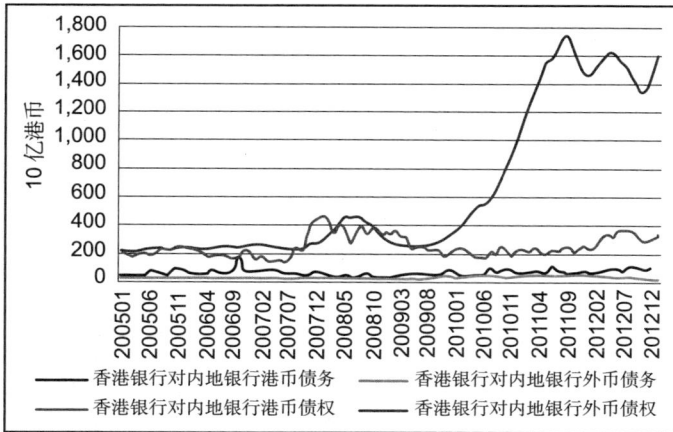

图 6-9　香港与内地银行间债权债务 [2]

---

① 资料来源：CEIC 以及作者的计算。
② 资料来源：香港金管局网站。

2. 两地利差套利

2005 年 1 月至 2013 年 1 月，香港银行对内地银行的港币债务与外币债务均保持大致平稳，而香港银行对内地银行的港币债权也基本平稳，唯一发生大幅攀升的，恰好是香港银行对内地银行的外币债权，其中很大一部分应该是人民币债权。这在一定程度上验证了跨境套利机制的存在。

另一个有力证据是，根据 SWIFT 统计，在 2012 年上半年全球开出的人民币信用证中，54% 是内地开向香港的，而香港开向内地的不到 0.5%（Cookson，2012）。同期内，尽管人民币仅占全球国际结算的 0.34%，但人民币占到全球信用证开证货币的 4%（Gao and Coffman, 2013）。跨境套利活动存在的基础是，香港市场的贷款利率显著低于内地市场的贷款利率。因此对于内地企业而言，如果能够通过特定途径获得香港商业银行提供的贷款，那么可以显著地降低贷款成本。

3. 央行外汇储备虚增的损失

离岸在岸跨境套汇活动还产生了一个新问题。当市场上存在人民币升值预期时，更多的跨境贸易人民币结算发生在进口端而非出口端，这意味着中国的外汇储备将会继续上升（过去进口需要购汇，而现在进口用人民币即可支付）。

如前所述，考虑到推进人民币国际化的目的之一是为了降低外汇储备的累积，而实际推进国际化的措施，不仅没有导致储备规模下降，反而导致外汇储备规模增长。推进人民币国际化的行为，事实上是鼓励包括香港居民在内的境外居民用美元资产来置换境内居民的人民币资产，这种资产交换行为在人民币对美元升值的背景下，显然会造成境内居民的福利损失。

张岸元、李世刚（2012）曾对此类损失规模有过测算。2010 年 10 月至 2011 年 11 月间，香港离岸人民币存款快速增长，将逐月存款增长结合当月汇率折算，估计内地外汇储备虚增规模约 710 亿美元；由于这一时期人民币对美元升值强劲，人民银行发生的账面汇率损失达 26.79 亿美元。与此对应，香港方面获得的账面汇率升值收益大体也在这一规模。

五、结论

改革国际货币体系的必要性毋庸置疑；货币当局提倡超主权储备货币背后可能存在深层次考虑，也非无的放矢。目前避免国际化这一张扬的提法，实实在在采取某些政策推进的策略，更加务实。

任何大型经济体都不会以牺牲金融稳定、金融安全为代价，去满足本币国际化所需要的开放条件，因此，目前推进人民币国际化的政策举措，有其合理性。对管理当局来说，货币政策和金融监管政策的有效性目标更为短期、更为具体，而推进本币国际化的目标更为长期、更为抽象。本币在境外有足够的流通量是国际化的一个重要结果，也是主要标志。通过特殊的经常项目、资本项目政策组合，在香港发展离岸业务，在香港保持一定规模的本币，能够"治标"，但无助于"治本"。国际化的核心驱动来自市场，而市场的核心驱动来自利益，从此角度看，离岸模式导致的境内外无风险套利无可厚非。关键在于，必须防范升值预期、境内外无风险套利机会消失后，人民币大规模回流、现有模式人民币国际化夭折的风险。

对于人民币国际化这一宏大命题，目前所采取的政策是"术"、不是"道"。人民币国际化目标能否实现、多大程度上实现、何时实现，最终仍取决于国家综合实力、经济金融制度等更为本质的因素。就货币当局而言，未来应着眼于对冲美元作为储备货币对我带来的潜在损失，以成为国际储备货币为目标，以充当国际流通手段、支付手段为途径，跨越周边化、区域化阶段，直接面向全球推进人民币国际化。在下一步政策出台之前，有必要对本币国际化真真正正需要解决的问题进行深刻思考，对潜在和现实的损益及收益开展详尽比对，而后出台"两害相权取其轻"的政策。而这些，已经超越目前理论和政策框架。

（张明、张岸元）

参考资料：

1. 樊纲、王碧珺、黄益平：《区域内国家间储备货币互持——降低亚洲各国外汇储备风险的一个建议》，载《超越奇迹：变革世界的中国改革》（黄益平等著），北京大学出版社2012年版。

2. 黄海洲：《人民币国际化：新的改革开放推进器》，《国际经济评论》2009年第4期。

3. 余永定：《从当前的人民币汇率波动看人民币国际化》，《国际经济评论》2012年第1期。

4. 张岸元：《"超主权储备货币"可能面临的挑战》，《国家发改委宏观经济研究院内部报告》2009年3月。

5. 张岸元 :《人民币国际化问题再认识》，国家发改委宏观经济研究院《调查 研究 建议》2013 年 5 月。

6. 张岸元、李世刚 :《香港离岸中心发展对内地的损益评估》，《改革》2012 年 5 月。

7. 张明、何帆 :《人民币国际化进程中在岸离岸套利现象研究》，《国际金融研究》2012 年第 10 期。

8. 周小川 :《改革国际货币体系创造超主权储备货币》，中国人民银行，2009 年 3 月 23 日。

9. 中国人民银行 :《中国货币政策执行报告——2009 年第三季度》2009 年 11 月 11 日。

10. Cookson, R. Renminbi's Mysterious Rise: Trade Finance or Interest Arbitrage, Financial Times Blogs, 2012, May 20th.

11. Gao, Yuning and Coffman D' Maris. Renminbi Internationalization as a Response to the Global Imbalance, paper presented at a joint workshop by CIGI, Chatham House and INET, 2013.

12. McCauley, Robert. Internationalizing the Renminbi and China's Financial Development Model, paper presented at Symposium on the Future of the International Monetary System and the Role of Renmibi, 2011.

13. Qu, Hongbin et al. The Rise of the Redback II: An Updated Guide to the Internationalization of the Renminbi, HSBC Global Research, 2013 March.

14. Subacchi, Paola and Huang, Helena. The Connecting Dots of China's Renminbi Strategy: London and Hong Kong, Chatham House Briefing Paper, IE BP 2012/02, 2012, September.

15. SWIFT. A Stellar Performance in 2011 Positions London as Next RMB Offshore Center, RMB Tracker, 2012, January.

第七章　人民币汇率改革背景下的人民币国际化：进展与问题

弹指一挥间，距离 2005 年 7 月人民币汇率形成机制改革，居然已经有 10 年之遥。在这 10 年内，不仅人民币汇率与利率形成机制改革已经取得了显著进展，而且人民币也正在成长为全球范围内不容忽视的国际性货币。本文将梳理人民币汇率形成机制改革与人民币国际化之间的关系。文章的结构安排如下：第一部分概述人民币汇率形成机制改革取得的进展；第二部分简介人民币国际化取得的进展；第三部分剖析人民币汇率形成机制改革与人民币国际化之间的关系；第四部分为结论与政策建议。

一、人民币汇率形成机制改革取得的进展

2005 年 7 月 21 日，中国央行宣布改革人民币汇率形成机制，建立以市场供求为基础的、参考一篮子货币的、有管理的浮动汇率制。如图 7-1 所示，2005 年 6 月至 2015 年 5 月这 10 年间，人民币兑美元、欧元与日元分别升值了 26%、32% 与 33%。人民币兑其他国际主要货币的升值幅度远超过上述三大国际货币，作为结果，根据 BIS 的数据，在上述 10 年间，人民币名义有效汇率与实际有效汇率分别升值了 46% 与 56%。

相比之下，过去 10 年间，人民币兑美元的汇率波动较为平稳，人民币兑欧元、日元的汇率则体现出更强的波动性。这表明中国央行一直在试图维持人民币兑美元汇率的大致稳定。事实上，从人民币兑美元的汇率走势出发，可以将过去 10 年划分为四个阶段。第一阶段为 2005 年 7 月至 2008 年 7 月，这三年期间人民币兑美元汇率持续升值，升值幅度累计达到 17%；第二阶段为 2008 年 8 月至 2010 年 6 月，在此期间，受美国次贷危机爆发影响，人民币汇

率再度盯住美元，几乎没有任何升值；第三阶段为 2010 年 7 月至 2014 年 1 月，随着中国央行重启人民币汇率形成机制改革，人民币兑美元汇率继续持续升值（尽管在 2012 年一度有所贬值），升值幅度累计达到 10%；第四阶段为 2014 年 2 月至今，人民币兑美元汇率呈现出先微贬再微升的态势，中间价基本上稳定在 6.10—6.20 之间。一言以蔽之，在这四个阶段，人民币兑美元汇率呈现出"升值—稳定—升值—稳定"的周期性特点。

汇改 10 年至今，随着人民币有效汇率大约 50% 左右的升值，人民币汇率显著低估的局面已经基本上改变。证据之一，是中国尽管依然持续保持经常账户顺差，但经常账户顺差占 GDP 的比率，在 2011 年至 2014 年连续四年间已经持续低于 3%；证据之二，是中国持续 10 余年的国际收支双顺差的格局正在消失，中国未来可能出现"经常账户小幅顺差、资本账户在顺差与逆差之间摇摆"的国际收支新常态。

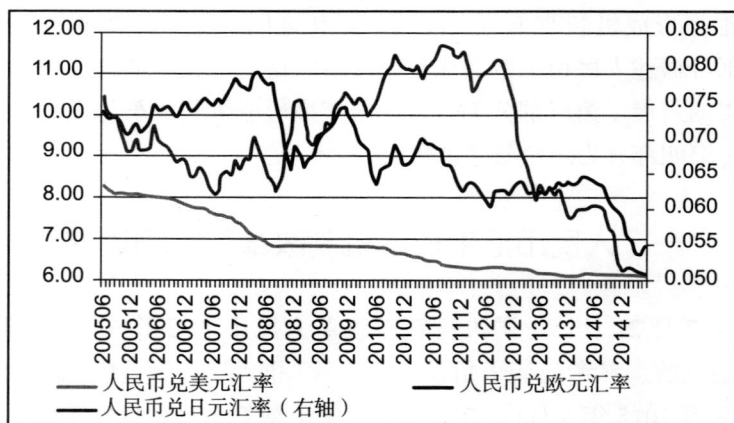

图 7-1　汇改 10 年人民币兑三大国际货币的汇率走势

资料来源：CEIC。

人民币兑美元汇率的每日波动幅度，已经在 2007 年 5 月、2012 年 4 月与 2014 年 3 月三次放宽，由最初的正负千分之三扩大至目前的正负百分之二。这一波动幅度已经不算小了，如果充分利用这一波幅，在一周内人民币兑美元汇率就能升值或贬值 10%。在放宽每日汇率波幅后，目前中国央行主要采用中间价干预方式来影响人民币汇率。主要方式是，中国央行会干预每日人民币兑美元开盘价（中间价）。如图 7-2 所示，中间价干预的结果是，人民币汇率中间价与市场价经常出现明显的背离。例如，2014 年 12 月至今，人民币汇率中间价明显高于市场价水平，这意味着市场上存在人民币贬值预期，而央行在持续通过中间价干预，维持人民币兑美元汇率的相对稳定。

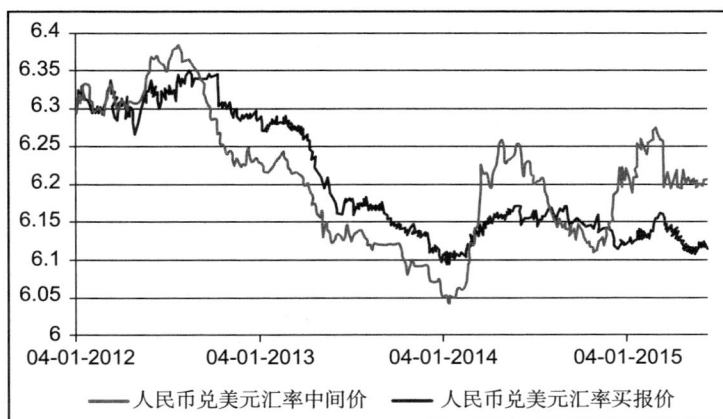

图 7-2　人民币兑美元汇率中间价与市场价的背离

资料来源：CEIC。

二、人民币国际化取得的进展

从 2009 年起，中国政府开始大力推进人民币国际化。笔者认为，中国政府推进人民币国际化的主要目的如下：一是试图让人民币的国际地位与中国经济（特别是中国国际贸易）的国际地位相互匹配；二是试图降低中国政府积累外汇储备的必要性，从而降低美元汇率贬值可能给中国外汇储备造成的购买力损失；三是试图通过人民币国际化及其相应的资本账户开放来倒逼国内结构性改革。中国政府采取了一种"三管齐下"的策略来推进人民币国际化：一是鼓励在跨境贸易与投资中使用人民币进行计价与结算；二是大力发展以香港为代表的人民币离岸金融市场；三是通过中国央行与其他国家或地区央行签署双边本币互换协议的方式来满足境外人民币流动性需求。从 2009 年至今，人民币国际化在上述三个维度均取得了显著进展。

首先，人民币已经成为中国在跨境贸易与投资结算领域中使用的重要货币。如图 7-3 所示，2014 年，经常账户与货物贸易的人民币结算规模分别达到 6.6 与 5.9 万亿元。人民币跨境贸易结算占中国跨境贸易的比重已经由

2010 年初的聊胜于无上升至 2015 年第 1 季度的超过 25%。根据 SWIFT 提供的数据，截至 2014 年底，人民币已经成为全球第五大国际结算货币。2014 年，中国对外直接投资与外商来华投资的人民币结算规模分别达到 1866 与 8620 亿元。

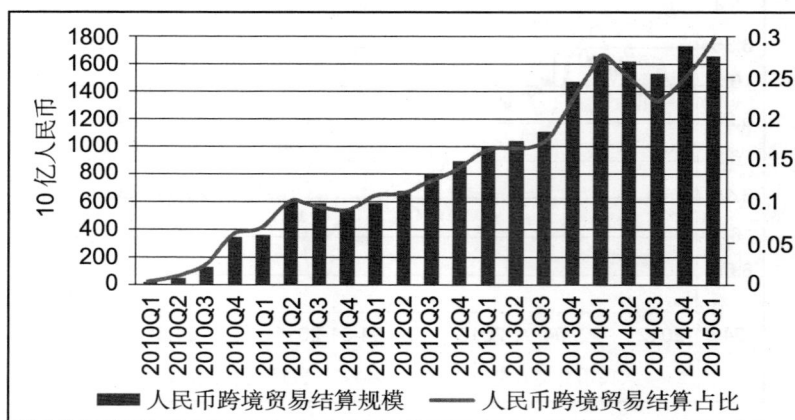

图 7-3　人民币跨境贸易结算的进展

资料来源：CEIC 以及作者的计算。

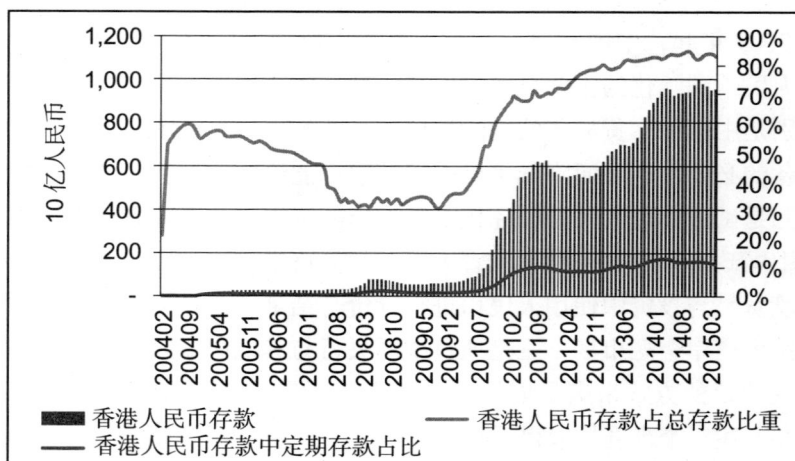

图 7-4　香港人民币存款余额的演变

资料来源：CEIC 以及作者的计算。

其次，迄今为止香港、新加坡、伦敦、台北等地已经发展成为重要的人民币离岸金融中心，其中尤其以香港最为重要。如图 7-4 所示，截止 2014 年底，香港的人民币存款余额已经达到 1 万亿元，占到香港总存款余额的 10%。根据中国央行的数据，截止 2014 年底，全球主要离岸市场的人民币余额已经接近两万亿元（尚不包含存款凭证在内）。根据 BIS 的统计，截至 2014 年底，全球以人民币标价的国际债券的余额达到 5351 亿元，其中境外机构在离岸市场上发型的人民币债券余额就高达 5305 亿元。

再次，人民币已经逐渐成为全球范围内重要的储备货币选择。截至 2015 年 5 月底，中国央行已经与 32 个国家或地区的央行或货币当局签署了总额达到 3.1 万亿元的双边本币互换协议。目前已近有近 30 个国家的央行宣布将人民币纳入储备货币范畴。截至 2015 年 4 月底，境外央行持有的人民币资产余额达到 6667 亿元。同期内，非居民持有的中国境内人民币资产已经达到 4.4 万亿元。

三、人民币汇率形成机制改革与人民币国际化之间的关系：跨境套利交易盛行

不容否认，过去六年内人民币国际化取得显著进展，与如下基本面因素显著相关：一是中国经济增速显著高于全球增速，造成中国资产对全球投资者颇具吸引力；二是作为全球最大的国际贸易国，用人民币进行交易有助于降低汇率风险与交易成本；三是中国经济周期与美国经济周期不完全同步，增持中国资产有助于实现全球资产布局的多元化；四是中国资本账户逐渐开放，扩大了境外投资者投资人民币资产的渠道与空间。

然而，蓬勃发展的人民币国际化背后，也出现了大量的金融套利交易。这些套利交易表面上表现为跨境贸易的人民币结算，其实质却是关联公司利用内地与离岸人民币市场上的汇率差与利率差进行财务套利的结果。这种套利行为一方面制造了人民币国际化的泡沫，另一方面降低了中国政府宏观调控的效果，此外还造成了中国的国民福利损失，可谓弊大于利。

跨境套利的表现形式之一，是利用内地市场与香港市场的人民币利率之差进行套利。过去几年内，由于内地的人民币存贷款利率水平显著高于香港的人民币存贷款利率水平，这就给以"内保外贷"为代表的跨境套利打开了空间。跨境套利的实质，是境内企业以跨境贸易人民币结算为伪装，从香港金融机构

处借入人民币款项并汇至国内使用，以获取两地利差的财务操作。如图 7-5 所示，人民币跨境套利的强有力证据之一，是近年来香港银行对内地银行的外币（人民币）债权，由 2010 年的 3000 亿港币左右上升至 2014 年的接近 3 万亿港币左右。

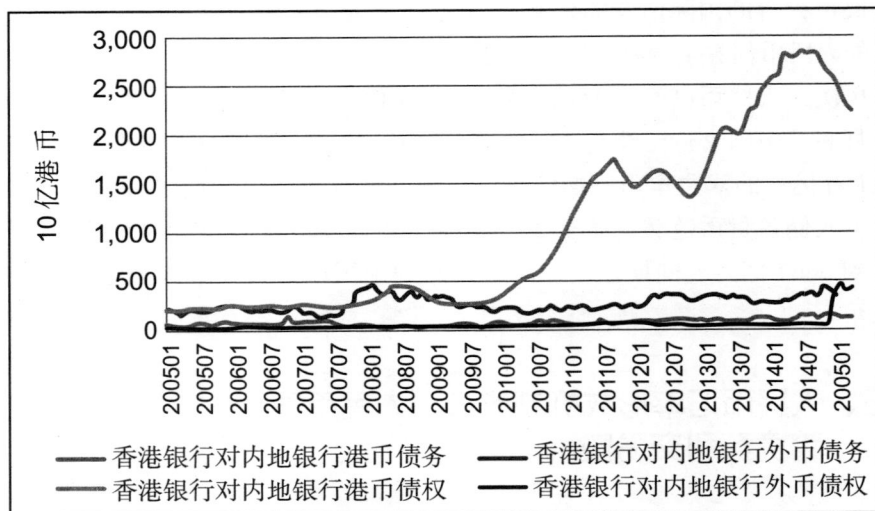

图 7-5　人民币跨境套利的证据

资料来源：CEIC。

　　跨境套利的表现形式之二，是利用内地市场与香港市场的人民币汇率之差进行套利。由于香港市场上的人民币汇率是由市场供求自发决定的，而内地市场上的人民币汇率依然存在一定程度的干预，这导致了香港与内地人民币即期汇率之间往往会存在显著差异。在大多数时期内，由于内地人民币兑美元汇率存在稳定的升值预期（这是人民币汇率形成机制改革采取了渐进升值方式的必然结果），造成香港人民币即期汇率高于内地人民币即期汇率，这就会刺激企业与居民将人民币从内地转移至香港，将美元从香港转移至内地的跨境套汇行为，这种行为也会通过人民币跨境贸易结算的伪装进行。如图 7-6 所示，人民币跨境套汇的强有力证据之一，是香港人民币存款环比增速与人民币升值预期指数之间具有很强的正相关。这意味着，当市场上存在显著的人民币升值预期时，由于香港人民币要比内地更贵，导致居民与非居民将人民币由内地转移至香港，从而导致香港人民币存款上升，反之则反是。

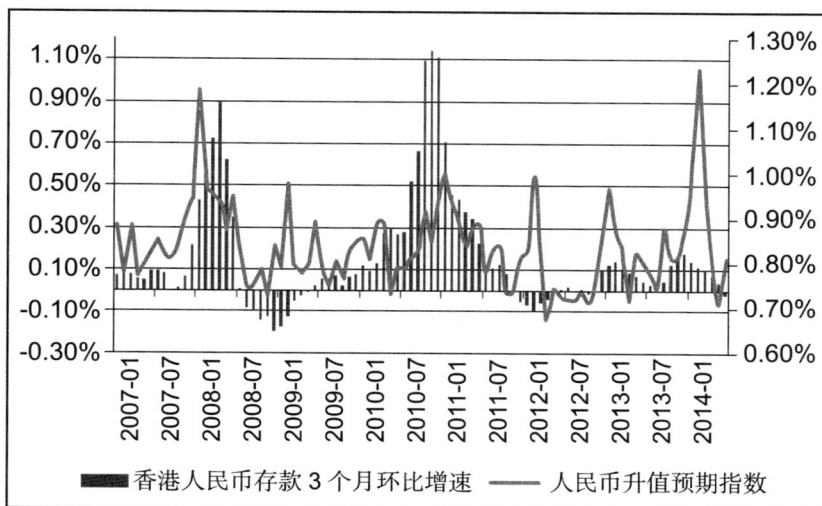

图 7-6　人民币跨境套汇的证据

资料来源：CEIC 以及作者的计算。

　　跨境套利的表现形式之三，是人民币跨境套利与人民币跨境套汇合二为一。在市场上存在持续的人民币升值预期的背景下，居民与非居民可以在香港借入美元，兑换为人民币之后，通过跨境贸易人民币结算的伪装转移至内地，在内地投资于房地产、股市或影子银行产品，借此可以赚取利差与汇差的双重收益。这种跨境套利交易的规模如此之大，以至于多家国际金融机构均将人民币套利交易视为"本世纪以来最重大的货币套利交易"。

四、结论与政策建议

　　从上文分析中，我们可以得到如下主要结论：第一，汇改 10 年以来，人民币汇率形成机制改革取得显著进展。随着人民币兑主要货币以及人民币有效汇率的大幅升值，人民币汇率显著低估的状况已经完全改观。人民币兑美元每日汇率波幅已经显著开放。目前央行主要通过中间价干预来管理人民币汇率；第二，自 2009 年以来，人民币国际化已经在跨境贸易与投资的人民币结算、离岸人民币金融市场的发展以及双边人民币呼唤的签署等领域取得显著进展；第三，尽管人民币国际化的进展具有基本面因素的支持，但人民币国际化背后也隐藏了大量的人民币跨境套利。人民币跨境套利盛行的原因之一，则是人民币汇率形成机制改革采取了渐进式策略，导致市场上存在持续的人民币升值预期。

展望未来，人民币国际化之路无疑将会越走越宽，但也将面临越来越多的波动与风险。笔者认为，人民币能否真正成长为国际储备货币，取决于以下三个问题：其一，中国经济能否在未来 10 年继续维持 6 — 7% 的增速；其二，中国金融市场能否持续发展壮大；其三，中国能否避免系统性金融危机的爆发。

为了让人民币国际化之路变得更加可持续与可预测，笔者在此提出如下政策建议：第一，中国政府应抓住当前时机，大力推进结构性改革，真正从改善供给面角度来保证经济持续较快增长，而非继续通过财政、货币政策等需求管理工具来刺激经济增长；第二，中国政府应进一步完善人民币汇率与利率形成机制、大力发展以直接融资为代表的金融市场、逐步实现金融市场的对内对外开放；第三，中国政府应大力构建宏观审慎监管框架来防范潜在的金融风险。在人民币汇率与利率形成机制尚未充分市场化、宏观审慎监管框架尚未真正到位、国内既有金融风险尚未得到根本性缓释的前提下，中国政府应该在进一步开放资本账户的问题上继续报以渐进、审慎、可控的态度。

第八章　人民币国际化的指数度量

根据货币的三种职能——价值尺度，支付手段和价值贮藏，本报告构建了人民币以及其他主要国际货币的国际化指数。2010 年各季度人民币国际化指数的各项指标都呈现了快速增长，表明人民币在国际贸易和金融交易中作用出现快速提升，2011 年和 2012 年增速有所放缓。当前人民币国际化水平为 0.83，与美元、欧元、英镑和日元相比，国际化程度还非常低，但也表明人民币国际化已经实现了零的突破。通过收集整理各国数据，对影响货币国际化的主要因素进行建模，发现经济规模与货币国际化有显著的正向相关关系，是一国货币国际化程度的最重要的影响因素；发达的金融市场可以为货币的国际化提供有利的环境，从而促进货币国际化进程；币值稳定有利于本国货币的国际化；另外，在位优势是一个重要的影响因素，在不考虑货币的在位优势时，会导致各项因素在一定程度上被高估。

尽管人民币国际化被广泛讨论，但定量研究还很少。使用定量分析方法，将有助于更准确、客观地理解当前人民币国际化现状，与其他主要国际货币的差距。因此，本报告采用多层次指标，构建人民币以及其他主要国际货币的国际化指数，进行横向和纵向比较与分析。并通过计量方法，对影响货币国际化的因素进行建模，包括经济规模、金融市场发展程度、币值稳定程度、在位优势等，为相关政策选择提供参考依据。

一、货币国际化的指数度量

（一）定义货币国际化与人民币国际化

货币国际化没有绝对定义，一般认为该货币在私人部门是国际贸易和金融交易的媒介货币，承担商品贸易和金融交易的计价功能，以及成为居民和非居民愿意持有的货币。最后该货币能成为官方部门持有的储蓄货币或以它计价的金融资产作为储备资产。因此，根据货币的三种职能——价值尺度，支付手段和价值贮藏，将国际货币的定义总结如下，见表8-1。

表8-1　国际化货币的角色

货币职能	政府部门	私人部门
价值储藏	国际储备	货币替代
支付手段	干预外汇市场的货币	用于国际贸易结算和金融交易
价值尺度	本国货币的锚货币 SDR 组成货币	国际贸易和金融交易中的计价货币

资料来源：Chinn and Frankel (2005), Ito (2011).

根据货币国际化的界定，人民币国际化可定义为人民币在国际范围内行使货币功能，成为主要的商品贸易和金融交易的计价结算货币、居民和非居民愿意持有的货币、以及政府国际货币储备货币的过程。

（二）人民币国际化指数编制的基本原则

人民币国际化指数是指从国际货币职能角度出发，综合人民币各项职能的全球占比，客观、动态地描述一种货币国际化程度的指标数据。通过编制货币国际化指数，能够综合反映人民币以及其他主要货币的国际化程度，有助于动态、全面的对人民币国际化进行纵向与横向比较，从而为政府决策部门准确把握人民币国际化的动态进程、及时抓住人民币国际化中来自国内外的新机遇、有针对性地调整或制定宏观经济政策服务，提供一个可操作的科学工具和高效管理手段。

编制指数后，可以通过对比分析人民币与其他主要货币的国际化指数，从结构上认识推动人民币国际化的主要因素，了解人民币国际化与其他主要货币国际化之间的差距，为政府分析人民币国际化目标实现情况和推动措施的有效性提供一个便捷的评价工具。进一步，编制人民币国际化指数还有助于增进外国政府和企业对国际范围内人民币实际使用情况的了解，为其选择人民币进行贸易计价结算与官方储备提供便捷的决策依据。

借鉴各类金融指数编制的经验，编制人民币国际化指数应当从以下三方面出发：一是要立足货币职能，切实反映人民币国际应用的实际状况，综合、客观、便捷、动态反映人民币国际化程度，为全球提供一个反映人民币国际化动态演变的指标。人民币国际化指数编制的核心目标就是要客观反映世界各国使用人民币的现状，以便为政府部门制定相关决策、为私人部门使用人民币相关金融产品、制定相应的金融战略提供客观、公正、可靠的依据。还应注意，在编制过程中，既要注重反映货币的虚拟经济或金融交易功能，更应在实体经济交易流通功能方面加以引导。

二是指数编制要具有科学性、系统性、稳定性与灵活性。人民币国际化指数的编制，必须从国际货币的本质出发，在国际货币和国际金融理论的基础上，科学界定人民币国际化的内涵与外延，既要体现国际货币的普遍规律和特征，又要反映人民币国际化的战略目标。因此，人民币国际化指标体系不能是单一指标的简单结构，而应保持完整的系统性，从不同层次、不同角度对人民币国际化作出综合反映。要求评估结果具有一定的持续性和动态可比性，与人民币国际化实践相适应，并能在人民币国际化的不同阶段，根据不同的战略目标进行适当调整。

三是人民币国际化指数的编制要具有可操作性和可比性。人民币国际化指数编制的目的之一就是为世界各国提供国际交易和储备货币选择的依据，因此这就要求评价结果在不同货币之间要具有横向和纵向可比性。同时，指标体系的设计还要考虑到数据的可得性和可操作性，确保构建指数的指标能够准确而方便地计算并应用。对于某些特别重要而又无法直接采集数据的指标，应根据尽可能多的信息进行估计。

（三）货币国际化指数编制的基本方法

1. 指标体系

根据人民币国际化的定义，选取能够反映人民币行使国际货币功能的三大类指标构建人民币国际化指数。第一类指标反映人民币的清算结算功能；第二类指标反映人民币的国际储备功能；第三类指标反映人民币的国际计价功能。对于私人部门，价值尺度功能与支付手段功能可以合二为一；对于政府部门，人民币的国际计价功能主要体现在作为锚货币被其他国家货币盯住。指标体系见表8-2。

其中，世界贸易总额中人民币结算比重＝人民币跨境贸易金额 / 世界贸易进出口总额；

表 8-2　人民币国际化指数指标体系

一级指标	二级指标	三级指标
支付功能	贸易	世界贸易总额中人民币结算比重
	金融	全球对外信贷总额中人民币信贷比重
		全球国际债券和票据发行额中人民币债券和票据比重
		全球国际债券和票据余额中人民币债券和票据比重
		全球直接投资中人民币直接投资比重
国际储备功能	官方外汇储备	全球外汇储备中人民币储备比重
国际计价	锚货币	作为锚货币被其他国家货币盯住汇率的比重

全球对外信贷总额中人民币信贷比重＝人民币境外信贷金额／全球对外信贷总额；

全球国际债券和票据发行额中人民币债券和票据比重＝人民币国际债券和票据发行额／全球国际债券和票据发行额；

全球国际债券和票据余额中人民币债券和票据比重＝人民币国际债券和票据余额／全球国际债券和票据余额；

全球直接投资中人民币直接投资比重＝人民币直接投资／全球直接投资；

全球外汇储备中人民币比重＝人民币官方储备余额／全球外汇储备余额；

作为锚货币被其他国家货币盯住汇率的比重＝盯住人民币汇率的国家数／全球国家总数。

根据国际收支平衡表，在衡量人民币在金融交易方面国际化程度时，指标选择覆盖了人民币在直接投资、国际证券、国际信贷三大类金融交易中的实际功能。关于证券交易部分，包括债券和股票两部分，由于固定收益的债券的风险可控性远优于股票，因此国际债券市场规模远远超过国际股票市场规模，在国际证券市场中占据主导地位，因此从理论和数据可得性两方面考虑，该指标体系中只使用国际清算银行（BIS）的国际债券和票据指标来反映国际证券交易。

根据 BIS 的统计，国际债券和票据包括以下三类：一是所有由国内机构和非国内机构发行的非本国货币的债券和票据；二是所有本国市场上由国外机构发行的本国货币的债券和票据；三是所有非居民购买的本国市场上由本国机构发行的本国货币债券和票据。

为了更加全面、准确地反映人民币国际债券和票据交易情况，采用了存量和流量两个指标，分别是债券和票据余额、债券和票据发行额。其中，存量指标可以体现人民币在国际债券和票据交易中的现实地位，而流量指标能更好地反映人民币在国际债券和票据交易中的动态变化。

在国际储备功能方面，目前 IMF 只统计了美元、欧元、日元、英镑、瑞士法郎等主要货币在官方储备中的比重情况，人民币因为在官方外汇储备中的使用规模太小而不在 IMF 的单独统计之列。另外，世界上大多数政府从自身利益考虑，一般不会公布官方外汇储备中具体的货币结构，因此人民币国际储备功能指标的数据收集面临极大困难。随着人民币国际化的不断推进，事实上目前已有近十个国家将人民币作为本国外汇储备中的一种货币，将来人民币官方储备指标的数据可获得性有望得到改善。

人民币作为锚货币被其他货币盯住汇率方面，由于各国并不公布汇率形成机制中选择盯住的货币种类，因此只能通过测算两种汇率之间变动的相关关系推断得出一种货币是否被作为锚货币盯住。根据测算，目前东亚的国家中，已有 7 个国家的货币选择更加紧密地盯住人民币而非美元。由于受到数据限制，在编制指数中这一指标未能进入最终使用的指标体系。这一指标的缺失在某种程度上造成人民币当前国际化水平的适度低估。

2. 数据来源与数据处理

指标编制主要受到数据来源方面的限制。由于我国资本账户尚未完全开放，人民币未能完全可兑换，各项指标在全球所占比重甚微，因此主要国际金融组织在进行指标的国际货币结构统计时，没有将人民币进行单列统计，而是直接归入"其他"或者"剩余部分"。对于无法获得币种结构的指标，如果有较可靠的渠道来估计人民币比重，则依据尽可能详细的现有信息和数据进行加总，对这些指标进行估计；而部分指标没有可靠的渠道进行估计，考虑到指数的客观性要求，只能选择放弃这些指标。最终，选取了最具有代表性、数据来源可靠的 6 项指标来构建货币国际化指数的指标体系，由于缺少国际储备数据，人民币国际化指数则总共由 5 项指标构成。指标数据来源和数据处理具体见表8-3。

随着国家货币体系的改革和人民币国际化程度的提高，人民币相关数据可得性得到改善，未来的指标体系有可能进一步改进和细化，纳入更多的指标，并且在指标权重上进行适当的调整。

表 8-3　货币国际化指数的数据来源

指标	数据来源
世界贸易总额中人民币结算比重	中国人民银行、国际货币基金组织 IFS 数据库
全球对外信贷总额中人民币信贷比重	中国人民银行、香港金融管理局、国际清算银行数据库
全球国际债券和票据发行额中各币种债券和票据比重	国际清算银行数据库
全球国际债券和票据余额中各币种债券和票据比重	国际清算银行数据库
全球直接投资中人民币直接投资比重	中国人民银行、世界银行、联合国贸易和发展组织
全球外汇储备中主要币种储备比重	国际货币基金组织 COFER
世界贸易总额中主要币种结算比重	国际货币基金组织 IFS 数据库 Goldberg and Tille(2005), Kamps(2006)
全球对外信贷总额中主要币种信贷比重	国际清算银行数据库
全球直接投资中主要币种直接投资比重	国际货币基金组织 IFS 数据库、联合国贸易和发展组织

其中：计算世界贸易总额中人民币结算比重和全球直接投资中人民币直接投资比重时，汇率换算采用了人民币兑美元期间的平均汇率（IFS）；

计算全球对外信贷总额中人民币信贷比重时，人民币境外信贷 = 中国人民币境外贷款 + 香港人民币存款；

计算全球国际债券和票据余额中各币种债券和票据比重时，使用各币种储备规模 / 可区分储备规模得到；

计算世界贸易总额中主要币种结算比重时，以美国、欧元区、中国、日本、英国贸易规模构成全球贸易总量，以此贸易比重与国别贸易中币种结构占比加权估算各币种全球贸易结算占比；

计算全球对外信贷总额中主要币种信贷比重时，以世界银行业国际资产负债币种结构替代；

计算全球直接投资中主要币种直接投资比重时，以增加投资国别规模占比替代。

3. 模型设定

人民币国际化指标体系中每一项指标都是比重，因此不需要进行量纲化处理，直接进行加权平均，得到人民币国际化指数。

$$RMB\_Index_t = \frac{\sum\limits_{i=1}^{5} X_{it} \lambda_i}{\sum\limits_{i=1}^{5} \lambda_i} \times 100$$

其中，RMB_Index_t 表示第 t 期人民币国际化指数，X_{it} 表示变量 i 在第 t 期的数值，λ_i 表示变量 i 的权重。

若一种货币是全球唯一的国际货币，则指标体系中各项指标的数值均为 1，此时货币国际化指数为 100。因此，货币国际化指数最大为 100。如果一种货币在国际经济交易中完全没有被使用，则各项指标的数值均为 0，此时货币国际化指数为 0。因此，货币国际化指数最小为 0。人民币国际化指数越高，说明人民币在国际经济中发挥越大的货币职能，国际化程度越高。当前国际货币体系呈现多元化趋势，美元的地位已有轻微下降，另外除了欧元、日元、英镑、瑞士法郎外，一些新兴市场国家的货币，如俄罗斯卢布、巴西雷亚尔等，也正扩大在国际上的使用范围。因此，在这样的格局下没有一种货币的国际化指数能够达到 100。

将货币国际化指数进行一种更加形象的描述，根据货币的三种职能，可将货币国际化程度在一个三维空间描述出来。如果货币国际化指数为 0，即这种货币是一种"原点货币"，完全没有国际化。因此，离这个原点越远的货币，国际化程度越高。

（四）人民币国际化指数的历史比较与国际比较

1. 人民币国际化指数的历史比较

据上述人民币国际化指数编制方法，计算出 2010 年至 2012 年的人民币国际化指数。从 2009 年人民币开始跨境贸易计价结算开始，人民币国际化进程仅有 3 年的时间。当前人民币国际化水平为 0.78，国际化程度还非常低，其国际货币功能微不足道，但是这一数值也表明，人民币国际化已经实现了零的突破。

　　2010 年，人民币国际化指数快速上升，2011 年和 2012 年该指数都持续上升。2010 年初至 2012 年底，人民币国际化指数由 0.03 提高到 0.83，增长了 27.7 倍，反映出人民币国际化的快速发展，具体数值见附表 8-1。

　　推动人民币国际化快速上升的主要原因在于，人民币在国际贸易和金融交易中作用的提升。数据显示，人民币国际化在国际贸易结算中的占比在 2010 年的平均增长率达到 144.35%，2011 年后该比例增长率大幅下降，在 2011 年的第 3 季度和第 4 季度是 4.89% 的负增长。2012 年该比例的增长率有所回升，全年的增长率水平为 15.53%。

　　人民币国际金融计价支付功能中，人民币直接投资的规模太小，几乎可以忽略不计。对该功能变化具有较大影响的是人民币境外信贷以及人民币国际债券和票据发行量的增长。如图 8-1 所示，人民币境外信贷全球占比在 2010 年第 4 季度和 2011 年第 1 季度分别达到了 104.11% 和 73.24% 的增速，之后增速从峰值迅速下降，2012 年 1 季度的增长率仅为 -3.6%，之后又有所回升。人民币国际债券发行余额从 2007 年快速增长，08、09 年增长放缓，2010 年增速有所回升。

　　总之，2009 年人民币国际化开始试点，人民币国际化指数的各项指标基数都比较低，因此 2010 年各季度的各项指标都呈现了快速增长，2011 年和 2012 年人民币国际化仍然继续增长，但增速有所放缓。

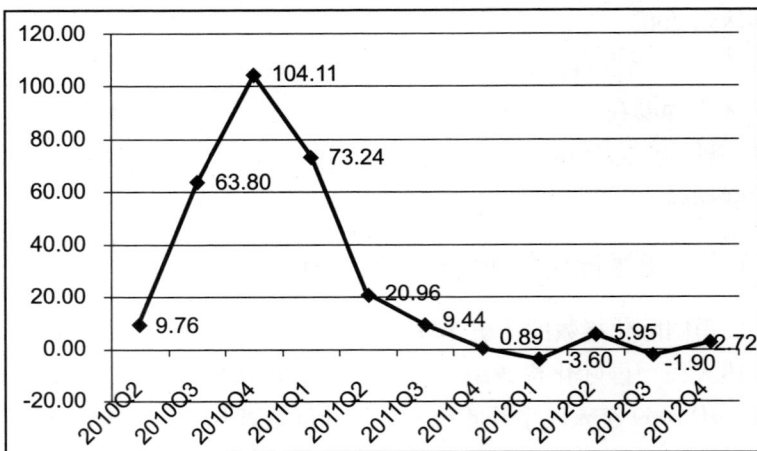

图 8-1　人民币境外信贷全球占比增长（%）

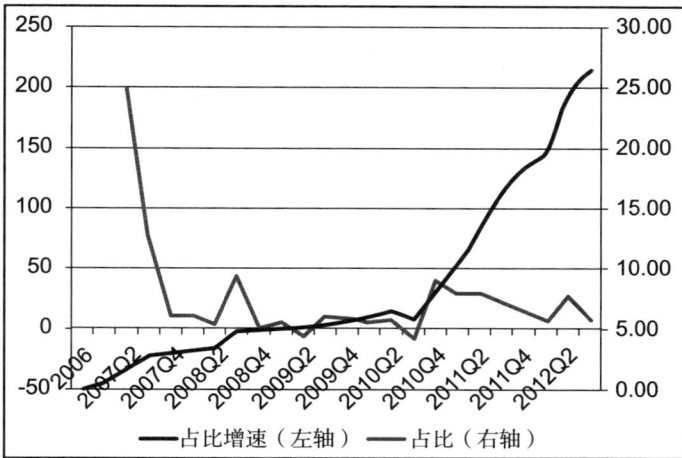

图 8-2　人民币国际债券发行余额占比和增速（%）

2. 人民币国际化指数的国际比较

为了客观地反映主要货币国际化程度及其动态变化，准确评价与估计人民币与主要货币国际化水平之间的差距，编制了美元、欧元、英镑和日元的国际化指数，具体见附表 8-1。

美元的国际化指数呈下降趋势，从 1999 年初的 60.11 下降到了 2012 年底的 50.44，下降了 16.08%，这说明随着重要的贸易国越来越多，拥有充裕流动性金融市场的国家也越来越多，美国的经济主导地位在逐渐减弱，国际货币体系越来越多元化，美元在国际贸易和金融交易中的地位也正在下降。

欧元的国际化指数在 2002 年、2003 年快速上升，之后上升的速度减缓但趋势并未改变，从 1999 年初的 19.99 上升到 2008 年底的 27.15，上升了35.82%。这是因为自 2002 年元旦，顺利完成了国别货币向欧元的转变之后，欧元区金融市场的深度和流动性较之欧元前时代各国分割的本币金融市场都更好，使得欧元比国别货币在作为储备货币方面更有吸引力。欧元也越来越多地被用作贸易结算货币，尤其是在欧洲的邻国中。由于欧元币值稳定，将欧元用作国际债券定值货币的也越来越多。但是受到 2008 年金融危机以及欧洲主权债务危机的影响，大量资金从欧洲流出，欧元的国际化指数从 2009 年开始下降，从 2009 年初的 27.82 下降到 2012 年底的 25.34，下降了 8.91%。

英镑的国际化指数波动不大，08 年之后受到欧洲主权债务危机的拖累，英镑的国际化指数也有显著下降，从 2009 年初的 5.64 下降到 2012 年底的 5.03，下降了 10.82%。

日元的国际化指数从 1999 年开始保持下降的趋势，从 1999 年初的 6.62 下降到 2012 年底的 3.58，下降了 45.92%。这是因为日本常年的低增长和零利率使得日元失去了作为储备货币的吸引力，而 1999 年欧元的出现也对日元国际化形成负面冲击，日元国际化进程基本处于停滞状态，与日本政府希望达到的 15%-20% 的全球外汇储备占比目标仍然相差甚远。

当前人民币国际化的指数仅有 0.83，与美元、欧元、英镑和日元相比，仍有非常大的差距，人民币国际化将是一个漫长而曲折的历程。

二、影响货币国际化水平的因素分析

（一）影响货币国际化的主要因素

长期内，一国货币的国际化程度是由一些基础因素所决定，一个有竞争力的经济体和稳定的货币价值作为交易和储备的货币至关重要。尽管在理论上尚无经济模型来论证影响货币国际化的因素，但是有一些事实因素已得到普遍认同。总体来看，货币国际化的经济条件包括外部经济条件和内部经济条件：外部经济条件包括维持可兑换信心、合理的流动性比率和健康的国际收支及其结构等，内部经济条件包括保持经济增长、价格稳定、国际经济规模上的相对优势、经济货币的独立性以及发达的金融市场等。因此，在分析货币国际化的影响因素时，选取了以下五方面的指标变量。

一是经济规模。经济产出水平是长期影响一国货币国际化程度的主要因素。货币发行国经济产出占全球产出比重较大，在全球经济中的影响力也会较大，在货币国际化中就更有优势。这是因为大规模经济体往往产生大规模外汇交易市场，而大规模外汇交易在规模经济下会降低交易成本，增加该国货币流动性，使其承担国际交易媒介的作用。小规模经济体并不能承载一个足够大并且有效的外汇市场来降低货币的使用成本，因此其货币可能不具有成为国际化货币的潜质。

二是一国货币的币值稳定程度。当一种货币的币值较稳定时，无论是从国际货币的价值贮藏还是计价角度来讲，其他国家都会有较强的偏好持有该货币。货币的币值稳定程度从内部和外部两个方面来衡量：内部是指国内的通货膨胀率，外部则用一国货币相对其他货币的汇率来衡量。而更深层次的原因则包括一国宏观经济的稳定、货币政策的独立性等因素。

　　三是贸易平衡状况。一国贸易平衡状况会影响该货币的国际化水平。当一个国家有巨额贸易赤字时，人们会对其未来的经济增长和偿还能力担忧，从而影响其作为国际货币的接受度。

　　四是一国金融市场的发达程度。一个规模巨大、发展良好、流动性强的国内金融市场为国际投资者提供了更多投资机会，并降低交易成本、提高交易效率。

　　五是在位优势，即已经国际化的货币倾向于持续占据国际市场主导地位。一旦更多的市场参与者运用某种货币，将吸引更多人运用该种货币，这种自我实现的过程会产生一种正的外部效应。这意味着决定货币国际化运用的其他因素的轻微改变也许不会对货币的国际化程度产生影响，而一旦一种货币的国际地位即将或者已经超过某种货币时，则相应的决定因素的效应会被放大，产生较大影响。

（二）数据来源与数据处理

　　本研究选取了 1999 年至 2012 年的世界货币美元、英镑、欧元、日元的国际化指数作为货币国际化的衡量指标，样本份额占到全世界储备货币的 80% 以上，具有较高的代表性。用一国 GDP 占全世界 GDP 比重来衡量其经济产出水平，用贸易差额与本国 GDP 的比率来衡量贸易平衡程度。各国 GDP 数据、通胀率、汇率、贸易差额数据来自 IMF 的 WEO 以及 IFS 数据库。

表 8-4　变量描述和数据来源

变量	描述	数据来源
index	货币国际化指数	作者计算
gdp_s	经济规模指标：实际 GDP 的份额	根据 WEO 数据库计算
cur_bal	贸易平衡指标：经常账户差额占 GDP 的比重	根据 WEO 数据库计算
inflat	通货膨胀指标	根据 IFS 数据库计算
interest	利率指标	根据 WEO 数据库计算
appre	实际汇率指标	根据 IFS 数据库计算

续表

变量	描述	数据来源
vol	实际汇率波动指标	根据 IFS 数据库计算
fin	金融市场深度指标：私人信贷 /GDP	根据 Financial Development and Structure database 计算

为了更好地刻画汇率波动和升值预期，我们用 BIS 数据库的真实有效汇率指数作为汇率数据，使用月度实际汇率移动平均值作为对汇率升值预期的衡量，使用月度实际汇率的标准差作为对汇率波动的衡量。

为了刻画金融市场的深度和流动性对货币国际化的影响，我们采用 Beck, Demirguc-Kunt 和 Levine（2009）公 布 的 Financial Development and Structure database 中的储蓄银行和其他金融部分的私人信贷对 GDP 的比率（PRIVATE CREDIT BY DEPOSIT MONEY BANKS / GDP），来衡量一国的金融发展程度。

（三）数据分析与实证结果

实证分析的被解释变量是第一部分构建的货币国际化指数。解释变量是 GDP、通胀率、贸易差额等变量。首先，我们通过简单的二元回归，可以直观地得到货币国际化指数与解释变量之间的相关关系。见图 8-3 至图 8-8。由于各个国家存在不可观测的其他变量的差距，为了剔除这些影响，我们以国家分组，分别分析。这也是之后使用固定效应模型的原因。

货币国际化指数与经济规模的线性正相关关系明显；货币国际化指数与金融深度的线性关系在欧元区、日本和英国都呈现出明显的正相关关系，但在美元却是负向的相关关系，从数据来看，美国的"私人信贷/GDP"这一指标从 1999 年到 2008 年逐年上升，从 1999 年的 166.09 上升到 08 年的峰值 201.38，金融危机后有所下降，2010 年这一比例为 192.24，而美元的国际化程度从 1999 年起就呈现缓慢下降的趋势。这一现象启示我们，金融市场规模与货币国际化之间并不是简单的正、负向相关关系，更深入的研究需要更多关于金融市场健康程度等方面的数据。

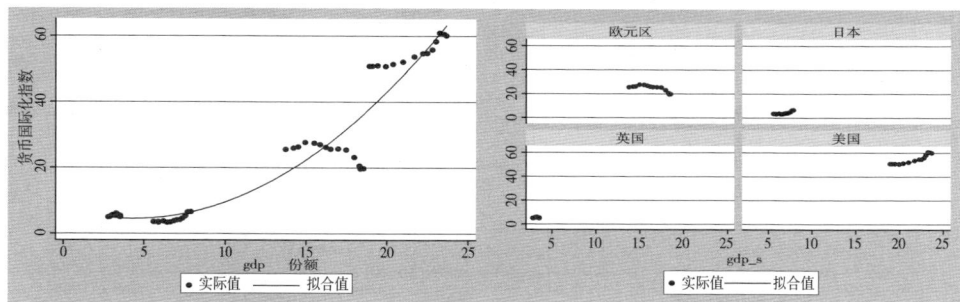

图 8-3 货币国际化指数与经济规模的趋势关系

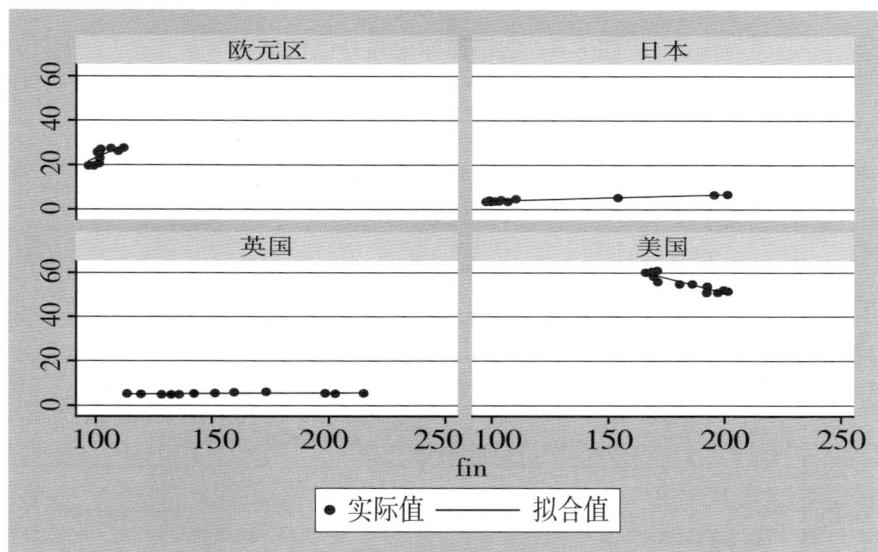

图 8-4 货币国际化与金融市场深度

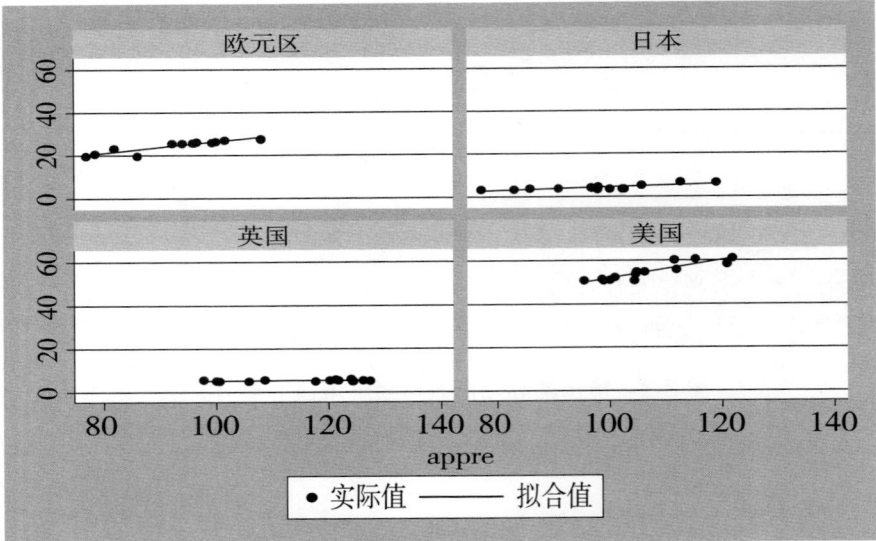

图 8-5　货币国际化与升值预期

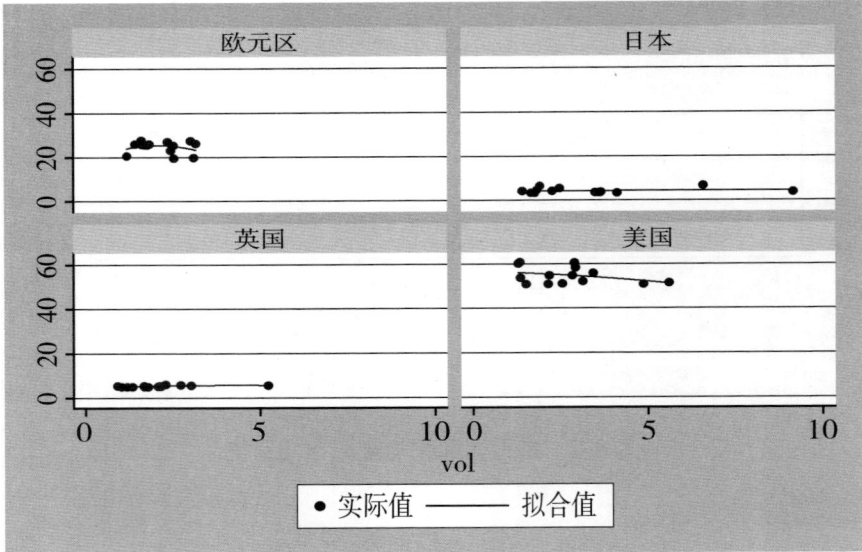

图 8-6　货币国际化与汇率波动图

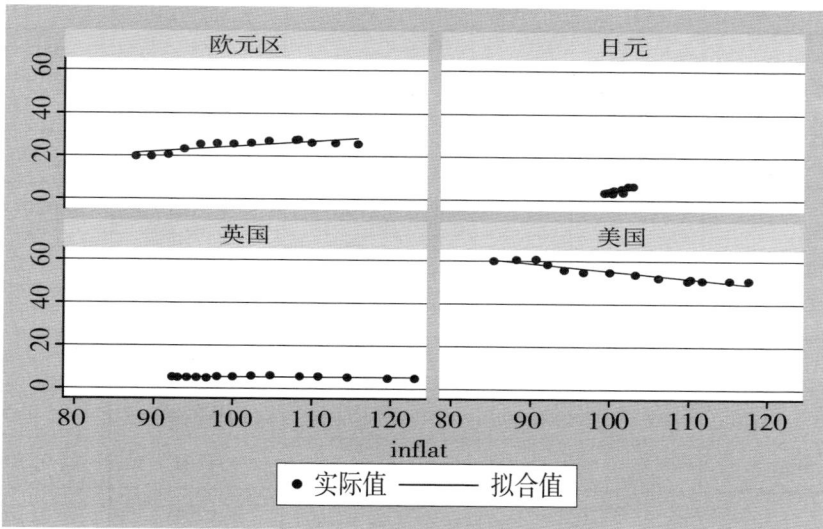

图 8-7 货币国际化与通货膨胀

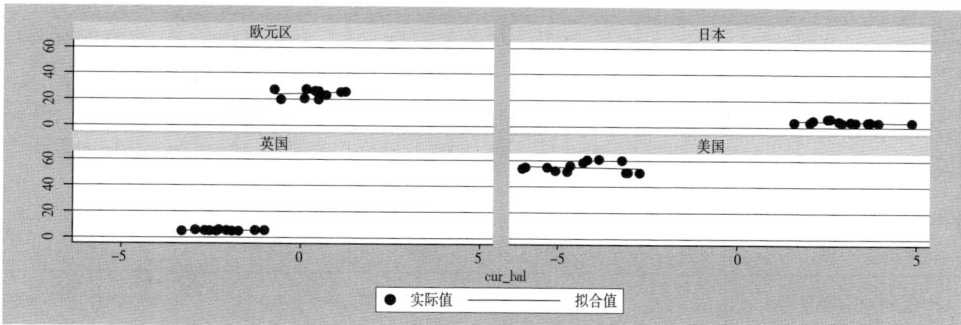

图 8-8 货币国际化与贸易平衡

货币国际化指数与升值预期之间存在线性正相关关系，与汇率波动幅度存在负向相关关系。这些都与我们的预期向符合。而货币国际化指数与贸易平衡并无显著的单向关系，这也与实际数据吻合，美国、英国长期保持贸易逆差，但对其货币国际化并无显著影响。接下来，分别利用最小二乘法、固定效应的方法，对数据进行计量分析，结果见表 8-5 至表 8-6。

表 8-5　使用 OLS 估计结果

VARIABLES	(1)	(2)	(3)	(4)	(5)
L.index					0.92***
					(0.033)
gdp_s	2.58***	2.20***	2.21***	2.38***	0.18**
	(0.14)	(0.10)	(0.100)	(0.12)	(0.084)
cur_bal		-2.28***	-1.57***	-1.31**	0.047
		(0.26)	(0.33)	(0.53)	(0.11)
fin			0.078***	0.066***	0.00011
			(0.022)	(0.022)	(0.0053)
inflat				-0.61	-0.29**
				(0.74)	(0.14)
appre				0.16**	0.016
				(0.072)	(0.015)
vol				0.35	-0.016
				(0.45)	(0.092)
Constant	-8.55***	-5.73***	-16.7***	-33.8***	-2.60
	(1.98)	(1.32)	(3.39)	(9.23)	(2.26)
Observations	56	56	48	48	44
R-squared	0.86	0.94	0.96	0.96	1.00

表 8-6　使用固定效应估计结果

VARIABLES	(1)	(2)	(3)	(4)	(5)
L.index					0.72***
					(0.068)
gdp_s	0.54**	0.53*	0.52*	0.29*	0.19*
	(0.26)	(0.27)	(0.1)	(0.12)	(0.05)

续表

VARIABLES	(1)	(2)	(3)	(4)	(5)
cur_bal		-0.040	0.13	1.28***	0.51***
		(0.42)	(0.51)	(0.32)	(0.17)
fin			0.0063	0.0039	0.00033
			(0.014)	(0.0087)	(0.0047)
inflat				-1.46***	-0.48
				(0.30)	(0.56)
appre				0.22***	0.058***
				(0.025)	(0.019)
vol				-0.24	-0.049
				(0.16)	(0.084)
Constant	15.8***	15.9***	15.3***	-5.59	-2.36
	(3.18)	(3.24)	(5.05)	(3.91)	(2.18)
Observations	56	56	48	48	44
R-squared	0.08	0.08	0.05	0.71	0.93

　　回归结果显示，货币发行国的经济规模很重要。这符合我们的假设——货币发行国必须有强大的经济实力来支持它的货币成为国际货币。更进一步，此参数相比其他变量参数更显著，意味着一个有竞争力的经济体相对其他决定因素而言更加重要，是一国货币国际化程度的最重要的影响因素。

　　金融市场的发达程度也会正向影响货币国际化水平，发达的金融市场可以为货币的国际化提供有利的环境，从而促进货币国际化进程。

　　对币值稳定预期的三个因素，通货膨胀、汇率波动以及汇率升值的分析发现，通货膨胀越高，国际化程度越低；汇率波动前的系数也显著为负，说明汇率的不稳定也不利于本国货币的国际化。

　　另外，在加入上一期的货币国际化滞后项后，各项系数都显著地降低，从而验证了我们之前的预期。在不考虑货币的在位优势时，会导致各项因素在一定程度上被高估。

三、结论

根据货币的三种职能——价值尺度，支付手段和价值贮藏，本报告构建了人民币以及其他主要国际货币的国际化指数。通过对人民币国际化指数的纵向比较发现，2010年各季度人民币国际化指数的各项指标都呈现了快速增长，2011年和2012年增速有所放缓。当前人民币国际化水平为0.83，国际化程度还非常低，其国际货币功能微不足道，但同时也表明，人民币国际化已经实现了零的突破。推动人民币国际化快速上升的主要原因在于人民币在国际贸易和金融交易中作用的提升。

通过比较其他主要国际货币的指数发现，美元的国际化指数呈下降趋势，说明随着重要的贸易国越来越多，拥有充裕流动性金融市场的国家也越来越多，美国的经济主导地位在逐渐减弱，国际货币体系越来越多元化，美元在国际贸易和金融交易中的地位正在下降。欧元的国际化指数在金融危机之前显著提升，但是受到2008年金融危机以及欧洲主权债务危机的影响，大量资金从欧洲流出，欧元和英镑的国际化指数从09年开始下降。日元的国际化进程从1999年开始基本处于停滞状态。当前人民币国际化程度与美元、欧元、英镑和日元相比，仍有非常大的差距，人民币国际化将是一个漫长而曲折的历程。

通过计量方法，对影响货币国际化的因素进行建模，发现经济规模与货币国际化有显著的正向相关关系，是一国货币国际化程度的最重要的影响因素；发达的金融市场可以为货币的国际化提供有利的环境，从而促进货币国际化进程；币值稳定有利于本国货币的国际化；另外，在位优势是一个重要的影响因素，在不考虑货币的在位优势时，会导致各项因素在一定程度上被高估。

（曹玉瑾）

参考资料：

1. 宋敏、屈宏斌、孙增元：《走向全球第三大货币——人民币国际化问题研究》，北京大学出版社2011年版。

2. 中国人民大学国际货币研究所：《人民币国际化报告2012》，中国人民大学出版社

2012 年版。

3. Chinn, Menzie and Jeffrey A. Frankel, 2007, "Will the euro eventually surpass the dollar as leading international reserve currency?", In G7 Current Account Imbalances Sustainability and Adjustment. Chicago: University of Chicago Press.

4. Chinn, Menzie and H. Ito, 2008, "A new measure of financial openness", Journal of Comparative Policy Analysis, 10(3), 2008, pp.309-322.

5. Eichengreen, Barry, and Marc Flandreau, 2008. "The rise and fall of the dollar, or when did the dollar replace sterling as the leading international currency?" NBER Working Paper 14154. Cambridge, MA: National Bureau of Economic Research.

6. Frankel, Jeffrey, and Shang-Jin Wei, 1994. "Yen bloc or dollar bloc? Exchange rate policies of the east Asian economies". In Macroeconomic Linkages: Savings, Exchange Rates and Capital Flows, eds. Takatoshi Ito and Anne O. Krueger. Chicago: University of Chicago Press.

7. Frankel, Jeffrey, and Shang-Jin Wei, 2007. "Assessing China's Exchange Rate Regime". Economic Policy 22(51),pp.575-614.

8. Linda, S.Goldberg and C. Tille, 2005, "Vehicle Currency Use in International Trade", NBER Working Papers.

9. Ito, Takatoshi, 2011, "The internationalization of the RMB: Opportunities and Pitfalls", CFR Working Papers.

10. Annette, Kamps, 2006, "The Euro as invoicing currency in international trade", ECB Working Papers.

11. Kenen, P, 1983, "The role of the dollar as an international currency", Group of Thirty Occasional Papers, no 13, New York.

12. Kenen, P, 2009, "Currency internationalization – an overview", paper presented at the BoK/BIS seminar on Currency internationalization: lessons from the global financial crisis and prospects for the future in Asia and the Pacific, Seoul, 19-20 March.

13. Mattoo, Aaditya, Prachi Mishra, and Arvind Subramanian, 2012. "Spillover effects of exchange rates: a study of the Renminbi". IMF Working Paper 12/88. Washington, D.C.: International Monetary Fund.

14. Michalopoulos, G, 2006, "The internationalization of the euro: trend, challenges and risks", in V Alexander and H-H Kotz(eds), Global divergence in trade, money and policy, Edward Elgar Publishing.

15. Subramanian, Arvind. 2011. "Eclipse: Living in the shadow of China's economic dominance". Washington: Peterson Institute for International Economics.

附表 8-1　人民币与其他主要国家货币国际化指数

时间	人民币	美元	欧元	英镑	日元
2003 年 1 季度		56.60	25.14	5.00	4.33
2003 年 2 季度		56.09	25.45	4.95	4.15
2003 年 3 季度		55.62	25.33	4.97	4.23
2003 年 4 季度		55.20	25.73	5.12	4.20
2004 年 1 季度		55.23	25.66	5.50	4.16
2004 年 2 季度		55.05	25.48	5.48	4.07
2004 年 3 季度		54.60	25.76	5.40	4.08
2004 年 4 季度		54.13	26.22	5.42	4.10
2005 年 1 季度		54.62	26.14	5.58	3.92
2005 年 2 季度		54.72	25.67	5.48	3.87
2005 年 3 季度		54.60	25.56	5.44	3.83
2005 年 4 季度		54.93	25.25	5.46	3.78
2006 年 1 季度		54.24	26.07	5.92	3.52
2006 年 2 季度		53.67	26.29	6.06	3.40
2006 年 3 季度		53.69	26.01	5.81	3.38
2006 年 4 季度		53.33	26.31	5.94	3.36
2007 年 1 季度		52.60	27.08	6.18	3.31
2007 年 2 季度		52.37	26.92	6.13	3.28
2007 年 3 季度		51.86	26.92	6.11	3.36
2007 年 4 季度		51.69	27.22	6.09	3.51
2008 年 1 季度		51.31	27.92	5.78	3.76
2008 年 2 季度		51.13	27.77	5.78	3.57
2008 年 3 季度		51.50	27.05	5.67	3.68
2008 年 4 季度		51.74	27.15	5.43	3.84

时间	人民币	美元	欧元	英镑	日元
2009 年 1 季度		51.53	27.82	5.64	3.38
2009 年 2 季度		50.54	27.73	5.85	3.36
2009 年 3 季度		50.33	27.66	5.62	3.43
2009 年 4 季度		50.67	27.56	5.58	3.32
2010 年 1 季度	0.03	50.99	26.93	5.35	3.60
2010 年 2 季度	0.04	51.22	25.91	5.33	3.66
2010 年 3 季度	0.06	50.68	26.34	5.31	3.62
2010 年 4 季度	0.12	51.01	26.10	5.21	3.64
2011 年 1 季度	0.20	50.89	26.39	5.09	3.52
2011 年 2 季度	0.31	50.60	26.32	5.03	3.45
2011 年 3 季度	0.34	50.81	25.84	4.95	3.61
2011 年 4 季度	0.40	51.09	25.49	4.91	3.62
2012 年 1 季度	0.51	50.85	26.11	5.02	3.53
2012 年 2 季度	0.56	50.93	25.46	4.94	3.57
2012 年 3 季度	0.70	50.45	25.34	5.03	3.58

第九章　理清思路、系统推进人民币国际化

"管制是前提、政府来主导、离岸做平台、升值为驱动"的人民币国际化推进模式，是抢抓机遇的权宜之计。未来人民币国际化应着眼于增强货币政策独立性、对冲美元作为储备货币带来的损失，以成为重要国际储备货币为核心目标，以自主金融改革开放与离岸市场发育为基础和平台，以资本项目为主要渠道，不拘泥于周边化、区域化，直接面向全球推进。履行国际价值尺度职能不是短期政策重点，无需制定人民币国际化时间表，不预设分阶段定量目标。国际化的人民币需要美元信用背书。应防范国际化过程中的各类风险。

人民币的国际地位与我国不断壮大的经济金融实力、不断扩展的全球政治经济影响力很不相称。出于对国际化前景和后果不确定的担忧以及"韬光养晦"的考虑，我国没有明确提出实施人民币国际化战略，但相关部门推出了一系列客观上有利于国际化的政策措施。

一、当前政策面临的主要争论

有利于人民币国际化的政策举措包括，推进跨境贸易与投资人民币结算，培育离岸人民币市场，签署双边本币互换协议等。总的来看，跨境贸易人民币结算取得显著进展，跨境投资人民币结算初具规模，离岸人民币市场在波动中进一步壮大，双边货币互换协议逐步开始发挥实质性作用。在境外人民币存量不断扩大、香港等离岸市场迅速发育的同时，国内汇率、资本项目开放等改革相对迟滞，有学者针对这种回避国内改革，试图直接通过人民币结算、离岸市场推进人民币国际化的政策操作，提出了质疑。

（一）基于套利机制的人民币国际化是否具有可持续性

人民币离岸市场与在岸市场之间的跨境套利活动，在人民币跨境贸易结算中扮演重要角色。当市场上存在人民币升值预期时，更多的人民币跨境贸易结算会发生在进口端，人民币流出加速，香港等离岸中心人民币存款规模上升，体现为国际化进程加快。而当市场上存在人民币贬值预期时，更多的人民币跨境贸易结算会发生在出口端，人民币流出减速，香港等境外人民币存款规模下降，体现为国际化进程放缓。很多研究者担心，如果升值预期消失，市场形成一致性的贬值预期，在岸与离岸的汇差利差缩小，人民币国际化进程不仅会停滞，而且可能出现倒退。

（二）导致外储"虚增"的人民币国际化是否"赔本赚吆喝"

市场上存在人民币升值预期时，国内进口商更多选择人民币对外支付，进而减少了的美元使用，这意味着我国的外汇储备将会继续上升。推进人民币国际化的行为，事实上是鼓励境外居民用美元资产来交换境内居民的人民币资产，在人民币对美元升值的背景下，这种交换显然造成了内地的福利损失。有学者认为，此类交易是国家对香港等离岸市场的补贴，这样的国际化是"赔本赚吆喝"。

（三）离岸市场是否影响国内金融改革和货币政策执行

离岸市场正在形成不同于内地的汇率利率机制，妨碍了内地自主推进汇率形成机制改革和利率市场化改革，为境外投机资本套利活动提供了条件。汇率方面，在岸人民币的升贬值，一定程度是受到离岸汇率的影响。利率方面，目前已经出现在岸管制利率、在岸相对自由的市场利率、离岸人民币利率的"价格三轨制"苗头，围绕利差，不同市场间套利活动日趋活跃。不仅如此，人民币国际化初衷是要流出人民币，保证境外有足够的人民币存量，而后实现人民币的"体外循环"。但目前，境外人民币没有"体外循环"，反而将重点放在回流套利上，这种回流将加大境内流动性管理难度，影响货币政策和产业政策执行。

（四）我们的观点

现有人民币国际化相关领域的推进模式可归纳为二十个字："管制是前提、

政府来主导、离岸做平台、升值为驱动"。这一模式有其合理性。从国际货币史看，金融自由化并不是货币国际化的必要条件，多数货币在国际化过程中都伴随着国内管制，没有哪个国家基于本币国际化动机放松金融监管；离岸中心的功能可以弥补在岸市场的缺陷、回避在岸监管，为流出货币提供金融市场和套利场所；马克、日元等货币的国际化进程都伴随着货币升值。以上理论界指出的现行政策缺陷，可以理解为政策成本。当然，从根本上看，金融管制的放松是大势所趋，市场的选择和认可是主权货币国际化的最终动力；升值只是国际投资者持有某主权货币获得收益的渠道之一，升值总有尽头，最终仍需要该国金融市场、金融产品提供其他获益渠道。

总之，现有人民币国际化推进政策可以理解为金融危机后国际货币乱局下，抢抓国际化机遇的权宜之计，有其合理性，但必须随着国内改革的推进以及国际货币环境的变化调整优化。

二、人民币国际化的战略设计

（一）关于指导思想的明确

现行国际货币体系的开放性、竞争性，一方面赋予了人民币不可剥夺的国际化权力和空间，使得我国可以采取市场化方式，通过货币竞争提升人民币的国际地位；另一方面也要求我们尊重市场对主导货币的选择，承认其他新兴国家货币追求国际化的努力。人民币国际化不应以取代某一货币为目标，应摒弃"货币民族主义"，避免盲目争夺某一国际货币弱化可能腾出的市场空间。应基于货币国际化的成本收益分析，围绕减少现行国际主导货币对我经济金融利益造成的损害，区分价值尺度、流通和支付手段、贮藏手段等货币具体职能，制定人民币国际化的目标。人民币成长为国际货币不完全是水到渠成的自然结果，应正确汲取各经济体推动本国货币国际化政策的经验和教训，梳理论证现有政策的利弊得失，稳步扎实系统推进。在继续通过离岸人民币市场发育作为人民币国际化平台的同时，仍需抓紧推进国内经济和金融的改革开放。任何大型经济体都不会以牺牲国内金融稳定为代价，去推进货币国际化，因此，不宜过分强调通过货币国际化"倒逼"国内改革，人民币国际化在任何时候都不能影响国内金融稳定、危害国内金融安全，货币当局应具备极端情况下逆转国际化进程的机制和能力。

（二）关于战略目标的设定

1.成为主要国际储备货币

作为全球最大外汇储备国，储备货币不稳定对我国利益侵害尤为严重。一是美元通胀导致储备资产实际购买力下降；二是在央行资产负债表中，外汇储备资产对应本币负债，人民币长期升值必然带来央行资产负债账面损失；三是被动持有主权债务高风险国家债务，存在违约风险。从国内看，造成这一损失的根源在于资本管制以及汇率形成机制，正是这些管制措施使得市场主体将外汇资产损失的包袱甩给货币当局，政府替市场承担了损失。但从国际看，过度依赖美元储备地位仍是重要原因。人民币为境外持有后，将从境外获得铸币税等收益，从而部分抵消外汇储备损失。不仅如此，人民币国际化将带来全球货币供应格局的改变。我国将不再是全球货币"击鼓传花"的最后一棒，经过储备增长、外汇占款环节，被动投放的货币将部分流往境外，缓解境内的流动性过剩压力，从而部分增强我国货币政策的独立性。因此，人民币应以成为国际储备货币为核心目标。

2.成为多元化国际货币格局中的重要成员

美元方面，人民币与美元地位的此消彼长，不仅取决于我国经济金融的基本面和政策面因素，而且取决于美国经济金融状况以及其他国家的意愿。在较长时期内，我国央行大量持有美元储备的局面难以改变，美元地位的急剧下降同样有损我国利益。在人民币国际化过程中，美元储备货币地位的相对稳定，可起到为人民币信用背书的作用。未来国际化的人民币与美元之间的关系格局是：人民币的国际结算地位不断上升，但依然采取美元定价；人民币国际储备地位不断增强，但我央行仍大量持有美元储备。

欧元方面，欧债危机严重影响国际市场对欧元的信心，欧元区各国经济增长的差异将长期存在，欧元将周期性面临内部挑战。日元方面，日本经济的长期停滞以及安倍经济学导致的日元通胀和贬值趋势，损害了日元价值基础。日本居高不下的政府负债情况，是日元国际信誉的重大隐患。当然，人民币国际地位提升，未必必然伴随着日元国际地位的下降。近年来我国推出的诸多政策，如人民币与日元直接兑换、两国央行彼此持有对方国债等，在提升人民币国际地位的同时，也有利于巩固、提升日元的国际地位。因此，人民币应成为多元化国际货币格局中的重要成员，至于重要到什么程度，不仅取决于人民币的经济金融基础，还取决于其他经济体，不宜预设人民币最终要成为第二大、还是第三大国际货币。

（三）关于推进路径的安排

1. 跨越周边化、区域化阶段，直接面向全球扩展

此前流行的人民币"先周边化、区域化，最后国际化"推进路径的理论基础，是我国经常项目国际收支呈现整体顺差、而对周边经济体逆差的格局，而逆差有利于人民币流出。人民币 20 世纪八、九十年代确实主要通过边贸途径流出，在部分陆域周边国家流通使用。近年来，我国经常项目收支顺差占 GDP 之比已迅速回落到 3% 以下，大规模的人民币流出将主要通过资本项目、而非经常项目渠道实现。

与我国金融关系最为密切、最愿意接受我金融影响力的国家未必是本区域国家。从与我国签署货币互换协议，尤其是明确表态将人民币作为官方外汇储备币种的国家看，不存在地理上的远近关系。日、韩、台湾等周边经济体对东亚货币格局有不同的考虑；通过贸易、投资渠道流出的人民币也不会全部集中在周边离岸中心。因此，人民币走出去应跨越周边化、区域化阶段，直接面向全球扩展。

2. 流通与支付手段、贮藏手段职能的国际化协同推进

履行国际价值尺度职能方面，国际贸易由一种货币定价转变为另一种货币定价，主要是一个"突变"、而非"渐变"的过程。我们很难设想人民币首先占据全球原油 5% 的标价"份额"，进而逐步提高到 10%、20%。随着诸多因素的积累，一般商品贸易、尤其是大宗商品计价币种的转换将突然出现，因此，很难将本国货币履行国际价值尺度职能设定为政策推进目标。

一种货币充当国际流通和支付手段的同时，往往伴随着国际贮藏手段职能的履行。目前人民币履行国际流通和支付手段职能的特点，是使用美元定价、但用人民币结算，这种情况下的人民币结算，主要发挥货币流出渠道的作用。除此之外，我国可与其他经济体央行间围绕外汇储备开展广泛合作，人民币可以通过一般国际贸易与投资以外的官方途径流出，因此，流通与支付手段、贮藏手段职能的国际化可协同推进。

（四）关于时间进度的考虑

人民币国际化涉及的国内改革和国际货币环境非常复杂。条件具备了，当快则快；条件不具备，当慢则慢。因此不必规划十年或三十年的国际化时间

表，也不必就每一个时间段、每一种货币职能占据国际市场的份额提出具体目标。此外，人民币国际化进程不可能单向发展，随着市场情况的变化，某些市场环境下可能会出现倒退，对此应有所预见。

三、政策建议

（一）不断完善人民币价值基础

加快转变增长方式，调整收入分配结构，夯实我国经济长期持续增长的基础，为人民币国际化提供基本价值支撑。执行较为严格的货币纪律，进一步缩小人民币与发达经济体货币在通胀水平方面的差距，使人民币成为实际购买力稳定的货币。抓紧完成利率市场化改革，为人民币的跨境流出入提供市场化的资金价格依据。积极建立人民币与国际主要货币的直接兑换机制，逐步改变通过美元间接定价的局面。当前及今后一段时期内，汇率升值仍是境外主体持有人民币获得收益的重要来源，因此汇率全面市场化进程不宜过快，升值压力应有序释放。

（二）加快推进国内金融改革和资本项目开放

大力发展国内债券市场，扩大国债发行规模，建立规范的地方债发行渠道，扩大企业债、公司债发行；在优先对民间资本开放国内金融市场的同时，放松对外资金融机构的市场准入和审慎监管；抓紧规范发展境内股票市场；提高金融监管水平，整合重组金融监管机构应对客观存在的混业经营局面。审慎、渐进、可控地推进资本账户开放，有效扩大境外人民币资金投资境内股市、债市的规模；逐步允许境外企业在境内上市，并将募集人民币资金通过规范的渠道转移出境；为其他经济体官方外汇储备中的人民币资金在境内开展多种类型投资提供更多便利条件。

（三）多渠道促进资本项下人民币流出

继续扩大跨境贸易与投资中人民币结算规模，着力通过资本项目促进人民币流出。具体包括：鼓励我国企业在对外投资的过程中，使用人民币计价与结算；除我国境外投资企业及分支机构外，允许并鼓励国内金融机构对境外其他主体发放各类人民币贷款，鼓励境外合作方用获得的人民币采购我国的机器设备、商品；在各种对外资金援助中广泛使用人民币。充分发挥开发性金融机构和政策性金融机构在推进人民币国际化过程中的作用，依托国家开发银行大力发展对外中长期开发性人民币贷款业务，依托进出口银行大力发展境外短期人民币贸易融资业务。鼓励各类商业银行在境外设立分支机构，建立健全全球网络，开展结算和其他人民币业务。

（四）继续推动人民币离岸市场发展

鼓励离岸人民币中心开展现有业务，着力拓宽境外人民币资金回流渠道。具体包括：扩大境内机构在离岸中心发行国债、金融债、企业债、公司债规模，为境外投资者提供更多人民币债券产品；扩大境内企业在离岸中心上市募集人民币资金规模，采取类似深圳前海模式，允许特定区域内企业在离岸中心获得一定规模人民币贷款回流，用于特定区域、特定领域投资。考虑对上海自由贸易试验区、香港和国外离岸中心的人民币业务发展重点进行合理分工，建议未来离岸人民币贷款业务以试验区为主，离岸企业债券业务以香港为主，国债、金融债等人民币主权债券发行可较多选择伦敦等国外金融中心。

（五）积极参与国际货币体系改革

全面谋求扩大我国在国际基金组织、世界银行等全球性金融机构，以及在亚洲开发银行等区域性机构中的份额，积极探索用人民币对上述机构融资的可能性。继续支持发展超主权储备货币，推动人民币成为 SDR 的主要权重货币。争取金砖国家开发银行等新组建的国际开发性金融机构，在包括香港在内的我国金融中心城市落户，探索发起成员国各自使用本国货币作为资本金的可能性。探索国内开发性金融、政策性银行与世行亚行等合作开展人民币融资业务的可能性。

（六）进一步强化与各国货币当局合作

继续扩大我国央行与其他经济体央行间货币互换规模，推动互换协议下人民币的实际使用。推动外汇储备大国彼此使用对方货币作为储备币种，扩大对方货币计价的金融资产持有规模。中小经济体货币与人民币挂钩是人民币国际化的重要内容，可采取知识与经验推介及输出、央行间双边货币互换支持、少量金融基础设施援助等方式，有选择地引导一些货币与我挂钩、或至少将人民币纳入其汇率参考货币篮。允许特殊情况下，外国央行外汇储备中的人民币计价资产向我国央行直接兑换美元资产。

（七）防范人民币国际化风险

加强境外人民币流动性的监测和统计，妥善应对升值预期消失后，境外人民币可能短期内大规模回流的风险。强化反洗钱、反假钞措施。加强境外货币支付清算、结算基础设施建设，保障人民币的国际清算结算。改变政府公告、统计数据发布中币种的使用方式，使用美元的同时，使用人民币作为计价货币单位。

（张岸元、李世刚）

第十章　人民币国际化与香港离岸中心建设

"十二五"时期，香港国际金融中心地位不断稳固提升，现已成为全球最主要、最活跃的离岸人民币中心，两地金融合作领域不断拓宽。但也存在一些问题，如，单纯套利动机难以支撑人民币离岸中心长远健康发展，两地金融市场间的制度性鸿沟短期难以跨越，相较境内自由贸易区制度落差缩小，传统 CEPA 项下双边金融开放缺乏实际支撑等。展望"十三五"时期，随着中国经济迈入新常态，发展阶段处于"新旧三十五年"的重大转折时期，香港与内地之间金融合作互动面临多方面重大机遇，内地全面深化改革、经济迈入新常态、转型升级、创新创业释放巨大市场需求赋予香港金融全新机遇，内地金融改革、金融深化、金融创新对香港金融创造新需求，"一带一路"战略下庞大的境外市场化融资需求需要香港发挥重要平台作用，人民币国际化进入关键时期赋予香港新机遇。"十三五"时期，内地应站在新高度，通过赋予香港国际金融中心以新的具体内涵，继续巩固和提升香港国际金融中心地位，支持香港发展成为全球最主要人民币离岸中心、"一带一路"战略最重要境外融资平台、国家资本和市场资金最重要的国际化运作基地、服务国家的国际风险管理中心的综合性国际金融中心，推动香港金融业进入新的一轮强劲发展周期。

一、"十二五"时期香港金融业与内地
合作互动现状、成就和问题

（一）合作互动现状及成就

1. 人民币离岸中心建设成效显著

人民币国际化进展速度之快超出各方预期。2009 年中国推动人民币跨境贸易结算试点推行以来，人民币跨境贸易投资的规模迅速扩大，人民币国际化

的步伐显著加快。截至 2014 年底，人民币已经成为中国第二大跨境支付货币、全球第七大储备货币、全球第七大支付结算货币和第九大外汇交易货币，人民币国际化取得显著进展。

人民币国际化是香港国际金融中心利益与国家利益的最佳契合点。2004 年以来，香港迅速发展成为全球规模最大的离岸人民币业务枢纽。截至 2014 年底，在港人民币存款余额达 1 万亿元，约占全球离岸资金的六成；经香港银行处理的人民币贸易结算交易，2014 年底达到 6.3 万亿元，同比增长超过 60%；人民币现货和远期外汇交易，每天平均交易从达 300 亿美元；香港人民币实时支付结算系统每天交易的人民币达到 8000 亿元。

香港的离岸人民币债券市场也已成为全球最大的离岸人民币债券市场。截至 2014 年底，香港离岸人民币债券存量总额为 3873 亿元。人民币债券的发行主体逐渐多元化，包括国内商业银行、政策性银行、海外金融机构、跨国企业和跨国组织、在港上市企业等；从期限来看，债券期限多为 2-3 年，且多为 A 或 AA 级等信用良好的低收益债券。

2. 两地金融合作领域不断拓展

银行同业方面，两地跨境人民币贸易融资、跨境人民币银团贷款、内地银行业金融机构在特定区域与香港银行同业合作开展人民币贸易融资资产跨境转让等方面都呈现快速增长的态势。人民币资金在两地的循环使用不断深化，在支持内地尤其是广东省重点区域重点基建项目、重点产业聚集区、重大科技专项项目和大型企业、港资企业转型项目等方面发挥了重大作用。

资本市场方面，为数众多的港资金融机构与内地金融机构开展宽领域深度合作，在内地设立合资基金管理公司、合资证券公司、合资期货公司、合资证券投资咨询公司，进一步深化了两地资本市场合作。大量内地法人金融机构、企业赴港上市和发行人民币债券，同时也支持了符合内地上市条件的港资企业在内地证券市场上市。沪港通是近期两地资本市场合作的重要内容，为两地市场投资者提供更广泛和多元化的选择，推动人民币国际化以及内地资本账户进一步开放，巩固香港作为内地客户走向世界以及国际客户进入内地的首选地，为今后扩展至其他资产类别互联互通开拓了示范样板。

资产管理方面，香港作为亚洲最大的资产管理中心，持牌资产管理公司、注册机构和保险公司管理资产总额规模超过 1 万亿美元，私人银行管理资产接近 3500 亿美元。凭借自身优势，香港成为内地合格境外机构投资者计划（QFII）最大投资者，也是内地合格境内机构投资者计划（QDII）最大目的地，两地财富管理领域合作不断拓宽。

3. 香港金融机构在内地商业存在不断拓展

CEPA 及后续补充协议在鼓励香港与内地双方金融机构进入彼此市场方面所取得的成效有目共睹。一方面极大地推动了香港金融机构进入内地开展业务，通过降低准入门槛，允许香港金融从业人员进入内地执业；另一方面也支持和鼓励内地的金融业向香港发展。

银行及其他金融服务方面。协议降低了香港银行在内地设立法人机构或分行的总资本要求。提前向香港银行开放内地业务，包括在内地提前对香港银行内地分行开放人民币业务。允许香港银行内地分行经批准从事代理保险业务。在广东省内先行先试，允许香港银行设立异地支行。在内地与香港扩大银行合作方面提供便利，如为香港银行在内地中西部、东北地区和广东省开设分行设立绿色通道，鼓励香港银行到内地农村设立村镇银行，以及香港银行在内地注册的法人银行将数据中心设在香港等。近年来，港资银行还广泛参与了内地地方法人银行机构改革，试点设立消费金融公司。

证券服务方面，一方面为香港证券服务进入内地提供了方便，包括允许中介机构到内地设立合资期货经纪公司，简化香港专业人员到内地获取证券期货从业资格手续，以及在内地引入港股组合等。另一方面也鼓励内地证券服务者走出去到香港设立分支机构。如允许符合条件的内地证券公司根据相关要求在香港设立分支机构，以及允许符合条件的内地期货公司到香港经营期货业务，包括设立分支机构。

保险服务方面，降低了香港保险机构进入内地的门槛。香港保险业服务提供者无论在总资产规模，还是经营年限上都可以按照经过整合后战略合并组成的集团标准，此外，还允许香港居民在内地从事保险业务。在保险产品研发、业务经营和运作等合作也有所深化，如两地保险业协同为跨境出险的客户提供查勘、救援、理赔等后续服务等。

4. 成为内地资金走出去最重要平台

香港作为连接内地与世界各地的重要门户，凭借得天独厚的优势，在管理进出内地的投资资金方面发挥重要作用，在内地企业和资金流出，以及通过 RQFII 和香港上市的 A 股交易所买卖基金投资等方式流入内地。CEPA 的签署提振了香港作为国际金融中心的信心，深化了香港与内地金融合作。在促进内地对香港进一步开放的同时，加快了内地金融业走出去的步伐。无论是香港金融服务业进入内地，还是内地金融机构到香港建立分支机构，都有相当大的发展。两地监管当局通力合作，在增加投资额度、放宽投资限制及扩充可参与机构和个人的范围，不断扩大经香港处理的投资资金数量。

香港现已成为内地企业和资本走出去的重要平台，协助内地企业进行国际集资，协助内地企业走向全球，成为内地企业设立海外总部的首选地点。2003年至2014年间，内地企业在香港交易所的集资额超过4000亿美元。香港证券市场60%市值和70%成交量来自内地企业。

（二）存在问题

1.单纯套利动机难以支撑人民币离岸中心长远健康发展

国际金融危机以来，离岸人民币市场境外贸易商短期持有人民币的意愿主要是着眼于人民币升值，即持有人民币后在境外远期市场套利，但金融危机后，人民币升值进程大大放缓，投资者持有人民币资产兴趣下降，单纯套利的动力显著下降。在相当长一段时期，欧美主要国家货币政策分化但量化宽松趋势下，美元和其他主要货币低利率也降低了使用人民币作为融资货币的兴趣。此外，一些制度性因素也不容忽视，如：人民币资本项下的跨境流动通道过窄；境外个人获得人民币额度仍然有限；在港人民币产品相对有限，收益率相对较低，不利于人民币在港长期"存得住"；香港离岸市场上缺乏流动性保障机制，缺乏承诺在紧急状态下保证提供当天人民币流动性的机构等。

2.两地金融市场间的制度性鸿沟短期难以跨越

香港金融市场相关监管制度在有效保障投资者、维持健全市场、保持金融稳定方面发挥了重要作用，但香港金融市场尤其是股票市场仍存在诸多妨碍发展的制度性问题，其中包括过度偏重零售主导的监管思维、跨境执法困难、IPO上市条例缺乏竞争力等，出现了错失阿里巴巴IPO业务以及沪港通推出后短期南北冷热不均等问题。未来香港发展成为真正的国际首次公开招股中心，仍需提出具体措施，强化上市制度及基建设施，确保上市规例具有竞争力，同时维持优质标准。

3.相较境内自由贸易区制度落差缩小

构建开放型对外经济新体制是中国经济迈入新常态阶段对外经济领域的重大战略，自贸区战略是其中重要一环。2013年9月上海自贸区挂牌以来，又有广东、天津、福建三个自贸区获批，内地开始形成由南到北四个自贸园区的布局。自贸区肩负着加快政府职能转变、探索管理模式创新、促进贸易投资便利化、重大金融改革先行先试等多方面任务，为全面深化改革探索新途径。自贸区战略推出以来，一定程度上将缩小内地与香港金融市场之间差距，增强两地市场同质性，强化内地金融中心与香港的竞争。虽然香港仍然具备体制完备、高度市场化国际化等多方面竞争优势，但不可否认相较境内自贸区，香港相比内地的优惠性"洼地效应"将有所缩小。

4. 传统 CEPA 项下双边金融开放缺乏实际支撑

近年来 CEPA 的实际效果正在迅速减弱，内地与香港管理体制的差别等制度性问题是影响 CEPA 实施效果的深层次原因。首先，在外资金融服务者受到诸多限制情况下，CEPA 予以香港机构的政策尚属优惠，但随着内地金融服务业完全开放，CEPA 的优越性显著下降。其次，制度差别与双重身份关系使CEPA 本身具有制度性缺陷。在谈判机制方面，香港采用"由下而上"的咨询模式，内地实施"由上而下"的决策机制。两地不同的谈判机制，导致香港一直扮演开放政策诉求者角色，而中央政府则似乎一直疲于权衡在多大程度上予以限制。最后，在政策落实方面，CEPA 始终有"大门开了，小门不开"的困扰。内地实行行政化的行业管理体制，中央部委和地方政府对于经济活动实行条块分割管理。在协议内领域，中央部委依然行使部门审批权，协议中内容仍需要内地有关部门出台相关实施办法与其衔接，才能最终落实。此外，CEPA在市场准入方面的优惠已经逐渐丧失，CEPA 框架迫切需要补充新内容，否则这一框架将缺乏实质意义。

二、香港与内地金融合作互动面临的机遇

（一）新常态释放新的市场需求赋予香港金融全新机遇

经过三十多年的高速增长，内地经济处于"新旧三十五年"的阶段转换期，原有模式支持的超高速增长不可持续。适应新常态，引领新常态，是"十三五"时期中国经济发展的大逻辑。经济新常态下，内地经济面临多重机遇，在全面深化改革红利、大消费与构建"大国经济效应"市场红利、产业深化与技术红利、经济全球布局开放红利、高质量人才红利等多方面因素驱动下，将创造巨大的市场需求，也为香港金融服务提供了巨大的市场空间，香港金融业将迎来全新机遇。

（二）内地金融改革、金融深化、金融创新带来的机遇

金融领域改革是内地全面深化改革的重要组成部分，其主要内容离不开进一步开放资本市场和深入推进人民币国际化资本市场方面，除进一步放宽资本流入和流出的管制外，培育资本市场多样化，和完善资本市场监管体制也应是改革的重点。人民币国际化方面，主要是继续推进以香港人民币离岸中心为重点的人民币跨境贸易结算；逐步实现人民币资本项下可兑换。其他值得留意的金融改革范畴包括全面实现利率市场化，有序推进汇率市场化；不断改善民营企业、中小企业和农村贷款困难的政策；人民银行货币政策独立性进一步加强等。此外，内地金融深化和各类金融创新也将在"十三五"时期取得重大突破。香港应继续把握及主导更多内地相关的贸易、投资、融资及其他业务。内地继续推行市场化改革，将为香港金融服务业带来前所未有的机遇。香港以往在这方面成就有目共睹，应凭借自身独有优势，把握更多的未来机遇。

（三）"一带一路"战略下，庞大的境外融资需求带来的机遇

香港在内地深化金融改革和对外开放方面一直扮演重要角色，在"一带一路"战略中也不能置身事外。"一带一路"战略实施资金需求浩大，许多沿线国家经济体量有限，财力薄弱，国际评级不佳，中国政府、企业将承担主要投融资责任，但市场化融资渠道也不可或缺，其中香港凭借在金融业和专业服务方面拥有的国际领先优势，将是可靠实现支持"一带一路"市场化融资的首选之地。香港可借助其人民币资金池庞大、债券发行人多元化、券种多样化、融资成本低、交投活跃度高等优势，吸引"一带一路"沿线有关国家政府、企业、金融机构在适当增信和部分担保的条件下，发行人民币债券进行融资，为"一带一路"战略实施提供的长期可持续且成本适当的市场化资金。此外，还可探讨香港以适当身份和出资比例参与亚投行、丝路基金等重要金融机构；继续发挥香港作为桥梁和纽带的作用，吸引更多内地旗舰型国有金融机构和国际金融机构在港专设服务于"一带一路"的运作平台（如 SPV 等）；发挥香港法律、咨询、会计、审计、项目尽调等专业服务业比较优势，为重大战略性项目提供融资及相关一揽子金融解决方案等。

（四）人民币国际化进入关键时期，赋予香港的新机遇

与人民币成为主要国际货币的目标相比，香港离岸人民币市场的流动性

规模、产品多样性仍处于起步阶段。有研究表明，根据美元国际化的经验，若要在 15 年内使人民币达到美元国际化程度的 1/3，境外人民币存量需要达到 11 万亿元。以香港在全球主要人民币离岸市场的份额计算，到 2028 年在港人民币存量应达到 6 万亿人民币。此外，目前人民币外汇即期和远期交易的 80% 仍在境内，人民币存款的 99% 仍然在境内，人民币债券市场的 98.5% 的余额仍在境内。从美元国际化的经验来看，美元外汇交易的 2/3 在境外，美元存款的约 30% 在境外，美元债券余额的约 10% 在境外。通过对比可以看到，香港人民币离岸市场的发展还有巨大的空间。从金融市场角度考虑，香港对于人民币国际化具有特殊的重要意义，人民币在国际化方面的某些核心缺陷一定程度上可由香港国际金融中心加以弥补。"十三五"时期，随着香港离岸人民币中心在"先行优势"基础上，不断提升市场深度开拓更多人民币产品，满足多元化市场需求，建立充裕流动资金，将确立香港作为人民币投资主要市场的地位。

三、香港与内地金融合作互动面临的挑战

（一）全球主要离岸市场竞合关系深度变化，香港离岸人民币中心发展面临挑战

全球范围看，其他人民币离岸市场正在对香港离岸市场中心地位形成不容忽视的挑战，假如香港固步自封，可能会被竞争对手取代。新加坡、伦敦、法兰克福、台湾等潜在人民币离岸中心发展迅速，伦敦由于与香港不在同一时区，已经覆盖了欧洲时区的客户，并有很大可能可以替代纽约成为美洲时区客户的主要人民币业务提供者，加上其作为全球外汇和金融产品交易中心的强大基础地位，其发展人民币离岸业务的潜力不可低估。新加坡在政策层面上比较灵活，对金融机构的人民币业务管制更少，容易吸引金融机构和客户，加上其背靠高速发展的东盟经济，也有可能继续扩大其在人民币离岸市场中的比重。另外，香港在债券、外汇、大宗商品市场的交易量，以及资产管理的总量方面还落后于伦敦等主要竞争对手。当然，上述各个人民币离岸市场的发展，以及这些地区对人民币使用需求的增加，也会反过来加快人民币国际化的步伐，同时促进香港的人民币离岸业务总量，但香港的市场份额可能会有所下滑。

（二）香港与内地金融体系更加同周期化，较两地分离型离岸市场模式日渐偏离

香港与大陆拥有两种不同的金融体系，是我国独特的制度安排。两个不同的制度，可以处理不同的金融需求，弥补彼此的不足，保障国家的整体利益。两个金融体系之间应该发展一个互补、互助和互动的"三互"作用关系。香港人民币离岸金融市场是人民币国际化的重要平台，必须充分考虑具体模式的选择。为促进香港与大陆不同金融体系优势互补，在政策设计之初，香港人民币离岸市场合意模式是考虑构建分离型离岸金融市场，即境内金融业务与离岸金融业务严格分离，禁止非居民从事境内金融业务和从事境外货币存贷活动的一个市场。居民的存贷款业务和非居民的存贷款业务分开，反映境内业务的账户和反映境外业务的账户分而治之。选择这种模式，对于国际资本的较大规模波动带来的市场流动性和信用风险具备地域上的防备功能，在理念上做到"内外有别"，既有利于发挥离岸金融市场的作用，又有利于实施"分开监管"的原则，可以减轻剧烈流动性波动对大陆经济体的金融结构的过强冲击。但本轮金融危机爆发显示，做到金融风险的地域"绝缘"十分困难。此外，近年来，内地企业通过大量内保外贷、贸易融资的方式在香港银行贷款，两地之间金融渗透、风险共振的趋势越来越明显，需要对香港建立何种模式离岸中心进行深度研究。

（三）香港金融业内在结构性矛盾和社会基层民意问题，短期不利于两地金融合作

香港内部社会政治化及分化日益严重，金融服务业缺乏多元化以及各类居住环境问题，都是香港国际金融中心发展的障碍。一方面，香港社会政治化及群体分化趋势近年来较为突出，不少经济议题日趋政治化，某些事件导致政府难以有效决策施政。对国际金融界而言，经常出现的和平示威及针对固定群体的攻击性事件，损害香港营商环境的良好形象。另一方面，由于香港金融业在股票市场与债券市场和其他金融业、本地金融机构与内地和海外金融机构、大金融机构与中小金融机构等方面存在诸多不均衡，距离多元化国际金融中心尚有差距，这在一定程度上制约香港金融业的发展和竞争力。此外，房价和办公场地租金持续上涨、国际学校学位不足、空气污染等问题也不利于香港汇聚高能力的国际金融专业人才。

四、"十三五"时期提升香港金融地位和作用的政策建议

（一）总体目标

香港国际金融中心作为中国的国际金融中心，是国家的一笔巨大财富，是谋划中国金融发展、改革和对外开放战略布局中不可或缺的环节，对国家长远发展具有重要意义。支持香港巩固和保持国际金融中心地位，是中央政府明确而一贯的政策，这一政策符合香港利益、符合国家利益，具有长期生命力。展望"十三五"，应站在新的高度，系统谋划布局内地金融市场与香港国际金融中心的关系，通过赋予香港国际金融中心以新的具体内涵，继续巩固和提升香港国际金融中心地位，支持香港转型成为一个能够提供全方位股权、债权、货币及商品产品的综合性国际金融中心，推动香港金融业进入新的一轮强劲发展周期。在一国两制框架下，充分尊重香港金融监管金融管理政策自主权，保持香港金融市场的独立、自由、开放。从内地金融发展、金融改革、金融开放实际出发，着眼于"一带一路"、自贸区合作等相关重大战略问题，不断提升两地金融合作水平，扩大合作领域，密切监管配合，丰富合作内涵和战略意义。凡是内地给予其他经济体的金融开放政策，都优先给予香港；凡是支持内地城市建设国际金融中心的特殊优惠政策，香港如有需要，都可享有。引导香港和内地建设国际金融中心城市之间加强合作，实现不同金融市场结构、不同监管框架之间的互补。密切跟踪国际金融监管和国际货币金融体系的最新发展，维护国家对外金融权利和金融利益。正视两地金融体系存在的巨大差异，始终注意维护内地和香港的金融安全。

（二）发展方向

——全球最主要人民币离岸中心。加强在港人民币金融产品开发，使得人民币"流得出、存得住"；加强两地金融监管机构的合作，防范人民币流动性异动风险。

——"一带一路"最重要境外融资平台。继续巩固和提升既有优势，采取多种方式创新金融产品，为国家"一带一路"重大战略性项目提供融资及相关一揽子金融解决方案。

——国家资本和市场资金最重要的国际化运作基地。内地旗舰型国有金融

机构海外落户首选地，赋予外汇储备和主权基金运用的外包资格；发展成为金砖、亚投行、丝路基金等最重要的运作平台。

——服务国家的国际风险管理中心。作为内地资本项目开放最重要的通道和人民币汇率产品最主要的境外开发平台，有效管理香港市场风险。

（三）政策建议

1. 对内地的政策建议

将巩固和发展香港国际金融中心地位纳入国家发展战略，充分发挥内地、香港的特点和优势，更好地衔接内地金融改革金融开放政策与香港国际金融中心发展政策，组成有机一体的国家金融发展战略。

（1）加快重大对外金融战略实施，赋予香港国际金融中心可持续发展新的支撑

——巩固和提升香港作为全球离岸人民币业务枢纽的地位。将发展香港离岸人民币资产市场，增强境外主体持有人民币意愿，作为推进人民币国际化战略的重要环节。扩大在港人民币国债、金融债发行规模，增加发行品种。在加强两地监管协作的基础上，扩大在港公司债发行。发展在港离岸人民币贷款业务，循序推动离岸人民币贷款证券化。扩大银行跨境人民币贷款的试点范围，允许金融机构同一总行下的分支机构之间提供跨境人民币贷款。配合利率市场化改革允许境外参加行在境内银行间债券市场发行大额可转让存款证（CD），并允许将融得的人民币汇出境外。允许境外参加行在境内银行间债券市场发行熊猫债，并允许将融得的人民币汇出境外。允许中投公司、国有保险公司等机构将部分资金以人民币形式配置于香港，投资于香港人民币债券等市场，支持香港作为人民币资产管理中心的地位。允许香港的境外参加行参与人民币跨境支付系统（CIPS）运作。

——支持"一带一路"战略涉及重大项目在港融资。包括：支持"一带一路"战略沿线国家和企业在港发行人民币债券；支持有关国家发行伊斯兰债券；鼓励更多内地旗舰型国有金融机构在港专设服务于"一带一路"的运作平台（如 SPV 等）。

——在现有货币互换等机制性安排基础上，积极开展人民币与港元的货币合作。加强与香港金融管理部门间的协调配合，建立通过有针对性地调整内地资本项目对香港开放政策，稳定香港金融市场的机制。

（2）在现有框架下拓展两地合作内容，继续发挥香港金融优势

——将 CEPA 框架内政策"先行先试"范围扩大至内地四个自贸区。扩大金融合作"双向开放"领域和范围。系统梳理 CEPA 现有政策，消除"大门开了，小门不开"困扰。在现有经济合作空间下，寻找香港和内地自贸区之间，在发展离岸金融合作方面合作的可能性。

——深化两地资本市场互联互通。在沪港通、深港通基础上，继续加强两地交易所和结算所合作，积极研究探讨开展两地商品期货市场互通的可行性。推动两地交易所产品互相挂牌，建立香港与内地交易所市场互相连通的模式，争取在香港和境内商品交易所之间实现有控制的投资资金的流动。试点允许境内投资者直接用人民币投资于境外的投资产品。

——加强两地资产管理合作。加强香港资产管理业的发展，推广内地的企业和个人利用香港平台管理资产和作境外投资，促进两地资产管理业界的合作，建立两地基金互认安排，为两地投资者提供更多元化的产品选择。

——加强两地风险管理合作。加强两地货币、商品期货等多种衍生产品的合作，通过跨地域产品相互上市，丰富两地管理资产风险的工具，有效管理风险。

2. 香港可考虑的政策方面

准确把握香港优势，发挥香港特色。主动将香港国际金融中心可持续发展战略，融入国家发展战略，带动香港国际金融中心地位的巩固和提高。深化对内地政策的理解，不断寻求香港利益与国家利益的衔接点。顺应国际金融格局变化，研究优化本港某些金融制度安排的可能性。

（1）积极主动与内地市场开展多层次合作，提升香港金融服务内地水平

——争取中央政府明确香港在国家重大对外金融战略中定位。争取成为全球最主要人民币离岸中心、"一带一路"最重要境外融资平台、国家资本和市场资金最重要的国际化运作基地和服务国家的国际风险管理中心。

——提高对内地企业的可持续融资服务能力。在现有框架下，可持续地为内地企业提供直接融资、间接融资，可持续地为内地交易主体提供多币种结算清算服务，提升香港金融市场服务内地的水平。

——选择重点内地城市加强金融合作。优先考虑促进上海、深圳金融市场与香港市场融合的措施。

——促进资本市场更宽领域、更深层次互联互通。总结沪港通经验教训，加强与内地货币、资本市场等各类市场的协调合作，不断完善电子交易连线、交易平台、交割结算系统互通、交易制度衔接方面的基础条件。

（2）加强金融市场建设，培育本地金融机构，吸引更多内地、国际金融资

源在香港集聚

——围绕发展人民币离岸业务中心加强相关金融市场建设。提高外汇衍生交易的标准化规范化程度，扩大市场参与主体，增强市场流动性。注重协调香港市场发展与内地相关市场发展进程，避免由于无风险套利空间持续存在，引发市场投机过度活跃。

——将人民币债券市场作为未来一段时期香港金融市场重要增长点。争取更多国债、金融债、公司债在港发行，探索内地企业债以及地方政府债在香港发行的可行途径。发展二级市场，提高市场流动性。

——为"一带一路"沿线国家和企业提供一揽子金融解决方案。吸引"一带一路"沿线国家和企业在港发行人民币债券，发挥香港法律、咨询、会计、审计等优势，为重大战略性项目提供融资；发展人民币与"一带一路"沿线国家货币的 NDF 产品等相关的外汇衍生产品，管理相关汇率风险。

——着力培育本地金融机构。提升政府管理金融资产的运作水平，增加对实体经济以及国际资源类资产的投资，扶持香港实体经济可持续发展。

——建立人民币资产管理中心。吸引内地人民币资金投资于香港人民币离岸市场，吸引国际资产管理公司将人民币资产部分的管理功能设立在香港，利用香港交易所和银行间市场向全球提供更多的管理费用较低、流动性较好的人民币产品。

（3）深入研究本港基本金融制度，适应国际金融格局变化

——研究调整联系汇率安排的利弊得失，放宽港元对美元浮动幅度。研究将人民币纳入港元汇率参考货币篮，以及香港金管局持有离岸人民国债作为发行港币资产准备的可能性。

——加强与国家金融管理部门沟通合作，提升香港在国际金融组织、金融机构中的份额和发言权。探讨以适当身份和出资比例参与亚投行、丝路基金等重要金融机构。在区域金融体系货币体系中发挥更大作用。

——密切跟踪国际金融监管改革政策动向，防范国际监管规则变动损害香港国际金融中心地位的风险。有针对性地加强金融监管，减少灰色地带，提升香港金融市场的国际信誉。

（张岸元、李世刚）

第十一章 上海自由贸易区离岸金融发展前景初探

——"人民币国际化"课题组赴上海的调研报告

　　上海自由贸易试验区发展目前尚处于起步阶段。设立试验区不完全是区域经济政策，区域金融领域试点"倒逼"改革的逻辑未必成立。金融机构、企业进驻试验区的着眼点是跨越"二线"，而非在区内发展。继上海之后，国内其他区域复制该模式的必要性不大，试验区摸索的成功经验可直接在全国推广。试验区离岸金融业务模式可能与其他离岸金融中心类似，套利带来的利弊同样存在，其对推进人民币国际化的作用较为有限。近期应区分一线、二线、区内三块分别设计相关政策，中期应关注人民币贬值预期对离岸金融的影响，远期应考虑试验区、香港、其他国外离岸人民币中心之间的合理分工。

　　2013年9月27日，中国（上海）自由贸易试验区（以下简称试验区）正式挂牌，国务院《中国（上海）自由贸易试验区总体方案》同期出台，其中，离岸金融业务是试验区未来发展的重要领域。众所周知，采取离岸方式开展人民币国际业务是推进人民币国际化战略的重要途径，围绕这一推进路径的利弊得失，理论界存在诸多争议。

　　香港、新加坡、伦敦等国际金融中心城市都把发展人民币离岸业务作为未来重要增长点。长期以来，上海与香港围绕国际金融中心地位存在复杂的竞合关系。鉴于国内金融改革进程以及资本项目开放的实际，一个被普遍接受的折中定位是，在人民币国际化过程中，上海主要作为在岸人民币中心、香港主要作为离岸人民币中心发挥作用。试验区成立后，究竟会采取何种方式发展离岸金融业务？离岸金融对国内金融改革开放、在岸监管创新有何推动作用？相关业务的发展将对香港等境外离岸金融中心形成多大影响？离岸业务能推动人民币国际化走多远？围绕这些问题，我院"人民币国际化战略和实施路径"课题组联合北京、合肥等地方发改委专程赴上海开展了调研。

一、调研情况

在沪期间，上海市发改委和调研组围绕试验区成立背景、政策框架、未来前景等问题召开了座谈会，与会部门包括人行上海总部、上海银监局和证监局等金融监管机构，以及中国银行上海分行、浦发银行等首批入驻试验区的金融机构。各部门和金融机构结合自身职能和业务，详细介绍了试验区相关情况。

（一）试验区概念的提出及出台过程

上海市发改委是试验区总体方案研究的牵头部门。此前，围绕建设国际贸易中心、国际航运中心、国际金融中心，上海有关部门对自由贸易区政策曾有过较为深入的研究，但考虑到自由贸易区概念复杂、影响面大、预计很难获得中央部门一致认可，所以没有明确提出。2013 年 1 月，上海市政府在《上海市推进国际贸易中心建设条例》中，正式提出要在上海"探索建立符合国际惯例的自由贸易园区"。条例的提法是建设"自由贸易园区"，而非目前的"自由贸易试验区"；初衷是探索将现有四个海关特殊监管区域升级为国际通行的自由贸易园区，并依托保税区位于浦东新区的优势，发挥综合改革配套试验区改革开放的功能。

3 月，李克强总理一行在上海调研期间明确提出，鼓励并支持上海积极探索在现有综合保税区基础上，研究如何试点先行建立一个自由贸易试验区，进一步扩大开放，推动完善开放型经济体制机制。4 月，相关工作开始全面推进，商务部牵头编制总体方案，上海市配合发改、一行三会等国家有关部委制定试验区方案。6 月底，方案正式报国务院。7 月，国务院常务会议原则通过《中国（上海）自由贸易试验区总体方案》。8 月，全国人大批准四部法律有关规定在试验区暂停实施。9 月 27 日，试验区正式挂牌。

从上述过程不难看出，虽然上海关于自由贸易区、自由港等政策研究酝酿多年，但试验区的推出过程仍较为仓促。"特事特办"、采取暂停法规在试验区内实施这样的措施，能够解决程序性问题，但具体政策细节、监管措施的调整，显然无法同步实现。

（二）试验区总体设计

与会部门认为，试验区方案的核心思想是制度创新，是实实在在推进改革，而不是优惠政策。明显的例证是，此前各界普遍预期的税收优惠政策并没有给予试验区。制度创新主要包括四个领域：一是投资管理制度创新。在试验区实行负面清单管理模式，"非禁即入"，只要没有明文规定禁止，市场主体无须审批，均可投资。已编制的 2013 年负面清单中，1069 个产业小类只有 190 条列入负面清单，今后将逐年动态调整并公开发布新版本。此外，外商投资制度从核准制向备案制转变，工商部门商事制度也从审批制向备案制转变，做到在市场准入方面更加宽松、在工商注册登记方面更加便利、在企业日常经营方面更加顺畅。

二是贸易监管制度创新。实行"一线放开、二线管住、区内自由"政策，试验区与国外和台港澳地区之间的界线为"一线"，除涉及国家安全、公共安全的事务，一关两检尽量简化；试验区与境内上海其他区域之间的界线为"二线"，口岸部门继续严格管理，从境内入区视为出境；试验区内的人员、货物、资金流动完全自由。通过这些政策积极推进贸易模式转型升级，加快发展离岸贸易和航运物流等的发展，强化上海国际贸易和航运中心地位。

三是金融领域的制度创新。在风险可控的前提下，实现试验区内人民币资本项目可兑换、金融市场利率市场化、人民币跨境使用等方面先行先试，金融机构资产方价格实行市场化定价；探索外汇管理改革试点，深化外债管理方式改革和跨国公司总部外汇资金集中运营管理试点，实现跨境融资自由化和便利化；推动金融业向民营资本和外资金融机构开放，允许设立外资银行和中外合资银行、有限牌照银行，建立面向国际的交易平台，逐步允许境外企业参与商品期货交易。为此，自贸区将允许部分中资银行从事离岸业务。

四是综合监管制度创新。围绕探索建立与国际高标准投资和贸易规则体系相适应的行政管理体系的目标，深化行政管理体制改革，推进政府管理由注重事先审批转为注重事中、事后监管。在自贸试验区建立信息共享和服务平台，加强社会信用体系建设，探索建立综合执法体系，鼓励社会组织参与市场监管，建立安全审查和反垄断审查协助机制以及综合评估机制，建立风险防范体系。

（三）金融配套政策及机构动态

金融监管政策越到微观越复杂。目前，人们银行关于试验区人民币资本项目可兑换的最新政策尚没有出台，银监会和证监会两大监管部门出台的政策非常谨慎。银监会方面，9月29日发布了《中国银监会关于中国（上海）自由贸易试验区银行业监管有关问题的通知》，对中外资银行入区经营发展、区内设立非银行金融公司以及区内开展离岸业务等八项内容予以原则性规定。上海银监局积极听取了驻区金融机构上报的近百条业务实施诉求，正研究为金融机构配套出台相应监管细则。据介绍，未来，自贸区将建立区内银行业特色监测报表体系，探索完善符合区内银行业风险特征的监控指标，在优化调整存贷比、流动性等指标计算口径和监管要求方面做探索性尝试。

证监会围绕支持试验区发展，提出了同意上海期货交易所在区内筹建能源交易股份有限公司、支持区内符合条件的单位和个人双向投资境外期货市场、支持有关证券期货交易机构在区内注册成立专业子公司、支持区内证券期货经营机构开展面向境内客户的大宗商品和金融衍生品的柜台交易等五条意见。目前已经开始着手由上海期货交易所在自贸区内筹建"上海国际能源交易中心股份有限公司"，承担推进国际原油期货平台筹建工作，未来将依托这一平台，全面引入境外投资者参与境内期货交易[①]。金融机构方面，9月29日，首批工商银行、农业银行、中国银行、建设银行、交通银行、招商银行、浦发银行及上海银行等八家内资银行获准设立自贸区分行，花旗银行、星展银行等两家外资银行获准设立自贸区支行。据介绍，从政策定位来看，试验区金融创新主要方向在离岸金融领域，争取成为全球人民币创新、交易、定价和清算中心，加快推动人民币国际化进程。

与会金融机构认为，设立试验区对上海区域银行业有正面影响：一是拓展了银行业跨境业务领域，二是扩大了银行国际中间业务，三是加快银行业国际化进程，四是通过"鲶鱼"效应加快境内银行业的转型。负面影响：一是加剧了中外资银行的同台竞争，试验区内企业在融资上将更加方便，不仅可从中资银行、也可从外资银行、国际资本进行借贷；二是存贷款利率将完

[①] 据了解，证监会之所以主要选择期货市场作为政策支持重点，是由于当前国内证券市场发展不理想，如果贸然围绕股票市场提出一些新的政策，恐冲击市场。事实也正是如此，十月初，围绕试验区设立"国际板"传闻，沪深及香港股市一度明显波动。

全根据市场供求确定，在产品开发、资产价格水平等方面，中资银行将直面外资银行竞争。

与会金融机构表示，试验区内银行在金融产品设计方面还没有明显优势，资金来源仍主要依靠同业拆借，各类存款等中长期竞争优势还未显现，客户定制式汇率、利率组合产品设计仍在研发阶段。正式开展业务运作以后，更多资金将来自海外，试验区针对境内合法合规的套利投资行为不可避免。金融风险集中在流动性风险、反洗钱风险和市场定价风险三个方面，目前金融机构是否具备相应的风险应对能力尚待检验。从金融机构看，区内外银行分账管理是隔离风险的有效途径[①]；从监管角度，如何完善监管服务体系，探索建立符合区内金融业实际的相对独立的金融监管体制，贴近市场提供监管服务，有效防控风险，仍是摆在监管部门面前的重要问题。

（四）对试验区金融制度创新政策的初步评估

多数舆论对试验区寄予了很高期望，认为，试验区设立拉开了我国第三次对外开放的序幕，是新一届政府打造中国经济升级版的重要行动，将对中国经济增长和结构转型带来重大影响。其中，金融制度方面的创新，可以为国内金融改革和人民币国际化积累经验，将有效提升中国金融业的市场化和国际化水平。但也有观点认为，目前自试验区政策"风声大、雨点小"，提出的政策多是概念性的，缺乏执行细节。关于金融领域制度创新的表述过于原则，其中很多提法此前在各类文件中已经多次提及，许多问题牵涉具体的业务细节，在实施细则出来之前，金融机构无法操作。

在人民币资本项目可兑换方面，究竟可以放开哪些项目尚未明确，与会部门判断，可能主要还是在个人本外币兑换限制方面有所松动。利率市场化方面，境内贷款利率已经放开，在试验区内继续推进利率市场化，只能是围绕放开存款利率管制展开，而以存款为主的负债方定价市场化尚无具体时间表。人民币跨境使用方面，先行先试的应该是试验区与境外之间的跨境业务（所谓"一线"放开），而试验区与境内之间的资金跨境，势必继续受到监管（所谓"二线"管住）。金融机构资产方价格市场化定价方面，与会金融机构一致认为目前多数资产定价已经市场化，此政策缺乏意义。外汇和外债管理

---

① 中行将其海外分行结算和风控系统应用于上海的278家分支机构，自贸区内分行独立建账，通过行内两个认证中心之间严格监管应对潜在风险。

改革试点方面，可能放松的是区内外总分行实现分账管理后，监管机构对区内分支机构的本外币头寸要求。跨国公司外汇资金集中运营政策能否取得预期效果，取决于资本项目管理政策如何调整，如果有足够的自由度，企业自然会做，否则，跨国公司不会选择在试验区集中管理资金。试验区内金融业市场准入的放松政策取得进展的可能性较大，中外资机构都会有兴趣在试验区内拿到新的牌照，至于未来开展什么样的业务，仍取决于下一步政策细节如何确定。

二、分析判断

从以上调研情况不难看出，试验区目前发展尚处于起步阶段。虽然挂牌以来，区内金融机构纷纷升级、金融非金融企业争相入驻、区内及周边房地产价格大幅上涨，但未来国家究竟会赋予试验区什么样具体政策、离岸金融业务究竟会在多大规模上得到发展，还都是未知数。从理论推演和香港人民币离岸业务情况分析，调研组对试验区有以下认识。

（一）设立自贸区是新时期主动开放、谋求发展的战略选择

自贸区不应被简单理解为区域经济政策，它不是中央对某个地方的优惠，而是国家战略，是启动新一轮增长、提高增长的质量和效益、推进国内改革的必然选择。从国际看，主要经济体复苏步履蹒跚，在新一轮技术变革到来之前，各国纷纷通过构建新的多边、双边机制谋求新的增长优势。通过设立自贸区的方式主动开放、加快开放，可能扭转我国在 TPP 等新多边机制谈判中的被动局面，在未来新的国际经济金融秩序中争取主动。

从国内看，2008 年积极应对金融危机政策总体上取得了积极成效，保住了增长、就业，解决了一些民生问题，促进了世界经济稳定，但一度形成了明显通胀压力，抬高了进口大宗商品价格，埋下了平台债务隐患，助长了房地产泡沫，恶化了产能过剩矛盾。面对这些矛盾和问题，各界普遍达成的共识是，我国再也不能通过简单刺激政策拉动增长，而应重点通过深化改革、释放改革红利，提升增长的质量和效益，推动经济转型升级。从区域看，随着上海等东部省份总体发展水平接近中等发达国家水平，潜在增长率不断下降，投资拉动的空间不断收窄，迫切需要新的体制、新的途径稳定增长。

（二）在金融领域摸索经验"倒逼"改革的逻辑未必成立

我国从西方大规模制度移植的阶段已经结束，没有那么多现成的模式可供借鉴参照。我国社会主义市场经济体制已经建立，包产到户、股份制这样立竿见影的改革举措已不多见。一些深层次矛盾是多数国家共同面对的，如，平衡增强经济激励与缩小收入分配差距之间的矛盾，不是一纸文件一朝一夕能够解决的；另外一些改革，如调整宏观调控中的中央与地方关系，涉及国家体制，不能随意改弦更张；还有一些问题，触动的利益很大、很集中，而带来的收益很零碎、很分散，难以形成改革动力。只有持久攻坚，自下而上，逐步探索有中国特色的体制机制，不能指望凡事都顶层设计，推导出来，短期见效。改革过程中，地方试点、逐步摸索经验、逐步推广，仍然是有效途径之一。但具体到金融领域看，试验区摸索经验"倒逼"改革的逻辑值得商榷。

首先，在金融和非金融部门之间、中央与地方之间存在严重的信息不对称。当货币当局、监管当局认定某些改革措施将引发金融风险时，其他部门无由置喙，谁也不敢、也无法承担责任。所谓离岸金融，其存在的基础就是对在岸监管的规避、或者说逃避，地方研究提出的改革措施只能是站在地方立场上，至于这些措施对整个金融稳定有何影响，只能由中央部门形成判断。其次，金融部门管理权限多有其法律基础，行政必须依法、改革也要依法。试验区金融政策设计需要暂停或修改的法规涉及方方面面，只能通过全国人大，而人大势必听取部门意见。这一矛盾无法通过立法权的下放来解决。从此前经济特区立法权的多年实际看，即便赋予试验区与四个经济特区同等的立法权，也是形同虚设。最后，试验区内金融机构多是境内总行、分行的分支机构，业务权限、金融创新产品设计能力非常有限，只能是依赖于总行，而总行只能依据监管细则设计金融产品开展业务，这就决定了区内金融改革创新进程不会太快，不会"倒逼"改革，而只会在区外监管部门、总行的指导下，有序推进。

（三）未来试验区经验可越过扩大试点阶段、直接在全国推广

设立试验区的目的显然不在于加快试验区自身的发展。与改革开放之初，在境内外经济发展水平落差极大、几乎一张白纸情况下设立经济特区不同，试验区有四块独立的海关特殊监管区组成，总面积28.78平方公里，基本是建成区，除了金融业外，还要发展航运、物流、出口加工等诸多产业。未来大量本

外币资金进入、国内外金融机构入驻后，其发展重点一定不在试验区内，而在于以试验区为跳板、跨越试验区进入境内，依托境内经济谋求利益。此一点与国内其他综合改革试验区有很大差异。

以广东南沙、前海为例，这些区域都有着大量未开发土地，入住企业、流入资金在较长时期内可以依托区域内的发展需求获得增长空间。香港的低成本离岸资金跨越一线流入当地，在区域内能够就地消化，不必跨越二线进入境内，如，前海的相关政策规定，在前海注册的企业可以在一定额度内赴香港筹集离岸人民币资金，通过规范渠道回流，用于区域内基础设施等领域投资。这就决定了试验区摸索出的二线跨境经验、商业模式，至少在短时期内，没有在其他区域复制的迫切性和必要性。

资本项目开放、金融市场准入放松是试验区未来可能突破的重点政策领域。与货物、人员流动相比，资本有着更强的流动性。在资本项目开放方面，要么放、要么不放，不存在对某些区域放、同时对其他某些区域继续严格监管的可能性，此前天津滨海新区港股直通车政策的存废就是明证[1]。因此，一旦试验区在资本项目方面摸索出新的模式，没有必要再经过在其他区域复制、试验相关政策这一中间环节，可以直接在全国推广。

（四）试验区离岸金融业务模式将与目前其他离岸中心类似

如上所述，资金、国内外金融机构进入试验区后，必然着眼于以试验区为跳板流入境内，获得跨境套利收益。有得必有失，商业银行和企业在上述套利中获得的收益，必然通过人民银行外汇储备虚增这一环节体现为央行资产负债表的损失，这种损失一定程度上可以理解为国家对试验区的潜在补贴。

试验区可能的套利模式将与目前香港类似：一是现汇汇价差套汇。当市场上存在人民币升值预期时，更多的人民币跨境贸易结算会发生在进口端，且试验区内人民币存款不断上升；而当市场上存在人民币贬值预期时，更多的人民币跨境贸易结算会发生在出口端，且试验区人民币存款不断下降，试验区内市场主体获得套汇收益。二是试验区与境内利差套利。试验区的贷款利率可能低

---

[1] 2007年，我国曾打算出台"港股直通车"政策，允许中国银行天津分行独家办放行内地个人直接投资海外证券市场业务。任何国内资金都可以通过合法渠道流往天津，指定天津分行独家办理此项业务，除了扩大天津分行业务规模外，起不到控制资本流出的作用。最终该政策没有出台。

于境内市场的贷款利率。因此对于内地企业而言，如果能够通过特定途径获得试验区内商业银行提供的贷款，可以降低贷款成本①。而对于试验区金融机构来说，由于存款利率水平低，即便贷款利率水平较低，也仍然有利差空间。

试验区设立初期，区内人民币资金规模有限，很可能首先争取从其他离岸中心吸引资金流入，如，试验区内金融机构根据境外人民币市场利率情况，依托试验区内的存款利率市场化政策，向香港的境外机构提供略高于国际市场利率水平的存款类金融产品，吸引离岸人民币汇集试验区，而后再通过国家可能给予试验区的人民币流入限额，向境内市场主体提供略低于市场利率的贷款类产品。

只要境内外有监管落差、有市场波动，离岸市场就有套利机会。未来，如果人民币升值预期消失，离岸人民币市场规模将显著缩小，包括试验区在内的各境外金融市场将围绕境内外汇资金流出入，发展新的商业模式。

（五）与香港等人民币离岸中心存在竞争关系

试验区与境内之间的二线监管越是宽松，对香港的替代效应越强。目前，香港是境外最大人民币离岸中心，80%以上的跨境贸易人民币结算发生在内地与香港之间，逾万亿元境外人民币资金的80%左右集中在香港，至8月末，在港人民币存款已达8700亿元。试验区的设立，不可避免地将于香港形成竞争关系：一是长三角地区的跨境贸易人民币结算业务将更多发生在内地与试验区之间，弱化香港在此类贸易结算中的地位；二是香港的离岸人民币资金存量将部分流往试验区，减少香港的人民币资金规模；三是随着试验区功能的完善，一些跨国公司资金管理职能可能北移到试验区，降低香港金融服务业的需求。当然，以上三种可能性在多大程度上能够成为现实，仍取决于试验区政策体系最终如何设计。

未来两地合作共赢的空间也依然存在，毕竟香港是老牌国际金融中心，

---

① 最流行的跨境套利活动之一是基于人民币信用证的"内保外贷"。操作方法为：首先，内地企业A将人民币存入内地银行甲，要求甲开具一张到期日较长的人民币信用证；其次，内地企业A用从其香港关联企业B进口的理由，用信用证向B付款；再次，B企业以该信用证为抵押，向香港银行乙申请低利率的人民币贷款；最后，B企业以从内地企业A进口的理由，将人民币资金转移至A企业。上述跨境套利活动的结果，从企业层面来看，是内地企业A最终获得香港银行乙提供的低成本贷款；从人民币跨境贸易结算来看，是同时发生了基于出口与进口渠道的两笔人民币跨境结算业务；从银行渠道来看，是内地银行向香港银行开出了人民币信用证，而香港银行向内地银行提供了人民币贷款。

1100 平方公里土地面积远远超过试验区。香港的法制健全且与英美接轨、市场国际化程度高、营商环境优良，与试验区在离岸贸易、企业跨境融资与投资、个人跨境金融服务、人民币离岸存贷款、人民币发债、人民币交易与清算、以及法律、会计、管理等专业服务领域都有合作空间。

（六）对推进人民币国际化的作用有限

课题组将人民币国际化的推进模式归纳为二十个字："管制是前提、政府来主导、离岸做平台、升值为驱动"。在具体政策细节出台之前，我们很难判断试验区离岸业务会在多大程度上改变这一推进模式。可以肯定的是，即便试验区的自由度达到香港的水平，如果二线管制没有突破，也缺乏实际意义。在包括伦敦、法兰克福等都纷纷盯上离岸人民币蛋糕的情况下，我们不缺一个新的离岸市场；在境外人民币已逾万亿的情况下，试验区内再多囤积几百亿人民币，也提升不了人民币国际化水平。

三、结论和政策建议

上海自由贸易试验区发展目前尚处于起步阶段，政策框架已经明确，实施细则没有出台，未来可塑性极大。自贸区是国家战略，应积极谋划、主动赋予试验区更多特殊政策，而不是等着区内机构提出业务发展诉求，再去逐项审批。

近期应抓紧推动试验区早日投入实际运作，在具体操作中寻找业务增长点、发现问题、弥补漏洞。建议分三块设计金融政策：一线金融政策应采取负面清单模式，除了反洗钱、定期金融数据报备统计外，完全放开，与国际金融市场完全接轨。二线金融政策可参照现有离岸人民币资金流出入模式，给予试验区内金融机构一定额度跨越二线流入境内的人民币规模，在一定程度上容忍跨境资本套利行为。区内金融政策、金融监管可参考香港金融管理局模式，在分账管理基础上，抓紧出台区内银行及非银行金融机构合规性监管细则，同时尽快设立试验区专门的金融管理机构。中期应充分考虑人民币升值预期消失、市场出现贬值预期对试验区及其他离岸中心的影响。贬值预期下，境内外币资金可能大量外流，试验区将由离岸人民币中心转变为"离岸境内外币资金中心"，金融机构相关模式将会发生很大变化，二线监管以及区内合规性监管重点也需相应重新设计。试验区在金融改革开放和金融监管方面积累的经验，无需经过在国内其他区域扩大试点范围这一中间环节，可分阶段直接在全国推广。远期应考虑对试验区、香港和国外离岸人民币业务发展重点合理分工，建议未来离岸人民币贷款业务以试验区为主，离岸企业债券业务以香港为主，国债、金融债等人民币主权债券发行可较多选择伦敦等国外金融中心。

从国际货币史看，没有哪个国家出于货币国际化动机放松国内管制。离岸市场存在的意义在于弥补在岸市场的缺陷、回避在岸监管，在一段时期内作为替代国内全面改革、全面开放的技术性手段发挥推动本币国际化的作用。从长期看，金融管制的放松是大势所趋，市场的选择和认可是主权货币国际化最终动力。试验区只有在推动我国金融市场加快发展、金融管制全面放松、市场主体国际竞争力显著增强等方面有效积累经验，才能推动人民币国际化取得实质性突破。

（张岸元、李世刚、于晓莉）

第十二章　发行离岸人民币债券、支持 "一带一路" 项目融资

　　"一带一路"战略实施资金需求浩大，必须考虑市场化融资渠道。采取有关国家在香港发行人民币债券方式筹集资金，有利于优化融资结构，有利于引入国际资本市场力量防范违约，有利于降低我企业汇率风险，有利于实质性推进人民币国际化，有利于香港金融市场的繁荣。我政策性金融机构可采取多种方式提供增信服务，内地在港金融机构可积极参与项目融资。

　　"一带一路"战略实施资金需求浩大，许多沿线国家经济体量有限，财力薄弱，国际评级不佳，希望我国政府和企业承担主要投融资责任。但必须看到，"一带一路"规划建设的主要项目位于境外，在项目实施早期，相关国家政府和人民是主要受益者，因此，除我国资金外，相关国家也应多渠道组织动员金融资源，配合中方实现项目融资。由有关国家在香港发行人民币债券，是可供选择的渠道之一。

一、必要性

　　一是有利于优化融资结构。我国政府目前每年对外援助资金（包括无偿、无息、优贷）总规模不到 300 亿元人民币。这些资金覆盖全球几十个国家、二十多亿人口，其中许多项目已有安排，不可能大规模调整，用于 "一带一路"国家。援外之外的资金渠道，一是开行及国内商业银行提供的市场化间接融资，二是亚投行、丝路基金及其他双边基金提供的直接融资，这两类资金都是由我国主导，都使用美元。有关国家在香港采取人民币债权方式融资，可以丰富融资方式，实现直接融资和间接融资的平衡，实现融资主体的多元化和币

种的多元化，最终优化融资结构。

二是有利于引入国际资本市场力量防范违约。高风险是我国企业参与"一带一路"项目面临的主要问题。如果我国对有关国家一对一融资，违约后果全部由我一方承担，鉴于"一带一路"融资规模，这显然超出我方承受能力。在香港公开发行债券，将有效增加项目透明度，引入国际信用评级、监管等多方面力量开展外部风险管控，显著降低我方尽职调查难度。不仅如此，与对我国主权债务违约相比，有关国家对国际资本市场大面积公开违约会更加忌惮，多元化公开融资将显著降低有关国家的违约概率。

三是有利于投融资双方降低汇率风险。汇率风险是妨碍我国企业投资的重要因素之一。"一带一路"国家货币大多与美元挂钩或参照美元，按照目前美元为主融资方式，融资方和被融资方将面临两重汇率风险：一是人民币兑美元汇率风险，二是有关国家货币兑美元汇率风险。绕过美元、实现人民币融资后，汇率三角关系将不存在，投融资双方将仅面临人民币兑有关国家货币汇率的风险。在一些财务支付安排下，我国企业甚至可以完全不受汇率风险的困扰。

四是有利于实质性推进人民币国际化。国内金融市场发育不全、开放度不够是制约人民币国际化的重要因素之一。在此之前，境外投资者之所以愿意持有人民币，是因为可以从人民币升值中获益。去年以来，随着人民币兑美元升值预期改变，人民币回流压力明显上升，这显然不利于人民币国际化推进。有关国家在香港成规模发行人民币债券之后，境外人民币投资渠道将明显拓宽，人民币将在境外形成新的资本循环，这样的国际化正是我们真正愿意看到的。

五是有利于香港人民币离岸市场的繁荣。去年以来，新加坡、台湾、伦敦等市场对境外离岸人民币的吸引力显著上升，香港在其中的市场份额有所下降。从金融合作和监管层面看，境外人民币集中在香港，与内地市场的互动关系更加容易建立，监管沟通渠道相对畅通，因此有必要发挥香港在"一带一路"融资中的作用，支持香港发展人民币离岸业务，使香港国际金融中心地位获得新的有力支撑。

二、可行性

一是有关国家没有理由拒绝人民币融资建议。目前规划的许多项目位于境外，项目开工建设，在近期首先有利于这些国家的发展，对方有自主融资的义务。在"一带一路"涉及国家中，部分国家主权债务规模不大，国际评级不高、但仍属于投资级，存在对外负债空间。去年以来，一些国家曾经在国际市场发行美元或欧元债（如巴基斯坦），一些国家曾经在与我双边中央银行货币互换项下动用人民币资金额度，我们完全可以公开倡议有关国家考虑在香港发行人民币债券的方案。

二是香港积存了大量人民币资金。经过十一年的发展，香港现已成为全球规模最大、最具深度、最为活跃的离岸人民币中心，截至2014年末，人民币资金池总额超过1.1万亿元，近两年每年新增人民币资金2000亿元以上。同时，香港也是全球规模最大的离岸人民币债券市场，过去四年在港发行人民币债券年均规模突破1000亿元，2014年全年发行人民币债券1602亿元，截至2014年末在港人民币债券余额超过4500亿元。"一带一路"沿线有关国家政府、企业、金融机构，在适当增信和部分担保的条件下，完全可以用好用足香港人民币资金池庞大、债券发行人多元化、券种多样化、融资成本低、交投活跃度高等优势，在港交所实现债券发行和债券交易，在获得支持"一带一路"建设的长期可持续且成本适当资金的同时，也有利于引入国际资本市场力量防范重大违约事件，市场各方对这一融资方案势必持欢迎态度。

三是香港各界有着强烈的参与"一带一路"意愿。香港在金融业和专业服务方面拥有国际领先优势，也是可靠实现第三方融资的首选之地。调研发现，香港各界参与"一带一路"意愿空前高涨，各界呼声主要集中在三个方面：一是探讨以适当身份和出资比例参与亚投行、丝路基金等重要金融机构；二是继续发挥香港作为桥梁和纽带的作用，吸引更多内地旗舰型国有金融机构和国际金融机构在港专设服务于"一带一路"的运作平台（如SPV等）；三是发挥香港法律、咨询、会计、审计、项目尽调等专业服务业比较优势，为重大战略性项目提供融资及相关一揽子金融解决方案。

四是我可提供增信等多种金融服务。建议有关国家在香港发行人民币债券，并非简单将这些国家推进国际资本市场的汪洋大海。我国金融机构可多方面提供支持。如，中信保等予以担保，通过增信支撑债券发行，降低融资成本；我在港金融机构采取承销、包销等方式确保融资等。

（陈建奇、张岸元）

第十三章 引导小国货币与人民币挂钩或有可为
——经济研究所课题组赴东帝汶调研报告

中小经济体货币与人民币挂钩是人民币国际化的重要方面。我可采取知识与经验推介及输出、央行间双边货币互换支持、少量金融基础设施援助等方式，引导一些货币与我挂钩、或至少将人民币纳入其汇率参考货币篮，扩大我货币金融影响，使人民币国际化获得更多支撑。

2011年四季度以来，受国家开发银行委托，国家发改委经济研究所组成课题组陆续开展了东帝汶货币金融体系研究。今年4月，东帝汶财长来华，双方就相关问题交换了意见。5月21日至29日，课题组随开行规划局领导赴东帝汶调研，期间，访问了财政部和中央银行，与对方政府官员、经济学家进行了深入沟通。我们有一些不成熟的设想：在未来东帝汶货币发行过程中，或可采取多种方式引导其与人民币挂钩，扩大我货币金融影响，使人民币国际化获得更多支撑。

一、货币金融领域概况

东帝汶位于印尼与澳大利亚之间，面积1.48万平方公里，2010年人口107万，GDP3.9亿美元，人均366美元，是世界上最不发达国家之一。东帝汶2002年建国，当年与我建交并长期保持良好关系，双方高层互访不断，经贸往来发展迅速，至今我一直往该国派驻维和警察。

建国十年，东帝汶一直没有独立发行货币。此前境内流通美元、澳元、印尼盾等多种货币，后美元被指定为唯一法定货币。2010年末，M1为1.41亿美元、M2 为 2.95 亿美元，货币供应中，本国仅累计发行约 400 万美元与相应美元等值的辅币（50 分、25 分、10 分、5 分、1 分，葡萄牙铸造），用于国内日常流通。2011 年，该国建立中央银行，主要从事支付结算、金融机构牌照发放、石油基金管理以及一些研究工作。

东帝汶目前有四家商业银行，其中，三家外资行分别来自澳大利亚、葡萄牙、印尼，另有一家本地银行，银行及分支机构多在首都帝力。由于银行呆坏账比例高达 30%，商业银行主要从事存款业务，贷款规模非常有限。该国资本跨境流动几乎不受监管，银行资金大量通过总分行渠道外流，作为全球最贫穷国家，也像许多发展中国家一样输出资金。近期该国正计划组建东帝汶国家开发银行，要求国有股占 51%，本地资本占 25%，外资允许占 24% 股权。据了解，葡萄牙两家银行已有意参股。此外，世行、亚行、日本海外协力基金等在本地也开展一些业务，但总体规模十分有限。

没有货币也就无所谓货币政策，因此财政政策是该国最主要的经济调控工具。近年来，政府动用石油基金收入用于扩大国内支出，导致境内美元流通量猛增（2008、09 年 M1 增速分别达 38.2%、33.0%），再加上食品等输入性通胀因素，国内通胀高企，今年 1 月的通胀率高达 17.7%。

二、迟迟没有发行本国货币的原因

东帝汶政府高层并非没有意识到建立本国货币金融体系的重要性，之所以迟迟没有发行本国货币，原因是多方面的。一是经济金融管理当局认为本国经济总量小、人口数量少、发展水平低，不具备货币发行的经济基础。二是该国除石油出口外的经常项目长期逆差（每年约 2.8 亿美元），国内通胀水平居高不下，当局担心发行本国货币无法获得信誉，容易出现对内恶性通胀、对外严重贬值局面，反而导致经济混乱。三是现代货币金融知识极度缺乏，人才奇缺，完全不具备相关知识和能力。四是在东帝汶的世行、国际货币基金组织、亚行以及澳大利亚等国专家默认、或许乐见美元流通局面，片面强调自主发行货币的困难和不足，影响当局观点。调研发现，有关国际机构专家在东帝汶工作时间短暂、个别人能力水平有限，在一些重大问题上并没有站在东道国立场上考虑问题。

近年来，东帝汶发行本国货币、建立本国货币政策体系的呼声趋于高涨。一是短期应对通胀的需要。部分人士认识到，只有发行本国货币才能有效开展流动性管理，消除引发通胀的货币因素，制定并实施货币政策管理。二是石油基金保值增值的需要。石油出口是该国最主要的收入来源，为了避免这一财富被不当使用，石油出口收入全部纳入石油基金专门管理，5 月末，金额已达 102 亿美元。与我国外汇储备管理面临的争议类似，由于经营能力有限，石油基金大量投资于发达经济体主权债务，只能在美债与欧债之间调整头寸，受欧美债务危机影响，基金账面损失严重。该国有观点认为，如果能将部分石油出口收入转化为本国货币财富，或许能够摆脱国际金融市场动荡的影响。

三、我们强调的观点

针对对方的顾虑，交流中我们提出以下观点。一是发行货币、建立独立自主的货币金融体系是经济独立的前提；建立货币金融体系之后，国家发展将获得新的助推、宏观调控将获得健全手段；如果新一届政府仍无法发行货币，在政治和经济上都无法交代。二是经济规模大小、发展水平高低与货币发行无关，东帝汶完全有能力在较短时期内完成国内货币替代。与东帝汶同为"葡语国家共同体"成员的我国澳门，人口仅为东帝汶的一半多，毗邻中国内地与国际金融中心香港，仍独立发行澳门元，东帝汶没有理由做不到。三是依托石油基金，控制通胀、稳定汇率、建立货币信誉并无太大困难。建议未来央行围绕新货币，对内实行通胀目标制，对外盯住某一国际主要货币实施联系汇率安排，藉此维护货币信誉，确立本币地位。

重点围绕选择何种国际货币盯住，我们从东帝汶的角度，给出三套方案备择。一为美元，其优势是全球主要货币，为该国主要外汇收入币种；劣势是美元存在长期贬值趋势，双方政治关系并不密切，美联储未必愿意与之开展货币合作。二为澳元，其优势是双方存在地理、经济、历史纽带，澳央行可能愿意开展合作；劣势是汇率不够稳定、作为资源性货币全球地位有限，且澳元不是东帝汶主要外汇收入币种。三为人民币，其优势是双边经贸关系前景广阔，或许存在央行间开展货币合作可能性，汇率稳中有升；劣势是目前人民币全球地位不高，不是东帝汶主要外汇收入币种。

在交流中，对方表示认可我们的主要观点，指出澳门货币发行和使用的经验值得关注，并将在未来汇率制度安排方面听取我们的意见。同时对方一些经济学家判断，7 月份总理大选后，新一届政府可能会加紧推进相关事务。

四、我国利益何在

　　从实体经济角度看，东帝汶经济增长前景良好，预计未来相当长时期内，经济都将保持两位数增长；我国企业正积极谋划全面参与该国基础设施、能源、旅游、农业以及劳动密集加工业，如果未来该国货币与人民币挂钩，将为我国企业进入该国创造更多机会，提供更大便利。从货币金融角度看，近年来，人民币国际化进程明显超过预期，但其中诸多政策举措存在争议，如，国际化与国内改革孰轻孰重孰先孰后、现有人民币对外结算方式导致外汇储备虚增、离岸中心发展对在岸市场的影响等，应考虑更为多元化的人民币国际化推进方案。东帝汶新货币与我挂钩，将是人民币国际化历程中的一个标志性事件，众多中小货币可望因为此示范而向人民币靠拢，国际货币体系改革将出现一个新的方向。我国开发性金融机构以及普通商业银行也将更加容易在该国占据市场份额。

　　未来随着东帝汶正式启动货币发行相关事务，可以预见，有关国家（甚至可能包括印尼）将围绕扩大本国货币势力范围展开角逐，最终结果难以预测。我国似可考虑通过知识与经验推介及输出、央行间双边货币互换支持、石油基金多元化投资合作、少量金融基础设施援助（结算、ATM 硬件）等方式，引导新货币与我挂钩、或至少将人民币纳入其汇率参考货币篮。

（张岸元、李世刚）

第十四章　SDR 需要人民币还是人民币需要 SDR？

——基于人民币充当国际货币的稳定性研究

人民币纳入 SDR 篮子货币的事件引发世界广泛关注，但究竟是 SDR 的稳定发展需要人民币还是人民币国际化需要 SDR？本文对此作深入分析。研究表明，一国货币充当国际货币稳定性的条件是其实际经济增长率大于或者等于通货膨胀率与本国货币收益率之和，进一步的实证研究表明，美元、欧元、英镑、日元等国际货币都长时间偏离保持稳定性的可持续水平。然而，自 20 世纪 90 年代末期以来，中国经济实际增速一直高于利率与 CPI 之和，预示人民币充当国际货币满足稳定性的条件，表明人民币相比美元、欧元、日元及英镑都具有较强的竞争力，人民币国际化有助于提升国际货币体系的稳定性，IMF必须考虑将其纳入到 SDR 的货币篮子，否则 SDR 可能面临不稳定的问题。相反的，虽然人民币纳入 SDR 货币篮子对人民币也有着积极的作用，但 SDR 对人民币的作用不宜高估。

近期人民币纳入 SDR 的货币篮子由学界讨论转向了实质性的操作层面，主流媒体对此给予很高的评价，有些评论认为人民币加入 SDR 货币篮子将大幅提升人民币国际化等诸多利好。然而，SDR 虽然创建了 46 年，但截至目前仍然不是广为人知，社会对人民币加入 SDR 货币篮子事件的关注远远超过了SDR 自身，因而目前看到的结果是人民币提升了 SDR 的国际化水平，而不是相反。如何客观评估这一现象？这不仅有赖于对人民币纳入 SDR 货币篮子作用的探讨，更有赖于对人民币充当国际货币稳定性条件的研究。

一、人民币纳入 SDR 货币篮子的作用：
SDR 与"青岛大虾"的比较

IMF 的 SDR 究竟是什么？虽然大量的评论对此进行了阐述，但大多运用了学术化的定义，不利于社会的理解。"青岛大虾"作为今年国庆节的重要事件之一，在引发社会关注的同时，却为大家理解 SDR 提供了重要的视角。"青岛大虾"事件中，将每只大虾以 38 元人民币进行计算，由此可见，一只青岛大虾就与 38 元人民币等价，国庆节后发现有些房地产楼盘售价以每平方米多少只大虾进行标示，某些单位的职工也将自身的工资表示成几只大虾，青岛大虾已经变为记账单位。然而，青岛大虾并不是货币，而是其将人民币作为其标价时所参考的货币，人民币就是青岛大虾这一记账单位的篮子货币。

从概念上看，SDR 与"青岛大虾"是相同的，SDR 也是记账单位，也不是货币，它是 IMF 在 1969 年创立的，当时规定 35 特别提款权单位等于 1 盎司黄金，即与美元等值，1971 年美元与黄金脱钩后，SDR 在 1974 年 7 月改用"一篮子"货币作为定值标准，该篮子货币除美元外，还有联邦德国马克、日元、英镑、法国法郎、加拿大元、意大利里拉、荷兰盾、比利时法郎、瑞典克朗、澳大利亚元、挪威克郎、丹麦克郎、西班牙比塞塔、南非兰吉特以及奥地利先令。目前 SDR 的货币篮子缩减为美元、欧元、日元、英镑等四种货币，近期人民币加入 SDR 货币篮子后使得 SDR 的货币篮子增加为五种货币。SDR 的价值每天都发布在 IMF 网站上，它通过各货币汇率及货币篮子中的各货币的权数来决定。

既然 SDR 与"青岛大虾"相似，但为何人民币加入 SDR 货币篮子会引发外界广泛关注，而"青岛大虾"这一记账单位并没有对人民币构成同样的影响？归根到底在于 SDR 与"青岛大虾"有着重要的区别，最本质的区别是 SDR 得到了 IMF 的认可，IMF 将 SDR 作为各成员国或者地区在 IMF 的储备资产的记账单位，人民币加入 SDR 的货币篮子客观上体现了 IMF 成员国和地区对人民币的认可，有助于借此提升人民币的国际影响力。

在 IMF 协议条款中，IMF 根据成员国的份额分配 SDR，这种分配方式为成员国提供无成本的资产。然而，如果一个成员国拥有的 SDR 高于他的分配额，那么就会取得利息，相反的必须支付利息，IMF 不能为自己分配 SDR。关于 SDR 的分配，主要有以下两种方式：一般的分配方式（General allocations of

SDRs），这种方式必须基于长期的全球需求，每五年研究一次，但截至目前仅仅分配三次。第一次分配 SDR 是在 1970 至 1972 年分配的 93 亿 SDR，第二次是 1979 至 1981 年分配 121 亿 SDR，使累计分配的 SDR 达到 214 亿 SDR。第三次是 2009 年 8 月 28 日分配的 1612 亿 SDR。此外，还有一种分配方式是特殊的一次分配。IMF 董事会在 1997 年 9 月第四次提出修改协议条款时候建议实行一次性 SDR 分配并建议新增 215 亿 SDR，主要目标是为 1981 年以后加入 IMF 而没有得到 SDR 的超过五分之一的成员分配 SDR。第四次修改建议在 2009 年 8 月 10 日通过。迄今为止，一般及特殊方式分配的 SDR 总共为 2041 亿 SDR（约 2800 亿美元）。

当前 SDR 既不是货币，也不是 IMF 对其他国家的负债，使用时必须先换成其他货币，否则不能直接用于贸易或非贸易的支付，使用 SDR 也主要局限于官方机构和国际金融组织。SDR 如此简单的制度安排可以与其狭窄的适用范围及规模很小相匹配，但 SDR 要发展成为主要的储备货币，必然需要促进 SDR 的使用参与主体多元化，加快推进以 SDR 计价、结算、交易等职能，为 SDR 披上货币的外衣。然而，核心的问题是 SDR 如何得到微观主体的认可和接受？各主权国家货币之所以能够在国家范围内迅速使用并成为商品价值尺度，主要在于它们是法定货币，具有不可抗拒的法律效力。但 SDR 属于超主权货币范畴，单纯货币化 SDR 还难以得到大范围的支持，尽管 SDR 也可以通过在成员国之间制定相关法律以促成其使用范围的扩大，但必须要求 SDR 在稳定性等方面确实超过其他主权货币，否则市场的选择仍然不会大范围接受 SDR。

基于上述分析，促进 SDR 竞争力的提升亟待优先解决的是价值稳定的问题。SDR 自创建以来内在价值并非稳定不变，而是经历了货币篮子的多次调整。目前 SDR 尽管盯住"一篮子"货币，但美元仍然占将近一半的份额，美元的剧烈波动将引起 SDR 的剧烈变化，这种情况可能会影响 SDR 的稳定性。尤其是当前中国经济总量跃升为全球第二，近年来人民币的竞争力在增大，人民币在全球的交易量持续大规模增加，在此背景下，将人民币纳入 SDR 的货币篮子，将有助于提升 SDR 的币值稳定性及吸引力，因而人民币加入 SDR 货币篮子提升了 SDR 的竞争力，当然人民币是否有助于 SDR 的稳定？这就需要在下面进一步研究，分析人民币成为国际货币是否更具稳定性。

二、人民币充当国际货币的稳定性条件： 国际货币体系稳定性的技术条件分析

从上述分析来看，SDR 并非是一国货币国际化的直接原因，相反的，一国货币的国际竞争力持续提升使得 IMF 必须考虑将其纳入到 SDR 的货币篮子，否则 SDR 可能面临不稳定的问题。人民币加入 SDR 货币篮子是否有助于提升 SDR 的稳定性？这就需要进一步分析人民币充当国际货币能否保持稳定。关于国际货币稳定性技术条件的研究并不多见，比较规范的研究只有 Kenen（1960）构建了布雷顿森林体系下美元双挂钩体系稳定性的分析框架，据此提出提升美元利率或者不断增加美国黄金储备是维持美元双挂钩体系的两种途径，但并没有给出特定的判断条件，而且也没有探讨美元双挂钩体系崩溃后的情况。

美元危机导致布雷顿森林体系出现动荡，20 世纪 70 年代美元双挂钩体系崩溃。为适应新的环境，美元放弃与黄金挂钩，黄金不再是货币，而且美元与其他国家货币之间实行灵活的汇率制度，国际货币体系转向主权信用货币充当储备货币的现代国际货币体系。然而，在现代国际货币体系下，缺乏黄金参照的国际货币体系稳定性如何衡量？由于主权信用货币背靠的是一国的主权，归根到底是以一国经济作为支撑，因而主权信用货币充当国际储备的稳定性核心在于主权信用货币与实体经济偏离程度，为此，这里将考察国际储备货币与国际储备货币发行国 GDP 的比重变化情况来分析现代国际货币体系的稳定性。在此体系下，非储备货币发行国对国际储备资产的需求通过对国际储备货币发行国的顺差来实现，即国际储备货币发行国通过国际收支逆差来满足世界各国对国际储备资产的需求，假设 K 为国际储备货币发行国国际收支逆差，R 为国际储备资产 [①]，那么有

$$\frac{dR}{dt} = K \tag{1}$$

即国际储备变化等于国际储备货币发行国国际收支差额。根据（1）式可

---

① 为表达的简单起见，这里仅讨论一种主权储备货币的情形，当然对于多种主权储备货币来说，其分析方法与结论并不会改变，这具有一定的代表性。

以得出国际储备与国际储备货币发行国 GDP 之比的变化率 [1]：

$$\frac{db/dt}{b} = \frac{d\,(\,R/GDP\,)\,/\,dt}{R/GDP} = \frac{dR/dt}{R} - \frac{d\,(\,GDP\,)\,/\,dt}{GDP} \qquad (2)$$

这里 $b = R/GDP$ 表示国际储备与 GDP 的比例。由 (2) 可以看出国际储备与 GDP 之比的变化率等于国际储备增长率与 GDP 增长率之差。假设国际储备货币发行国国际收支逆差与 GDP 之比为 k，即 $k = K/GDP$，GDP 增长率为 n，根据（1）和（2）式可以得出以下关系式：

$$\frac{db/dt}{b} = \frac{d\,(\,R/GDP\,)\,/\,dt}{R/GDP} = \frac{dR/dt}{R} - \frac{d\,(\,GDP\,)\,/\,dt}{GDP} = \frac{K}{R} - \frac{d\,(\,GDP\,)\,/\,dt}{GDP}$$

$$= \frac{K/GDP}{R/GDP} - \frac{d\,(\,GDP\,)\,/\,dt}{GDP} = \frac{k}{b} - n \qquad (3)$$

即：$\frac{db/dt}{b} = \frac{k}{b} - n$，从而可以得出 $db/dt = k - nb$，这是一个一阶线性微分方程，根据一阶线性微分方程的性质（Fuente，2000）知道它存在唯一的定常状态 $\bar{b} = \frac{k}{n}$，并且该方程的通解形式 [2] 是 $b = \bar{b} + C_4 e^{-nt}$，即 $b = \frac{k}{n} + C_4 e^{-nt}$ （4）其

---

[1] 公式（1）与公式（2）的思想主要来自 Kenen（1960），但 Kenen（1960）讨论的主要是离散情形，而这里采用了连续意义上的微积分情形，更有一般意义。

[2] 这里需要考虑两个问题。首先，关于国际储备货币发行国 GDP 增长率 n 为 0 的问题，即国际储备货币发行国 GDP 保持不变的问题。本节探讨的背景是现代国际货币体系，由于 $\frac{dR}{dt} = K$，所以如果国际储备货币发行国以外的国家为了获取国际储备必须保持对国际储备货币发行国的顺差，而国际储备货币发行国 GDP 不变，必然有 $db/dt = d(R/GDP)/dt = (1/GDP)$ $dR/dt = K/(GDP) > 0$，从而 $dr/dt > 0$，国际储备资产对国际储备货币发行国 GDP 的比重呈线性关系不断上升趋于无穷,这种情况必然难以持续。当然这种情况仅仅是数学上的探讨，在现实中并没有实际意义。因为，在现代国际货币体系下，国际储备货币发行国 GDP 不断变化是常态。

其次，当 k 为常数时，论文后续的求解讨论显然成立，但并不意味着这里 k 就只是恒定不变的常数，k 的选择只是一个参照系，不同的 k 改变的是不同的均衡收敛水平，但并

中 C_4 为常数。

上面的分析框架表明只要国际储备货币发行国经济不持续衰退就能促使国际储备与 GDP 之比收敛，以此维持国际储备稳定性，然而，外国持有国际储备的同时会进行外汇储备投资运作，获取投资收益，这些投资收益内生推动外汇储备不断上升，因此，需要进一步扩展上述分析框架，纳入国际储备货币收益率变量。基于上述考虑，国际储备变化就来源于两方面的内容，一是国际储备货币发行国一般国际收支逆差引起的国际储备增加 K，二是国际储备投资收益 Ri，此处 i 为国际储备货币收益率，则 $dR/dt = K + Ri$　（5）

事实上，上述分析框架还存在一些不足，即 GDP 是名义 GDP 而不是实际 GDP，名义 GDP 可能存在这样一种情况，即国际储备货币发行国通货膨胀快速上涨，由此引起国际储备货币发行国名义 GDP 同比例上升，从而将导致国际储备与名义 GDP 之比下降，国际储备货币发行国通货膨胀对国际储备稳定性的影响无法解释，因而采用国际储备与名义 GDP 的比例来分析国际储备稳定性就可能存在缺陷，未能揭示通货膨胀导致国际储备货币币值稳定的问题。因而，更客观的角度是考虑国际储备与实际 GDP 的相对比重，由于实际 GDP 代表实际的经济增长，以此为参照物既能反映国际储备与实体经济的偏离引起的稳定性问题，也能揭示国际储备货币发行国通货膨胀引起的国际储备货币稳定性问题。为此，下面将进一步分析国际储备与实际 GDP 之比的关系。假定物价指数为 P，那么国际储备与实际 GDP 比重就是 $r' = R/(GDP/P)$，国际储备

不会改变稳定性的条件。具体来说，如果 k 在 $[k_1, k_2]$ 区间中变动（$[k_1, k_2]$ 的有界性假定对布雷顿森林体系及现代国际货币体系下是合理的，现实的经验数据并没有出现无界的情形），那么通过 k 的变动，起决定作用的是 $[k_1, k_2]$ 上确界或者下确界对应的边界模型曲线，其他 k 对应的点都落在边界点 k_1（或者下确界）与 k_2（或者上确界）对应的曲线 $b = \frac{k_1}{n} + C_4e^{-nt}$ 与 $b = \frac{k_2}{n} + C_4e^{-nt}$ 内，曲线的收敛与否决定于 n，不同的 k 并不会改变储备资产稳定状态。同时，当 k 取某一特定值 k_0（在此情况下为常数）时，满足方程 $db/dt = k_0 - nb$ 的 b 必然是 $db/dt = k_0 - nb$ 与 $b = \frac{k_0}{n} + C_4e^{-nt}$ 的交点，因而，不同的 k 对应的 b 的变化曲线必然落在 $[k_1, k_2]$ 上确界或者下确界对应的边界曲线 $b = \frac{k_1}{n} + C_4e^{-nt}$ 与 $b = \frac{k_2}{n} + C_4e^{-nt}$ 内，而与 b 的解的形式无关。但由于 $b = \frac{k}{n} + C_4e^{-nt}$ 的边界模型曲线的收敛条件与 k 的选择无关，决定于 n，因而这里及后续模型的求解和讨论不失一般性，不会导致模型结论的有偏性。总体来说，这里运用常微分方程来研究问题符合模型简洁扼要的标准，这里考虑的 k 并非简单的常数，而是将其作为一个参照系，k 的变化并不会对稳定性产生影响，因而采用本文的分析框架并不会对结论产生有偏性。

货币发行国国际收支逆差与实际 GDP 之比为 $k' = K/(GDP/P)$，则结合 (10) 式可以得到：

$$\frac{dr'/dt}{r'} = \frac{d(R/(GDP/P))/dt}{R/(GDP/P)} = \frac{dR/dt}{R} - \frac{d(GDP)/dt}{GDP/P} = \frac{K}{R} + i - \frac{d(GDP/P)/dt}{(GDP/P)}$$

$$= \frac{K/(GDP/P)}{R/(GDP/P)} + i - \frac{d(GDP/P)/dt}{(GDP/P)} = \frac{k'}{r'} + i - (d(GDP)/GDP - d(P)/P)$$

$$= \frac{k'}{r'} + i - (n - \pi) \tag{6}$$

从而，$\dfrac{dr'/dt}{r'} = \dfrac{k'}{r'} + i - (n - \pi)$ （7）

这里 π 为通货膨胀率，而 i 仍然表示国际储备货币收益率，根据一阶线性微分方程的性质可以求得该方程的通解为：$r' = \dfrac{k'}{n - \pi - i} + C_6 e^{-(n-\pi-i)t}$ （8）

这里 C_6 为常数。由式（8）可以看出，实际经济增长率与通货膨胀率、国际储备货币收益率是决定国际储备稳定性的三个关键因素，当实际经济增长率与通货膨胀率、国际储备货币收益率（利率）之差小于零时，国际储备与实际 GDP 之比将趋向无穷大，从而不具有可持续性，相反的，当实际经济增长率大于或者等于通货膨胀率与国际储备货币收益率之和时，国际储备与实际 GDP 之比的动态路径将收敛，从而具有内在稳定性。于是可以得到现代国际货币体系下兼顾币值稳定的国际储备稳定性命题：

命题：在现代国际货币体系下，当国际货币发行国实际经济增长率大于或者等于通货膨胀率与国际货币收益率之和时，国际储备与实际 GDP 之比的动态路径将收敛，国际货币体系具有内在稳定性；相反的，当实际经济增长率小于通货膨胀率与国际货币收益率之和时，国际货币体系稳定性难以保证。

三、人民币充当国际货币的稳定性条件的检验：人民币与主要国际货币的比较

布雷顿森林时期美元双挂钩体系崩溃以后，美元无法再利用双挂钩制度保障其国际货币地位，世界金融体系面临波动，先前通过二战后缔结的布雷顿森林协定已名存实亡，世界主要国家尤其是发达国家内部开始质疑美国主导的金融秩序，欧洲希望通过加速推进经济一体化而摆脱或者降低美元双挂钩体系崩

溃的影响，日本也着力推进自身的货币金融开放以适应全球新的金融环境。理论上世界各国可以通过竞争的方式改变本国货币在国际货币体系中的地位，美元的地位开始接受挑战。特别是 20 世纪末期欧洲经济一体化进程加速诞生了区域统一货币欧元，此后欧元呈现强劲表现，对美元汇率持续升值，外界希望欧元能发展成为与美元相抗衡的国际货币。尽管欧债危机改变了短期内欧元强势的态势，但欧元在国际货币体系中已经扮演重要地位。图 14-1 报告 IMF 调查的世界主要国际货币外汇储备结构，数据显示，美元储备在近几年仍然占全球外汇储备 60% 左右，而欧元占 25% 左右，日元及英镑都占 4% 左右，表明当前国际货币体系稳定性取决于对上述四种货币稳定性的探讨。

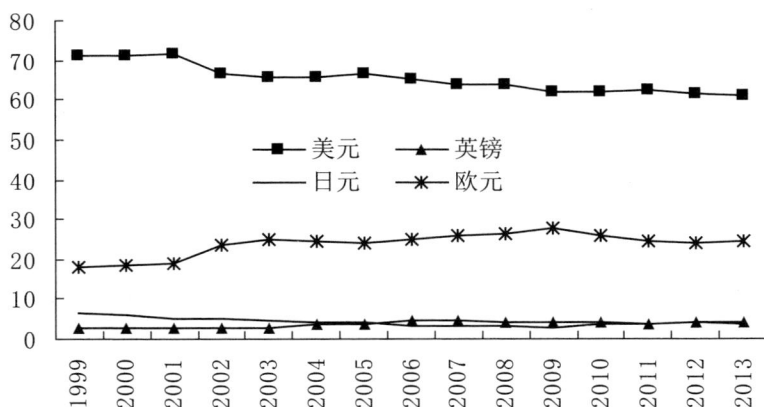

图 14-1　世界主要国际货币外汇储备结构（1999-2013，%）
数据来源及说明：数据来自 IMF 网站。

（一）美元、欧元、日元、英镑等国际货币的稳定性分析

为客观评估上述国际货币的稳定性，这里采取上述分析框架得出的命题所揭示的判断准则。由于命题中采用的收益率是对应的国际货币收益率，但收益率在现实中有多种表现形式，即利率、国债收益率及回购逆回购操作的利率在某些特定情况下都称为收益率，为较客观反映相关结果，这里采取基准利率来替代，因为国债收益率及相关债券的回购逆回购等操作的收益率都是以利率为基础，理论上同期的基准利率小于其他类型的收益率，因而采取这种方式不会导致高估，而只会低估，在本文中能有效避免偏误。

根据上节得出的命题的内容，相关的实证指标包含收益率、经济增长率及

通货膨胀率，这里采取 CPI 作为通货膨胀率的指标。由于欧元在 1999 年以后才成立，所以欧元区的相关数据从 1999 年开始，具体测算结果在表 14-1 中体现。可以看出，在大部分之间里，美国、英国主要国际货币发行国 1980 年以来 GDP 实际增速均值长时期小于 CPI 均值与利率均值之和，而欧元自成立以来也持续出现类似情形，尽管日本经济增长率出现间歇性超过 CPI 与利率之和，但从平均来看，不管是 1980 — 2013 年还是 1990 — 2013 年，日本经济增长率均值都小于 CPI 均值与利率均值之和（见图 14-2），根据命题的结论，美元、欧元及英镑、日本的国际货币稳定性难以保证，由于美元及欧元在当前国际货币中占据主导地位，从而美元的稳定性对于当前国际货币体系的稳定性有着重要影响。当前欧洲经济通缩风险仍未缓解，美国经济持续复苏增长态势能否持续有待观察，未来如果没有出现新的技术革命，那么美欧实际经济增长率小于通货膨胀率与利率之和的趋势可能难以改变，这无疑预示美元欧元国际货币稳定性不容乐观。

表 14-1　主要国际货币发行国或者地区与命题相关的宏观经济指标及其均值　　单位：%

时间	主要国际货币发行国或地区 GDP 实际增速				主要国际货币发行国 CPI 与利率之和			
	日本	英国	美国	欧元区	日本	英国	美国	欧元区
1980	2.8	-2.1	-0.3		7.8	31.8	32.4	
1981	4.2	-1.2	2.5		4.9	25.4	22.7	
1982	3.4	2.2	-2.0		2.7	19.3	15.1	
1983	3.1	3.7	4.5		1.9	13.6	12.7	
1984	4.5	2.7	7.2		2.3	14.2	12.7	
1985	6.3	3.6	4.1		10.3	17.6	11.8	
1986	2.8	4.0	3.4		4.9	14.3	8.8	
1987	4.1	4.6	3.2		4.1	12.7	10.4	
1988	7.1	5.0	4.1		5.0	16.6	12.8	
1989	5.4	2.3	3.6		8.7	20.2	13.3	
1990	5.6	0.8	1.9		11.3	21.3	12.7	
1991	3.3	-1.4	-0.3		9.6	18.2	8.7	
1992	0.8	0.1	3.4		5.6	11.1	5.9	

续表

时间	主要国际货币发行国或地区 GDP 实际增速				主要国际货币发行国 CPI 与利率之和			
	日本	英国	美国	欧元区	日本	英国	美国	欧元区
1993	0.2	2.2	2.9		3.7	8.4	5.9	
1994	0.9	4.3	4.1		3.0	7.4	8.1	5.2
1995	1.9	3.1	2.5		0.3	9.3	8.4	5.6
1996	2.6	2.9	3.8	1.5	0.6	8.3	8.2	4.0
1997	1.6	6.2	4.5	2.6	2.2	9.0	7.8	4.0
1998	-2.0	3.8	4.4	2.8	0.9	7.9	6.2	3.1
1999	-0.2	3.7	4.9	2.9	-0.3	6.1	7.5	4.2
2000	2.3	4.5	4.2	3.8	-0.4	6.5	9.8	7.0
2001	0.4	3.2	1.1	2.0	-0.8	5.8	4.6	5.7
2002	0.3	2.7	1.8	0.9	-0.9	5.7	2.8	5.4
2003	1.7	3.5	2.6	0.7	-0.2	5.2	3.3	4.2
2004	2.4	3.0	3.5	2.2	0.0	6.1	4.8	4.3
2005	1.3	3.2	3.4	1.7	-0.3	6.7	7.6	4.5
2006	1.7	2.8	2.7	3.3	0.5	7.4	8.5	5.7
2007	2.2	3.4	1.8	3.0	0.6	7.9	7.1	6.0
2008	-1.0	-0.8	-0.3	0.4	1.6	5.3	4.0	5.8
2009	-5.5	-5.2	-2.8	-4.4	-1.2	2.6	-0.2	0.7
2010	4.7	1.7	2.5	2.0	-0.6	3.8	1.8	2.1
2011	-0.5	1.1	1.8	1.6	-0.2	5.0	3.3	3.3
2012	1.4	0.3	2.8	-0.7	0.1	3.2	2.3	2.6
2013	1.5	1.8	1.9	-0.5	0.5	3.0	1.6	1.5
1980-2013 平均	2.1	2.2	2.6	1.4	2.6	10.8	8.6	4.2
1990-2013 平均	1.1	2.1	2.4	1.4	1.5	7.6	5.9	4.2

数据说明：日本 CPI 来自 CEIC 月度数据库并采取年度平均测算，其他基础数据来自 OECD 数据库，利率数据采取一年期及以下的相关利率替代，在此基础上作相关测算整理。

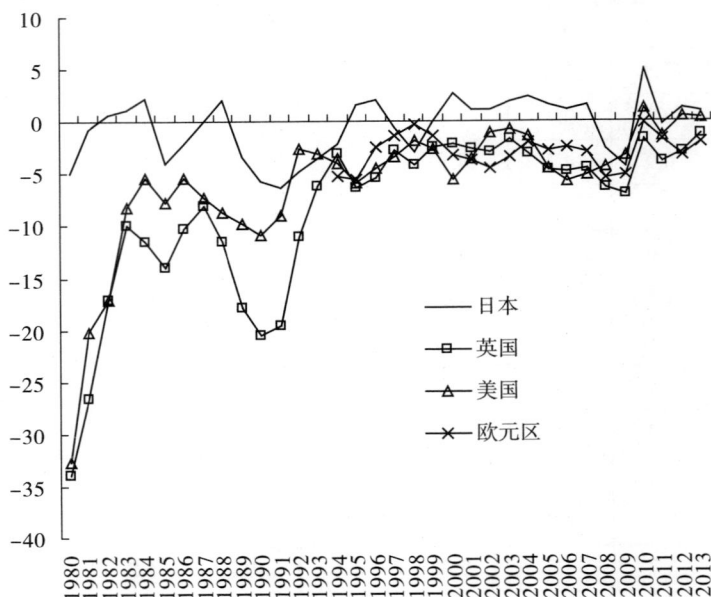

**图 14-2　主要国际货币发行国或地区 GDP 实际增速与其
CPI 利率之和的差（1980-2013，%）**

数据说明：根据表 14-1 数据作测算整理。

　　上述运用经验数据实证分析表明，当前国际货币体系稳定性不容乐观。然而，这并不意味着国际货币体系就可能产生危机，因为这毕竟是从理论分析框架得出的判断，还需要看看现实生活中是否曾经出现货币危机的情形。事实上货币危机的例子并不鲜见，在近半个世纪以来最为典型的例子当属 20 世纪 60 年代以来的美元危机。1960 年爆发了美国战后第一次美元危机，1968 年 3 月爆发了第二次美元危机。在经历两次美元危机之后，美国竟然没有采取积极的方式重塑美元地位，而是任其发展，其中还寻求通过 SDR 等"纸黄金"来替代真实黄金，以此推卸责任。在接下来的越南战争中，更是超量发行美元为战争融资，结果导致美元发生第三次危机。图 14-3 是纽约市场黄金价格，黄金价格从 1970 年每盎司 36 美元上升为 1980 年 613 美元，短短十年间价格上升 16 倍，这从一个侧面反映了美元货币危机可能引起的市场剧烈波动的有力证据。

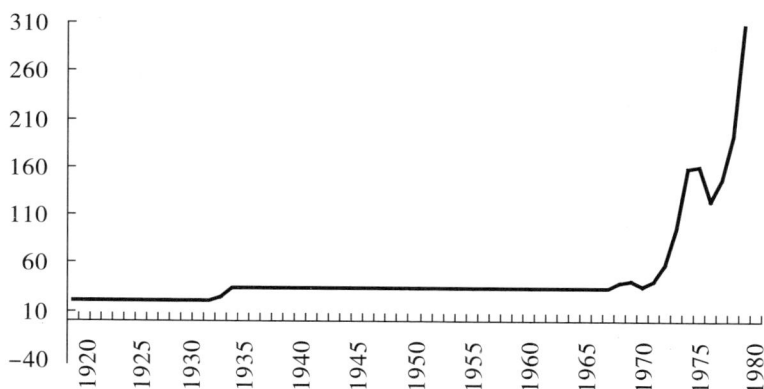

图 14-3　纽约市场黄金价格（1920-1980，美元 / 盎司）

数据说明：世界财富价值网 (measuringworth)。

（二）人民币充当国际货币的稳定性分析

结合上述的分析看，美元、欧元、日元、英镑等主导的国际货币体系的不稳定性已经开始逐步暴露出来。美元、欧元、日元等主权信用货币本质上属于相应国家的债务，都是以国家信用为支撑。从而观察主权国际货币发行国债务风险，可以从一个侧面揭示国际货币的稳定性。一方面，希腊、葡萄牙、意大利、西班牙、爱尔兰、塞浦路斯等国抱团陷入危机反映了欧元区货币统一而财政没有一体化所引发的冲突，但财政联盟注定要以成员国主权让渡为代价，这决定了欧元稳定性必将受到挑战，欧债危机的持续演变危及欧元的完整性，不排除短期内部分国家退出欧元区引发欧元震荡的情况。另一方面，从财政状况来看，美国、日本及英国并不比欧猪集团乐观，日本债务负担率已经处于发达国家首位，美国债务负担率也超过了 100% 以上的水平（见图 14-4），潜在的含义是主要货币发行国的主权债务风险大幅攀升，由此预示主要储备货币国主权信用的不稳定性上升，其支撑的货币稳定性也就难以乐观。

美元、欧元、英镑、日元等主要国际货币体系的不稳定性增大当前国际货币体系改革的迫切性，人民币在当下加入 SDR 货币篮子预示人民币国际化进程已经开始逐步得到国际认可。然而，人民币成为国际货币是否有助于提升国际货币体系的稳定性，或者说人民币是否具有竞争力，这就需要结合上述分析得出的国际货币体系稳定性的条件来进行分析。图 14-5 报告了中国 GDP 实际增速、CPI 与利率之和的走势。数据显示，自 20 世纪 90 年代末期以来，中国经济实际增速一直高于利率与 CPI 之和，预示人民币充当国际货币满足稳定性的条件，预示人民币相比美元、欧元、日元及英镑都具有较强的竞争力，人民币国际化有助于提升国际货币体系的稳定性。

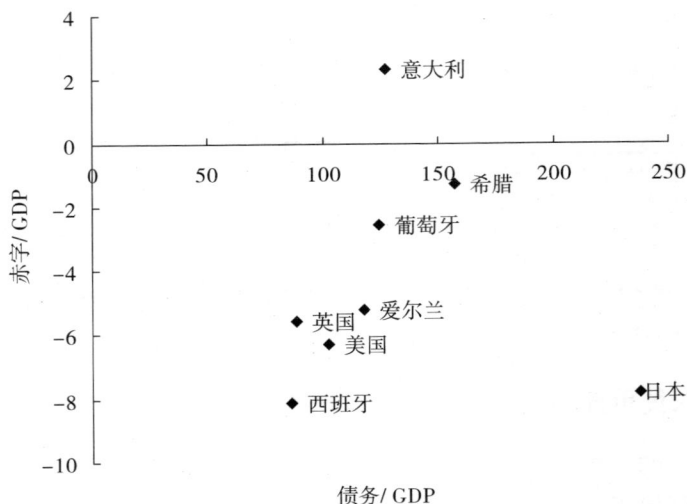

图 14-4　2013 年主要货币发行国财政状况与欧猪集团比较（%）

数据来源及说明：基础数据来自 IMF 网站，赤字为流量，代表财政收支的差额，债务为存量，代表政府举借债务余额。

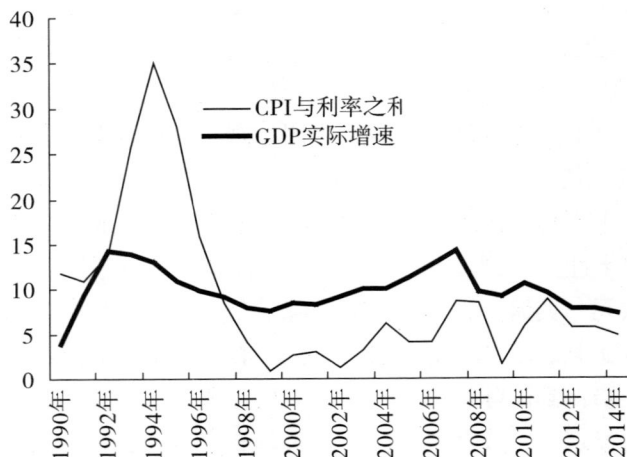

图 14-5　中国 GDP 实际增速、CPI 利率之和的走势

数据来源：CEIC 数据库。

四、SDR 需要人民币：人民币有助于提升 SDR 的稳定性

从上面的研究来看，人民币充当国际货币有助于促进当前国际货币体系的稳定性，SDR 将人民币纳入其篮子货币，也有助于促进其稳定性的提升。因而 SDR 的发展必须考虑将人民币纳入其中。相反的，虽然人民币纳入 SDR 货币篮子对人民币也有着积极的作用，但 SDR 对人民币的作用并不宜高估。客观来说，SDR 并非是一国货币国际化的直接原因，否则非国际货币发行国就可以通过让其货币加入 SDR 货币篮子而实现国际化，而一国货币的国际竞争力持续提升使得 IMF 必须考虑将其纳入到 SDR 的货币篮子，否则 SDR 可能面临不稳定的问题。

从规模上看，一国货币较难通过加入 SDR 货币篮子而大幅提升其使用范围，因为 SDR 本身的发展面临着诸多制约。根据 IMF 的统计，目前全球外汇储备超过 10 万亿美元，而且主要是美元资产。如果 SDR 发展成比其他货币更为稳定的超主权储备货币，那么必然引起各国将现有储备资产转为 SDR 的强烈需求，巨额储备资产的结构调整不仅会对主权储备货币汇率造成影响，极端情况还可能引发货币危机。这种担忧在 20 世纪 70 年代美元大幅度波动的时候就曾引发各国对大量储备资产调整可能带来的冲击表示担忧。为此，当时重提 SDR 并且主张采用替代账户的方式对国际储备资产增量吸收，避免美元等主权储备货币面临的汇率剧烈波动风险，这就决定了 SDR 在很长时间内规模仍将难以扩大，相关货币借助 SDR 大幅提升储备份额的目标也就有待观察。

从竞争力来看，如果 SDR 真正扮演全球货币的职能，那么它发展强大的过程可能倒逼主权货币去国际化。随着 SDR 规模不断扩大及功能不断完善，SDR 将逐步扩大其影响力，越来越多国家可能要求在国际贸易、大宗商品定价、投资和企业记账中以 SDR 为计价和结算等手段，这将促使包括美元在内的主权国际货币面临着 SDR 的竞争。如果 SDR 确实能实现比其他货币更加稳定的目标，那么各国的储备资产及支付结算将逐步由主权货币转向 SDR，而主权货币的国际货币功能将逐步退化，也就是说 SDR 做大做强将伴随着主权储备货币的去国际化，这或许与目前各国重视货币国际化的目标有所矛盾，也必然影响美元、欧元等国际货币的地位。从这个意义上看，不宜过高期待借助加入 SDR 货币篮子来大幅提升货币国际化水平。

（张岸元）

参考资料：

1. 陈建奇：《破解特里芬难题》，《经济研究》2012 年 4 月。

2. 李荣谦：《国际货币与金融（第三版）》，中国人民大学出版社 2006 年版。

3. 周小川：《关于改革国际货币体系的思考》，2009 年，http://www.pbc.gov.cn.

4. 罗伯特·斯基德尔斯基：《凯恩斯传》，三联书店 2003 年版。

5. D.Hume, Political Discourses, Edinburgh: A. Kincaid & A. Donaldson. 1752.

6. C.M.Reinhart and R.Kenneth, The Modem History of Exchange Rate Arrangements : A Reinterpretation, NBER Working Paper 8963. 2002.

7. J. E.Mead, The Theory of International Economic Policy, London : Oxford University Press, 1955.

8. Kenen, P.B.International Liquidity and the Balance of Payments of a Reserve-Currency Country, The Quarterly Journal of Economics, 1960, pp.572-586.

策　　划：张文勇

责任编辑：张文勇　何　奎　孙　逸　罗　浩

封面设计：李　雁

图书在版编目（CIP）数据

人民币国际化的中国路径 / 张岸元，李世刚主编 ．　—北京：人民出版社，2017.12

ISBN 978 – 7 – 01 – 018772 – 3

Ⅰ．①人…　Ⅱ．①张…　②李…　Ⅲ．①人民币—金融国际化—研究

　Ⅳ．① F822

中国版本图书馆 CIP 数据核字 (2017) 第 329888 号

人民币国际化的中国路径

RENMINBI GUOJIHUA DE ZHONGGUO LUJING

张岸元　李世刚　主编

人 民 出 版 社 出版发行

（100706　北京市东城区隆福寺街 99 号）

涿州市星河印刷有限公司印刷　　新华书店经销

2017 年 12 月第 1 版　2017 年 12 月北京第 1 次印刷

开本：710 毫米 ×1000 毫米 1/16　印张：14.5

字数：250 千字

ISBN　978 – 7 – 01 – 018772 – 3　定价：36.00 元

邮购地址 100706　北京市东城区隆福寺街 99 号

人民东方图书销售中心　电话（010）65250042　65289539